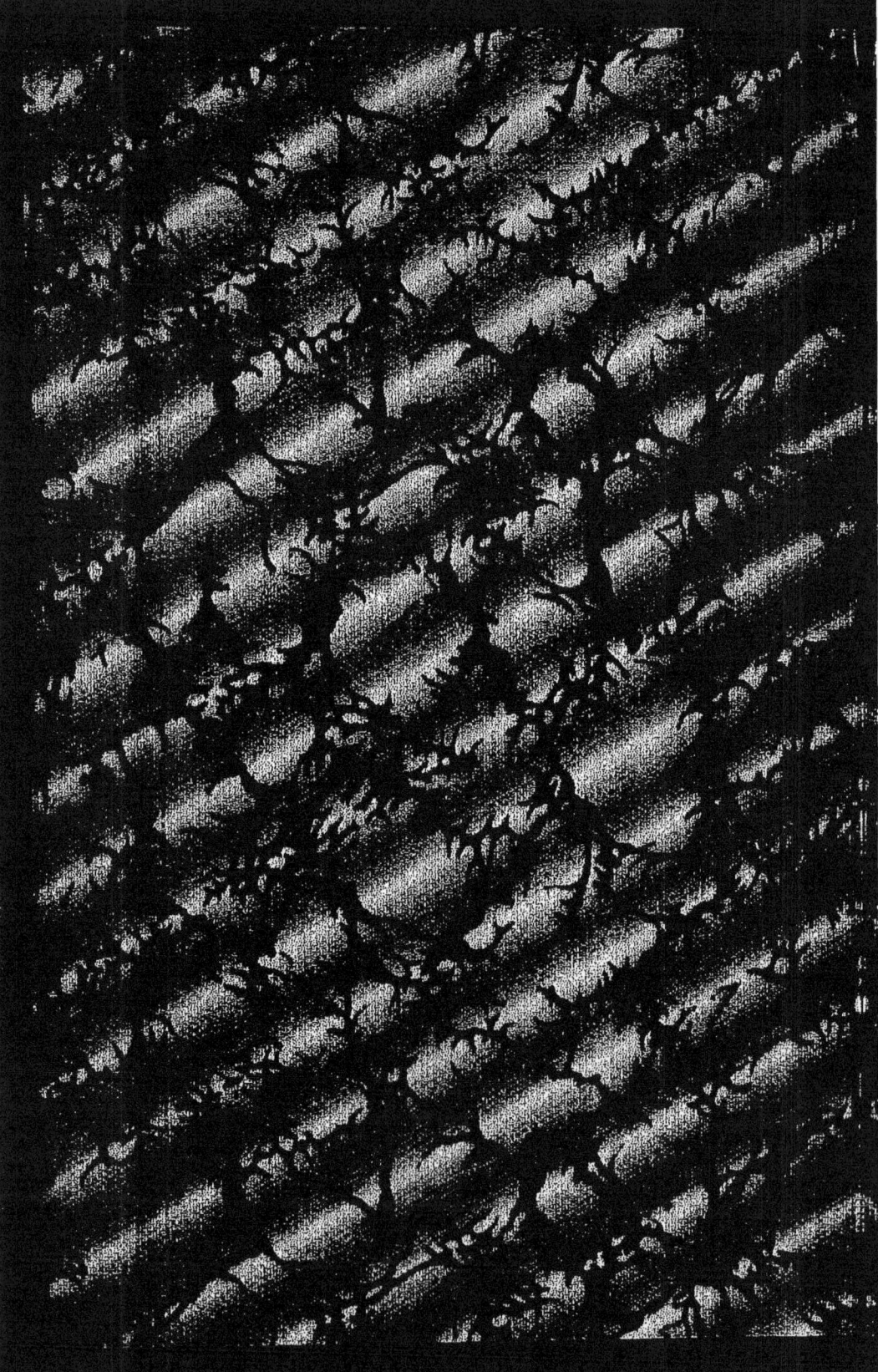

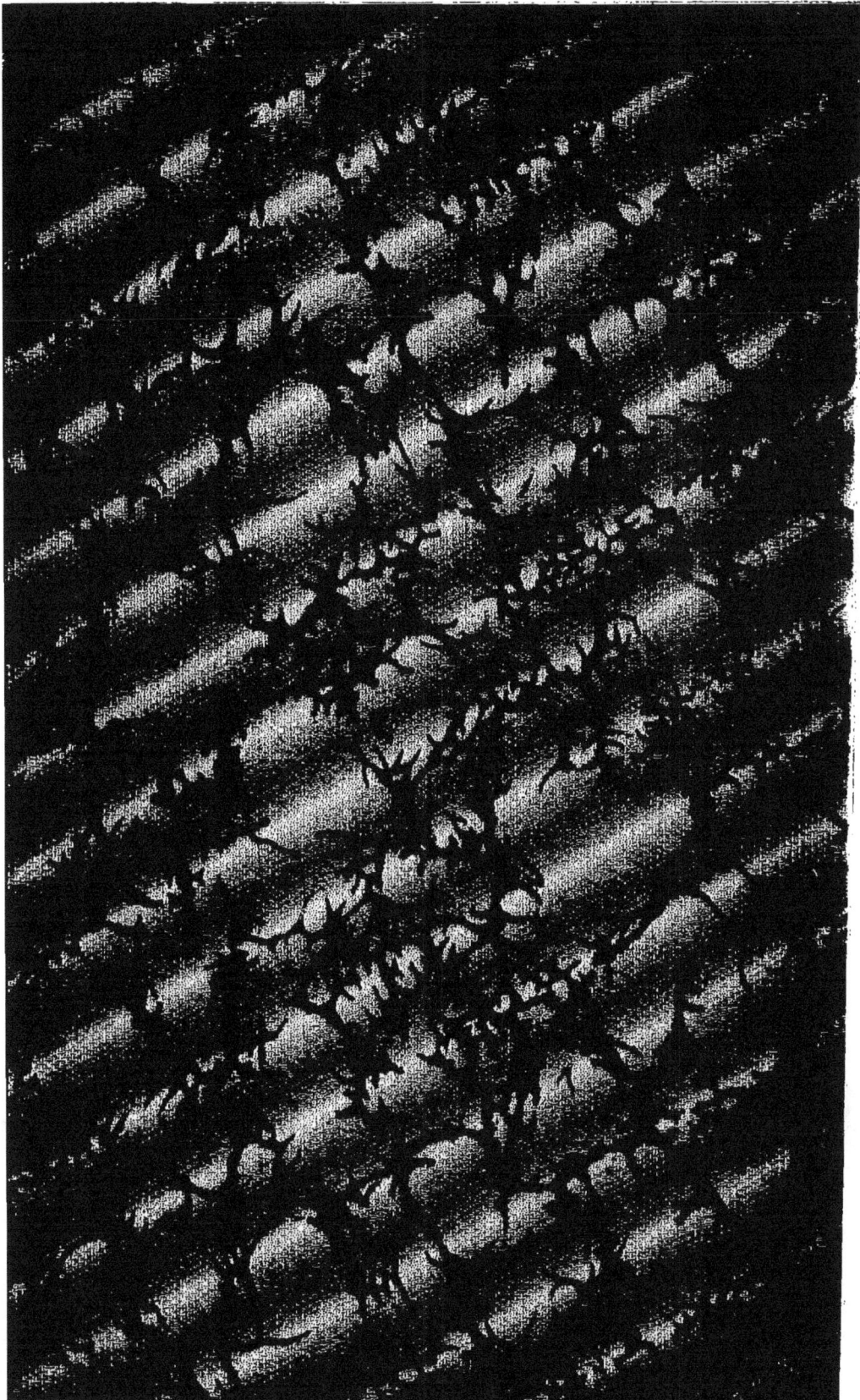

MANUEL

DE LA

LANGUE BASQUE

PAR

M. Fl. LECLUSE

NOUVELLE ÉDITION

BAYONNE
P. CAZALS, IMPRIMEUR LIBRAIRE
PLACE DU RÉDUIT, 2

1874

MANUEL
DE LA
LANGUE BASQUE

PREMIÈRE PARTIE

GRAMMAIRE

VENI, VIDI, VICI.

GRAMMAIRE
BASQUE

PAR M. Fl. LÉCLUSE

PROFESSEUR DE LITTÉRATURE GRECQUE ET DE LANGUE HÉBRAÏQUE
A LA FACULTÉ DES LETTRES DE TOULOUSE;
MEMBRE DE L'ACADÉMIE DES SCIENCES, INSCRIPTIONS ET
BELLES-LETTRES DE LA MÊME VILLE.

NOUVELLE ÉDITION

BAYONNE
IMPRIMERIE ET LIBRAIRIE P. CAZALS,
PLACE DU RÉDUIT, 2

1874

A MONSIEUR

L'ABBÉ DARRIGOL

SUPÉRIEUR DU GRAND SÉMINAIRE DE BAYONNE

Monsieur,

Si la vérité et la bonne foi étoient perdues sur la terre, disoit le Roi Jean, ce seroit dans le cœur et dans la bouche des Rois qu'il faudroit les chercher. Elles ne sont pas encore perdues ces vertus héroïques, et (sans élever nos regards jusques à la majesté du trône), pour se former l'idée d'un cœur noble et excellent, éloigné de toute dissimulation, incapable de donner des marques d'affection, qu'il n'en soit réellement pénétré, il suffit, Monsieur, de vous envisager.

Tel est le premier hommage que je me plais à vous rendre. Il en est un second que je me crois également fondé à vous adresser. C'est que si jamais le flambeau de la langue des Cantabres venoit à s'éteindre (et il faut avouer qu'il pâlit de jour en jour), ce seroit aux lumières du Clergé qu'il faudroit le rallumer. C'est le Clergé qui a conservé jusqu'ici ce précieux dépôt; témoin la Grammaire et le Dictionnaire du R. P. Larramendi, la traduction de l'Imitation par le savant curé Chourio, le GUEROCO GUERO *de l'éloquent Axular, etc.*

Mais pourquoi remonter à des temps déjà si reculés ? En vous confiant la direction de ces jeunes Lévites, qui doivent fournir un jour à l'Église de pieux et savans défenseurs, le vénérable Prélat que la Providence a placé à la tête de votre Diocèse, n'a-t-il pas voulu, juste appréciateur du mérite, récompenser vos vertus et vos talens ? Sans parler de vos autres travaux, personne n'ignore que, peu satisfait du point de vue sous lequel la Grammaire basque a été considérée jusqu'ici, vous vous proposez de publier sur cet objet un aperçu nouveau et lumineux, qui, si de plus sérieuses occupations n'en eussent pas retardé l'impression, non-seulement m'eût été d'un très grand secours dans mes recherches, mais encore m'auroit sans doute fait renoncer à l'idée de composer une Grammaire basque.

Plusieurs de vos compatriotes regarderont peut-être comme un phénomène l'apparition d'une Grammaire basque composée par un Parisien; je les prie de croire que, si j'ai dérobé quelques instans à mes études grecques et hébraïques, pour m'occuper du basque, mon principal but a été de répandre le goût de cette belle langue trop peu connue; et que, si mon travail ob-

tient l'approbation des personnes dont j'honore les vertus et les lumières, ce sera pour moi la récompense la plus flatteuse.

Agréez,

Monsieur,

l'assurance de ma considération distinguée.

Fl. LÉCLUSE, de Paris.

Toulouse, 1ᵉʳ août 1826.

GRAMMAIRE
BASQUE

AVANT-PROPOS

ORIGINE DE LA LANGUE BASQUE

Ce sont les Phéniciens, si nous en croyons la renommée, qui les premiers nous ont enseigné l'art d'écrire :

> *Phœnices primi, famæ si credimus, ausi*
> *Mansuram rudibus vocem signare figuris.* Luc.

> C'est d'eux que nous tenons cet art ingénieux
> De peindre la parole et de parler aux yeux ;
> Et, par les traits divers de figures tracées,
> Donner de la couleur et du corps aux pensées. *Bréb.*

Tyr et Seydon étoient leurs villes principales ; leur langue étoit un dialecte de l'hébraïque, comme le témoignent les noms mêmes des lettres que Cadmus, un de leurs rois, apporta aux Grecs (1), et qui, en

---

(1) Les lettres hébraïques se nomment *Aleph, Beth, Ghimel, Daleth,* etc., et les grecques *Alpha, Béta* (prononcez *Vita*), *Gamma, Delta,* etc.

son honneur, furent appelées cadméennes, c'est-à-dire orientales ; car, en hébreu, *Cadim* signifie l'Orient, et *cadmoni* oriental.

Environ 137 ans avant la fondation de Rome, c'est-à-dire neuf siècles avant notre ère, les Phéniciens établirent une colonie sur la côte d'Afrique, près de l'endroit où est situé Tunis. Cette colonie reçut le nom de *Carthada* ou Villeneuve. Les Grecs l'appelèrent *Karchédôn*, et les Romains *Carthago*. Après avoir étendu d'abord sa puissance le long des côtes, Carthage devint bientôt la reine des mers, et se montra redoutable rivale de la dominatrice du continent. Rome et Carthage se disputèrent pendant un siècle l'empire du monde ; mais enfin celle-ci succomba. Parmi les trois guerres puniques, la seconde, qui dura 17 ans, est sans contredit celle qui fut la plus glorieuse pour les Carthaginois ; et Annibal (dont le nom signifie gage de grandeur, *handi-bahia*) mit les Romains à deux doigts de leur perte.

Si nous pouvons établir, par un fait positif, l'affinité de la langue basque avec la carthaginoise, ne sera-t-on pas forcé de lui reconnoître une antiquité certaine de 27 siècles ? et, comme le phénicien étoit lui-même un dialecte de l'hébreu, peut-on assigner au basque une plus noble origine ?

Un poète comique latin, qui vivoit deux siècles avant J. C., et mourut l'an 570 de la fondation de Rome, *M. A. Plautus*, nous a laissé une comédie

AVANT-PROPOS.

intitulée *Pœnulus* ou le petit Carthaginois, représentée à Rome vers le commencement de la deuxième guerre punique. Au cinquième acte de cette pièce, Hannon, carthaginois, vient à Calydon, ville d'Etolie, dans la maison d'Antidamas, avec lequel il étoit uni par les liens de l'hospitalité. Le but de son voyage est de chercher ses deux filles et son neveu Agorastoclès, que des pirates siciliens ont enlevés de Carthage, et transportés en pays étranger. Le vieillard carthaginois, suivi d'esclaves chargés de pesans paquets (1), ouvre la première scène du cinquième acte par un monologue en langue punique (2).

Cette scène est composée de 27 vers, dont les 11 derniers sont latins. Samuel Bochart, ayant remarqué que les noms propres *Antidamas* et *Agorastocles* se rencontroient, dans les vers puniques, à peu près à la même place que dans les vers latins, en a conclu que ceux-ci n'étaient autre chose que la traduction des premiers; et, comme il y a un très-grand rapport entre le punique et l'hébreu, il a transcrit les 10 premiers vers en caractères hébraïques; puis en coupant les mots différemment, et en modifiant certaines syllabes, il est parvenu à retrouver les mêmes pensées que présentoient les vers latins.

---

(1) *Viden' homines sarcinatos consequi?*
(2) *Hanno pœnus loquitur punicè.*

Voici d'abord les 11 vers latins qui terminent la première scène du cinquième acte :

Deos deasque veneror, qui hanc urbem colunt,
Ut, quod de meâ re hùc veni, ritè venerim ;
Measque ut gnatas, et mei fratris filium,
Reperire me siritis ; dii vostram fidem!
Quæ mihi surreptæ sunt, et fratris filium.
Sed hic mihi antehàc hospes Antidamas fuit :
Eum fecisse aiunt, sibi quod faciundum fuit.
Ejus filium hic prœdicant esse Agorastoclem ;
Deum hospitalem ac tesseram mecum fero :
In hisce habitare monstratu'st regionibus.
Hos percontabor, qui hùc egrediuntur foràs.

Citons ensuite les 10 vers puniques, tels qu'ils se lisent dans toutes les éditions de Plaute, au commencement de la même scène :

Ny thalonim valon uth si corathisima consith
Chym lach chunyth mumis tyalmyctibari imischi
Lipho canet hyth bymithii ad ædin bynuthii.
Birnarob syllo homalonin uby misyrtoho
Bythlym mothyn noctothii nelechanti dasmachon
Yssidele brim tyfel yth chylys chon tem liphul
Uth binim ysdibur thinno cuth nu Agorastocles
Ythc manet ihy chyrsæ lycoch sith naso
Bynni id chil lubili gubylim lasibit thym
Body alyt herayn nyn nuys lym moncot lusim.

Plaute, Pœnulus, act. v.[e], sc. 1re

Philippe Parée, Jean Selden, Samuel Petit et Samuel Bochart ont essayé successivement de transcrire ces 10 vers puniques en caractères hébraïques. A cette occasion, il est essentiel de remarquer que dans la langue hébraïque, ainsi que dans tous ses dialectes, phénicien, chaldéen, syriaque, etc., on n'écrit que les consonnes, et jamais les voyelles. Les copistes ont donc pu, en suppléant les voyelles dans des mots qu'ils n'entendoient pas, commettre bien des erreurs que Bochart a cru devoir corriger. C'est ainsi qu'en basque les voyelles varient suivant les différens dialectes, et que l'on dit *emaitea* ou *emaitia*, *astua* ou *astoa*, *cein* ou *zoin*, *dire* ou *dira*. Je me bornerai à rapporter l'essai de Samuel Bochart sur les trois premiers des 10 vers puniques que je viens de citer :

Na eth elyonim veelyonoth, chekhorath yismecun zoth,
Khi melakhay yitthemu, matzlia middabarehem iski ;
Lephurcanath eth beni eth yad adi ubenothay.

Traduction, selon Bochart :

Rogo deos et deas, qui hanc regionem tuentur, — ut consilia mea compleantur, et prosperum sit ex ductu corum negotium meum ; — ad liberationem filii mei è manu prædonis, et filiarum mearum.

Entre les 10 vers puniques et les 11 vers latins, il reste encore à expliquer 6 vers, qui ont paru inintelligibles à Bochart. Comme il n'avoit plus ici le secours présumé d'une traduction latine, il a désespéré de venir à bout d'en tirer un sens, et s'est borné à déclarer qu'il soupçonnoit que ces 6 vers étoient en langage lybique ou africain, et contenoient probablement encore les mêmes pensées que les 10 vers puniques précédens, ou les 11 vers latins suivans. Il est vrai qu'on y voit encore figurer les deux noms propres *Antidamas* et *Agorastocles*; cependant, comment rendre raison de cette triple répétition ?

Lors de mon séjour à Saint-Sébastien, ville principale du Guipuzcoa, je consultai un savant Basque espagnol, don Iztueta (1), sur ces 10 vers puniques; et il prétendit les expliquer facilement à l'aide de sa

---

(1) Don Juan Ignacio de Iztueta a fait imprimer, à Saint-Sébastien, en 1824, chez Baroja, un volume in-8°, *que comprende las antiguas uzanzas de bailes, sones, juegos, y otras diversiones originales de la muy noble y muy leal provincia de Guipuzcoa.* Cet ouvrage, composé en basque, dialecte de Guipuzcoa, est intitulé : *Guipuzcoaco dantza gogoangarrien condaira, edo istoria beren soñu zar, eta itz neurtu edo versoaquin.*

Ce respectable savant, après avoir lu ma Dissertation sur la langue basque, dont j'avois eu l'honneur de lui adresser un exemplaire, m'en accusa la réception en ces termes : *Recivi la Memoria que vm. ha escrito sobre la lengua bascongada, la que ha gustado mucho y parecido muy bien á todos los aficionados á la literatura y bellas letras. Tanto estos, como todos los amantes de su patria, y que se interesan en sus glorias, se han llenado de gozo, al ver que un Francés, que hasta ahora no ha tenido*

langue maternelle. Il a fait, comme Bochart, des coupes de mots différentes, et ajouté ou retranché quelques lettres au besoin ; mais il résulte de son interprétation, que ces 10 vers n'ont aucun rapport avec les 11 vers latins, quoique Bochart eût pris ces derniers pour la traduction pure et simple des premiers. Cette diversité ne m'a rien offert d'étonnant ; j'étois même ravi de voir Plaute délivré du reproche d'une répétition monotone. Mais ce qui m'a bientôt ramené, malgré moi, à l'opinion de Bochart, c'est que l'explication de don Iztueta, en langue espagnole, ne m'a offert que des mots vides de sens. Voici son début :

---

conocimiento ninguno de dicha lengua, la haya alabado tanto, y prodigado tantos elogios!

On m'écrit aussi de Tolosa : *He visto la Disertacion sobre la lengua bascongada, que me ha gustado mucho, y mas el interes que vm. va tomando para engrandecer este idioma de nuestro pais.*

Je ne veux pas allonger cette note par trop de citations ; mais je ne puis m'empêcher de rapporter encore quelques lignes d'une lettre dont m'a honoré un savant Basque français, aussi recommandable par ses lumières que par ses vertus. « Tout Basque
» tant soit peu patriote, et vous savez que nous le sommes
» tous beaucoup, doit être infiniment flatté de voir un homme
» versé dans la connoissance des langues savantes, s'occuper
» de la nôtre avec tant d'intérêt. Quant à moi en particulier,
» il ne m'est pas aisé de vous exprimer tout le plaisir que j'en
» éprouve. »

Ni hal oni nua onutsi gorat hisi macon, sith
Chimel, lach, chumith mamicti, al mintibari imischi,
Lepho gañethi tha biz mithi ja dedin min urthija.

Traduction littérale, selon don Iztueta :

Yo á este poder voi bien asido á levantarlo arriba del buen gancho ó cetro abatido ó cansado — duradero enlazado ó pegajoso el mas sutil y fino del meollo, al poder doloroso asid — por encima del pescuezo y doblemente de la lengua para que calle el mal aproximante.

J'allois renoncer à mon espérance de prouver l'identité du basque et du punique, lorsque M. le vicomte de Panat, sous-préfet de Bayonne, m'honora d'une lettre, en date du 26 avril 1826, dans laquelle il m'adressoit un travail qui venoit de lui être communiqué par le consul de France à Santander. M. L.-F. Graslin demande si, par une nouvelle distribution des mots, sans changement ni substitution de lettres dans le texte punique de Bochart, ou dans tout autre texte d'une édition de Plaute, on peut trouver un sens qui s'applique mieux (que l'interprétation qu'il propose) à l'entrée d'Hannon sur la scène; surtout si l'on ne perd pas de vue qu'il y paroît accompagné de plusieurs esclaves ou domestiques chargés de paquets. — Il demande aussi si le rétablissement du texte, présenté en langue basque antique, peut véritablement être considéré comme offrant un langage basque antique, et s'il est encore intelligible aujourd'hui pour des hommes très versés dans cette langue.

Pour répondre aux nobles vues de MM. le consul et le sous-préfet, j'ai réuni près de moi des officiers éclairés, d'habiles ecclésiastiques et d'autres savans Basques, dont les uns étoient de Saint-Jean-de-Luz ou de Hasparren, les autres de Saint-Jean-Pied-de-Port, et d'autres enfin de Mauléon ou de Saint-Palais ; tellement que les trois dialectes du basque français, c'est-à-dire le labourdin, celui de la Basse-Navarre, et celui de Soule et Mixe, se sont trouvés représentés à Toulouse.

Après leur avoir exposé en peu de mots le sujet de la pièce de Plaute intitulée *Pœnulus*, et avoir mis sous leurs yeux la première scène du cinquième acte, je leur ai rendu compte de l'opinion de Bochart et du travail de ce savant, pour expliquer, à l'aide de l'hébreu, les vers puniques *Ny thalonim valon uth...*, dont il croyoit voir une traduction fidèle dans les vers latins *Deos deasque veneror......*, qui terminent cette même scène. Je leur ai ensuite fait part de l'essai de don Iztueta, *Ni hal oni...*, *Yo á este poder.....* ; et, après ces divers préambules, j'ai appelé leur attention sur le rétablissement du texte des 10 vers puniques, et sur leur explication à l'aide de la langue basque, telle qu'elle existe encore aujourd'hui dans les pays basques, français et espagnol;

travail exécuté par le R. P. Bartholomé de Santa Theresa, carme déchaussé, sur l'invitation et suivant les indications de M. L.-F. Graslin, consul de France à Santander.

Citons ici les trois premiers vers, comme échantillon du travail du R. P. Bartholomé.

Texte ancien :

Ny thalonim valon uth si corathisima consith
Chym lach chunith mumis tyalmyctibari imischi
Lipho canet hyth bymithii ad ædin binuthii

Texte corrigé :

Nyth al oni mu : al on uths! yc orathisim : ac on sith.
Chym lacachu, nyth mum istyal myctibari imischi!
Liphoca net : hyth bym ithii ; a dedin, byn uthii

Basque moderne :

Nic al oni mun : o al on utsa! yc oratijon : ac on zic.
Cein latzchu, nic emen istia mirabari mizqui!
Lepoca nic : yc bein itchi ; a dedin, bein utzi.

Traduction française littérale :

J'embrasse ce pouvoir : ô pouvoir excellent! assure-toi de son secours : pour celui-là, c'est fort bien. — Que je regrette de laisser peu à l'esclave (fém.)! — Ceci me regarde : laisse-le un peu ; qu'il reste (se repose).

AVANT-PROPOS

Voici le résumé des avis de la Commission cantabrique, qui a bien voulu m'éclairer de ses lumières :

1° Le texte des 10 vers puniques de la comédie du *Pœnulus* (acte cinquième, scène première), tel que le donne Bochart dans sa Géographie sacrée, (page 800), ou tel qu'il se trouve dans toutes les éditions de Plaute, n'a pas paru présenter un texte basque.

2° Ce même texte corrigé par le R. P. Bartholomé, de manière à offrir en langue basque antique un texte *très intelligible encore aujourd'hui,* sans autre changement que celui d'une nouvelle division des mots, n'a pas encore paru présenter un texte intelligible.

3° La traduction libre, ou paraphrase en basque moderne, du texte de Plaute rétabli en langue basque antique, a offert quelques mots basques isolés ; cependant la Commission a déclaré que le basque moderne du R. P. Bartholomé pouvoit bien être du biscayen, mais qu'un Basque français ne le comprendroit pas plus que le basque de don Iztueta, qui étoit sans doute écrit en dialecte de Guipuzcoa.

4° Quant à la traduction française littérale, elle a semblé n'offrir que des phrases décousues, et qui toutes se rendroient, en basque moderne français, d'une manière tout autre que celle dont elles sont exprimées.

Je conclus donc en mon particulier : 1° Qu'il ne faut pas encore rejeter l'explication de Bochart, et qu'il faudra s'en contenter, jusqu'à ce qu'on nous donne un sens aussi suivi que le sien, et exprimé en basque réellement intelligible ; 2° que le biscayen étant le dialecte le plus difficile à comprendre pour des Basques français (1), pourroit bien être par cela même moins éloigné du punique, si toutefois il n'étoit pas, comme essaie de le prouver le R. P. Bartholomé, du pur carthaginois.

Je finirai cet Avant-propos en éveillant l'attention des doctes Cantabres sur les 6 vers présumés lybiques, qui suivent les 10 vers puniques, et sur les petites phrases carthaginoises dont la seconde scène du même acte est parsemée, telles que : *Avo donni, me bar bocca*, etc.

---

(1) *Ab aquitanicá dialecto nonnihil differt navarrica, plusculùm ipuscuana et alavensis, omnium maximè biscaïna.* — Arnoldus Oihenartus *Muuleo-solensis, in Notitiâ utriusque Vasconiæ, tum ibericæ tum aquitanicæ (pag. 72). Parisiis, Sébast. Cramoisy, 1638, in-4°.*

§ Ier

ALPHABET BASQUE

Don Astarloa vante beaucoup la perfection de l'alphabet basque. Don Ziriza, don Erro, et leur copiste l'abbé d'Ibarce, trouvent dans cet alphabet une foule prodigieuse de mystères. — Le fait est que cette langue n'a point d'alphabet, du moins qui lui soit propre.

Il est possible qu'elle en ait eu un ; cela est même très croyable, s'il est vrai que le basque ait été la langue universelle de l'antique Ibérie ; puisque, d'après le témoignage de Strabon, qui vivoit sous les empereurs Auguste et Tibère, les Turdétans ou Turdules, peuples de la Bétique, conservoient par écrit leurs anciennes histoires, et avoient même des poèmes et des lois en vers, qui datoient (selon eux) de six mille ans.

Voici comme s'exprime Strabon, à leur sujet, au livre III de sa Géographie : *Hi vero* (Turdetani seu Turduli) *omnium Hispanorum doctissimi judicantur, utunturque grammaticá ; et antiquitatis monumenta habent conscripta, ac poëmata, et metris inclusas leges à sex millibus (ut aiunt) annorum. Utuntur et reliqui Hispani grammaticá, non unius autem generis : quippe ne eodem quidem sermone.*

Le R. P. Larramendi et Don Erro, qui veulent prouver, par ce passage de Strabon, l'antiquité de la langue basque, se trouvent arrêtés par une petite difficulté. En effet, Strabon ne parle pas de la Cantabrie, mais de la Bétique. Pour aplanir cette difficulté, ils soutiennent que la langue basque étoit la langue universelle de l'Espagne. Mais n'est-ce pas tomber de Charybde en Scylla ? puisque Strabon nous dit expressément : « Les autres Espagnols font aussi usage de la grammaire, mais non pas tous de la même : ils n'ont même pas tous le même langage. » Pour se tirer de ce nouvel embarras, ils prétendent que, par diversité de langages, il faut entendre une seule et même langue, avec différens dialectes. Ils accordent aussi facilement les six mille ans des Turdules avec la chronologie de Moïse, en disant que ces années étoient de trois ou quatre mois : *años de tres y de cuatro meses de duracion*. — Larramendi, proleg., *pag.* xxxiv; don Erro, alph. *pag.* 17.

La langue basque ne s'étant conservée jusqu'à nos jours que par tradition orale, n'a donc pas d'alphabet particulier. Les Basques apprennent à leurs enfants à parler leur langue, comme ils l'ont appris eux-mêmes de leurs pères; mais ils ne font que la parler : ils ne l'écrivent point, ne la lisent point. Exceptons cependant le Catéchisme et quelques livres de prières, qu'ils savent par cœur dès leur plus tendre enfance. Lorsque les prêtres, et autres personnes instruites, veulent faire imprimer quelques opuscules en langue basque, ils ont recours aux caractères latins, et tâchent, par ce moyen, de peindre le plus fidèlement possible les sons de leur langue maternelle.

Les voix simples sont représentées par les cinq voyelles latines :

A, E, I, O, U,

et les voix composées ou diphthongues, par :

ai, ei, oi, au, eu, ea, ia, oa, ua, ue, *etc.*

Les articulations sont exprimées par les consonnes latines :

B, ca, que, k, kh, ça, za, ce, d, f, ga, gue, ja, je, ya, ye, h, ch, tch, l, ll, lh, m, n, ñ, nh, p, ph, r, rr, err, s, z, t, th, tti, tsa, tza, tce, xu.

On peut faire, sur la prononciation basque, les remarques suivantes :

1° Dans la Soule (arrondissement de Mauléon), la voyelle U se prononce comme un U français, tandis que partout ailleurs, elle se prononce OU.

2° Dans toute la Cantabrie française, plusieurs consonnes, et notamment P, K, T, s'articulent ordinairement avec une forte aspiration. Par exemple, *apheza, bekhatua, maithatcea* se prononcent *ap-heza, bek-hatua, mait-hatcea.*

3° Dans la Cantabrie espagnole, au contraire, on ne fait aucun usage du H aspiré ; on écrit et on prononce *nai, doatsu,* et non pas *nahi, dohatsu.*

4° *Jesus, jauna, jaten dute,* se prononcent, en Soule, comme si c'étoient des mots français ; mais dans le Labourt, on prononce *Yesous, yaouna, yaten doute,* et dans le Guipuzcoa, *Khesous, khaouna, khaten doute.*

5° Les Basques ne connoissent pas le V, et ne font usage que du B.

6° Aucun mot basque ne commence par R ; et, pour dire Rome, Roi, on dit *erRoma, erReguea.*

7° Les voyelles varient selon les différens dialectes ; on dit donc *ematea* ou *emaitea, yatea* ou *yatia, cein* ou *zoin, astua* ou *astoa, dire* ou *dira.* On dit, en Labourt, *dut, duc, dugu;* en Biscaye, *dot, doc, dogu;* et dans le Guipuzcoa, *det, dec, degu.*

8° Il faut éviter de confondre plusieurs mots dont la prononciation semble se rapprocher beaucoup, tels que ceux-ci ; *eria,* malade ; *erhia,* doigt ; *herria,* bourgade.

§ II

LITTÉRATURE BASQUE

La langue basque, selon Larramendi (prolégomènes de son Dictionnaire, imprimé en 1745), ne possède aucun livre, imprimé ou manuscrit, qui ait deux siècles d'antiquité. A cette occasion, il ne peut s'empécher de déplorer la perte de ces histoires, poèmes, et lois en vers des Turdétans ou Turdules, qui, dès le temps de Strabon, remontoient jusques à 6000 ans, et conséquemment auroient aujourd'hui une date d'environ 80 siècles ! Le peu de livres imprimés en basque, qui soient parvenus à la connaissance de ce savant jésuite, se réduit aux suivants :

1° Deux Catéchismes, l'un très court, qui ne contient que le texte, et l'autre plus étendu, qui renferme, outre le texte, des réflexions pieuses et de saintes pratiques ; imprimés par ordre de Mgr. de la Vieuxville ; Bayonne, 1733, in-12.

2° L'Imitation de Jésus-Christ, traduite par M. Chourio, curé de Saint-Jean-de-Luz ; imprimée à Bayonne, 1720, in-12 ; — réimprimée à Toulouse, 1825, in-12.

3° Doctrine chrétienne, en basque et en espagnol, par don Juan Beriain, abbé de la paroisse d'Uterga ; imprimée à Pampelune, 1626, in-12.

4° Noëls, et autres nouveaux Cantiques spirituels, par Jean Etcheberri, docteur en théologie ; Bayonne, 1630, in-12.

5° Autre volume du même auteur, sur le même sujet, intitulé : Manuel de dévotion.

6° Exercices spirituels, et Oraisons en prose et en vers, avec la passion de Notre-Seigneur, selon saint Mathieu et selon saint Jean ; petit volume imprimé à Bayonne, sans date et sans nom d'auteur.

7° Autre volume in-12, qui contient, en 12 chapitres, différens Sermons, par Pierre Argainarats, prédicateur de Ciboure ; Bordeaux, 1641.

8° Autre volume in-12, qui renferme des Oraisons et pratiques chrétiennes, et traite des sacrements, des commandements, etc. ; par Bernard Casteluzar, de la Compagnie de Jésus ; Pau, 1686.

9° Autre volume in-12, qui contient la Doctrine chrétienne, et plusieurs Oraisons en très beau basque, tel qu'est celui de Sare en Labourt ; ouvrage d'autant plus estimable, dit Larramendi, que son auteur, le R. P. François-Etienne

Materre, qui n'étoit pas basque, avoit appris la langue dans toute sa perfection ; Bayonne, 1616.

10° Un volume in-8° du célèbre Pierre Axular, curé de Sare, intitulé *Gueroco guero*, dont le sujet est : *De non procrastinandâ pœnitentiâ*. Cet ouvrage est divisé en 60 chapitres ; le basque en est élégant, pur, abondant ; Bordeaux, 1642.

Outre les dix volumes sus-mentionnés, Larramendi annonce, comme venant de paroître tout récemment *(acaba de imprimirse)*, une Grammaire française à l'usage des Basques, renfermant, dit-il, *muchas curiosidades*. Harriet, notaire de Larressore, est l'auteur de cette Grammaire, que j'ai lue avec beaucoup d'attention. C'est un volume in-12, imprimé à Bayonne en 1741. Il est revêtu des approbations de MM. Robin, curé de Villefranque, Darreche, curé de Ciboure, et Daguerre, supérieur du petit séminaire de Larressore.

On a aussi imprimé différens Catéchismes dans la Biscaye, dans le Guipuzcoa et dans la Navarre ; mais, selon Larramendi, le basque en est moins pur, et l'orthographe moins correcte.

En fait de manuscrits, notre savant jésuite ne cite que les suivants :

1° Un petit Vocabulaire basque, italien et français, sans nom d'auteur, d'une fort mauvaise orthographe, et rempli de barbarismes. Il dit avoir vu ce manuscrit à la bibliothèque royale de Madrid, et en posséder lui-même une copie.

2° Un Dictionnaire basque, espagnol, français et latin, composé par Jean Etcheberri, natif de Sare en Labourt, et célèbre médecin de la ville d'Azcoitia. Entre Azcoitia et Azpeitia se trouve le magnifique couvent de Loyola, bâti sur la maison même dans laquelle naquit saint Ignace. Notre jésuite, ayant emprunté pour quelques jours le manuscrit de son voisin, en fit un extrait, des termes propres au dialecte labourtain, dont il enrichit son Dictionnaire.

Parlons maintenant d'un ouvrage bien plus considérable, qui est peut-être le premier livre imprimé en langue basque (il a 255 ans de date certaine), et dans lequel, par conséquent, on peut espérer de trouver le basque le plus pur, puisqu'il étoit alors plus près de sa source, et n'avoit pas encore été aussi corrompu par le néologisme espagnol ou français. Cet ouvrage est d'ailleurs aussi remarquable par l'importance du sujet, que par l'ancienneté de sa date; il s'agit de la traduction complète du nouveau Testament, imprimée à la Rochelle, en 1571, chez Pierre Hautin. Ce volume n'étoit déjà plus commun du temps de Larramendi, qui l'appelle *pieza rara*, et dit ne se l'être procuré que *despues de muchos años de solicitud y diligencia*.

J'en avois vu un exemplaire dans la bibliothèque de feu M. d'Ansse de Villoison, mon ancien professeur en langue grecque; et il fut porté au n° 35 du catalogue de ses livres, lors de la vente publique qu'en firent MM. Debure, à Paris, en 1806, avec cette petite note : *Le frontispice refait à la main*. Je ne cite cette particularité, que parce qu'elle se rencontroit aussi dans l'exemplaire de Larramendi. *El exemplar que yo tengo*, nous dit le R. P., *es un tomo en octavo, á quien no le falta parte alguna ni texto de todo el nuevo Testamento : pero con el tiempo y descuido, le falto el frontis impreso, y está suplido de mano, como tambien la dedicatoria*. Je dois l'exemplaire que j'ai en ce moment entre les mains (et dont le frontispice existe dans son état naturel), à la complaisance réunie de M. le supérieur du grand séminaire de Bayonne et de M. le vicaire de Hasparren. C'est un volume in-8° de 459 feuillets (sans y comprendre les préfaces ni les tables), imprimé sur beau papier et en beaux caractères.

Nicolas Antonio, dans sa bibliothèque espagnole (tome II, pag. 274), dit avoir vu, à Rome, le nouveau Testament en langue basque, dans la bibliothèque du cardinal Barberino. Plusieurs personnes ont parlé d'une Bible basque, et ont dit l'avoir vue à Rome ; ce qu'il y a de positif, c'est qu'il n'a jamais paru que le nouveau Testament. Je vais, dans le § suivant, en donner la description, et en faire un examen critique, d'après le volume que j'ai sous les yeux ; je rapporterai ensuite le jugement porté sur cette traduction par le R. P. Larramendi.

§ III
NOUVEAU TESTAMENT BASQUE

Le titre général est ainsi conçu : Iesus Christ gure Iaunaren Testamentu berria, c'est-à-dire : *Jesu Christi nostri Domini Testamentum novum*. Sous le titre, on voit les armes de la reine de Navarre, Jeanne d'Albret ; et, parmi les fleurs de lis, figure le jeu des Marelles, dont j'ai donné l'explication dans ma Dissertation préliminaire. Au bas de l'écusson, on lit ces mots : *Haur da ene Seme maitea, ceinetan neure atseguin ona hartzen baitut ; huni beha çaquizquiote*, c'est-à-dire : (Houtos estin ho Hyios mou ho agapitos, en hô evdoquisa : avtou acouété.) *Matth.* XVII, 5. Vient ensuite la souscription : *Rochellan, Pierre Hautin, imprimiçale*, 1571.

La dédicace à la reine de Navarre est double ; en français d'abord, puis en basque. Voici le titre de cette dédicace en langue française :

A très illustre Dame Jeanne d'Albret, Roine de Navarre, Dame souveraine de Béarn, son très humble et très obéissant serviteur Jean de Liçarrague de Briscous, désire grâce et paix en Jésus-Christ... A la Rochelle, le 22 août 1571.

Le même titre en langue basque :

Gucizco Andre noble Ioanna Albrete, naffarroaco Reguina, Bearnoco Andre guehien denari, bere cerbitzari gucizco chipiac eta gucizco obedientac, Ioannes Leiçarraga Berascoizcoac, Iesus Christen gracia eta baquea desiratzen... Rochellan, agorrilaren 22, 1571.

Il est donc évident que l'auteur de cette traduction est Jean de Liçarrague de Briscous, quoique son nom ne paroisse pas sur le frontispice. L'ouvrage est complet, et renferme les quatre Evangiles, les Actes des apôtres, les quatorze Epîtres de saint Paul, l'Epître de saint Jacques, les deux Epîtres de saint-Pierre, les trois de saint Jean, celle de saint Jude, et l'Apocalypse de saint Jean. De plus, chaque chapitre est précédé d'un sommaire, qui donne une idée précise des sujets qui y sont traités.

Le dialecte dont s'est servi le traducteur est celui de la Basse-Navarre, qui n'est pas très différent de celui du Labourt. Il emploie plus souvent le verbe *ukan*, avoir, que le mot *izan*; au futur, il ne se sert que des terminaisons *en* ou *ren*, et jamais des terminaisons *co* ou *go*, disant *emanen dut, ecarriren dut*, au lieu de *ecarrico*. Il fait un usage particulier des auxiliaires *ceçan*, en régime singulier, et *citzan*, en régime pluriel, qu'il substitue à *çuen* et *cituen*; par exemple : *Isaakec engendra* ceçan *Iacob, eta Iacob engendra* citçan *Iuda eta haren anayeac*, au lieu de *Isaakec enyendratu* zuen *Yacob, eta Yacobec enyendratu* cituen *Yuda eta haren anayac*. Il écrit *reguea, recibitu*, tandis que l'on prononce maintenant *erreguea, errecibitu*; et, à la seconde personne du singulier, il n'emploie jamais la forme respectueuse *zu, zuc*, mais se sert constamment de *hi, hic*, qui répondent au *tu* des latins. Ainsi Pilate dit à Jesus : *Hi aiz Iuduen reguea? (Tu es Judæorum rex?)* et Jésus lui répond : *Hic dioc (Tu dicis).*— Mais qui sait si cette prononciation adoucie de *erreguea* pour *reguea*, et cette forme polie de *zu, zuc*, (vous *sing.*) au lieu de *hi, hic*, (tu, toi) ne sont pas des résultats de la civilisation moderne? C'est du moins le sentiment d'Oihénart : *Mihi quidem videntur* çu çuc, *et aliæ similes voces, novæ à nostris effictæ, ad imitationem Hispanorum, Gallorum et Italorum, qui plurale* vos *singulariter usurpant;* pag. 71.

Pour le surplus, nous dit Larramendi : *Es diestrisimo*

bascongado, especialmente en la puntualidad de las terminaciones correspondientes al trato del hi, hic, *asi en los verbos regulares, como en los irregulares.*

Il reste à examiner un point essentiel : l'auteur de cette traduction était-il catholique ou calviniste? — Puisque ce volume faisoit partie de la bibliothèque du cardinal Barberino, c'est déjà pour l'auteur une présomption favorable. Mais comme on ne peut, dans une question aussi grave, se contenter d'une présomption, et qu'il n'appartient pas à un laïque de résoudre ce problème, je n'essaierai pas de le résoudre par moi-même, et je m'en rapporterai volontiers au sentiment éclairé d'un savant jésuite, professeur de théologie au collége royal de Salamanque. Voici donc la réponse du R. P. Larramendi, à la question qui nous occupe en ce moment : « Plusieurs circonstances semblent faire croire que le traducteur étoit calviniste ; 1° l'époque à laquelle parut sa traduction (22 août 1571, un an avant la Saint-Barthélemy) ; 2° le lieu de l'impression (la Rochelle, le plus fort boulevard du protestantisme) ; 3° la liberté qu'il prit de faire sa traduction en langue vulgaire ; 4° sa dédicace à la reine de Navarre, Jeanne d'Albret, qui vécut et mourut calviniste en l'année 1572. Quant au reste (conclut-il), on ne peut pas reconnoître que le traducteur soit calviniste, parce que, selon mon entendement, sa traduction est fort bien ajustée au texte. » Voici ses propres expressions : *Por lo demas, no se puede conocer que sea calvinista el traductor, que está, à mi entender, muy ajustado en su traduccion.* Proleg., pag. XXXVII.

Il a paru dernièrement à Bayonne un cahier in-8° de 80 pages à deux colonnes, sous ce titre : *Jesus-Christoren Evanyelio saindua, S. Mathiuren arabera; itçulia escuarara, lapurdico lenguayaz; Bayonan, 1825, Lamaignère imprimerian;* c'est-à-dire : « Le saint Evangile de Jésus-Christ, selon saint Matthieu, traduction basque, dialecte labourtain. » On a cru que c'étoit une traduction nouvelle, et elle n'a pas été favorablement accueillie. Ce n'est cependant que la traduction de Jean de Liçarrague, revêtue des formes modernes du style, et appropriée au dialecte labourtain. Les éditeurs ont substitué partout *çuen* et *cituen* à *ceçan* et *citzan*; *erresuma*, *erreguea* à *resuma* et *reguea*; *çu*, *çuc* à *hi*, *hic*; ils ont remplacé *iayo* par *sorthu*, *içorra* par *esperantcetan*, etc., mais ils ont poussé la fidélité jusqu'à conserver les mêmes sommaires; c'est un fait dont chacun se convaincra facilement, en comparant simplement les cinq à six premiers chapitres.

Je vais parler d'un verset qui a présenté quelques difficultés; c'est le 16me du chapitre Ier. Nous citons la traduction latine, connue sous le nom de vulgate : *Jacob autem genuit Joseph virum Mariæ, de quâ natus est Jesus qui vocatur Christus.* Ce verset est très clair, et signifie : « Puis Jacob engendra Joseph époux de Marie, de laquelle naquit Jésus qui est appelé Christ. » Examinons maintenant la traduction basque; et, pour suivre l'ordre chronologique, commençons par l'édition de 1571 : *Eta Iacobec engendra ceçan Joseph Mariaren senharra ceinaganic iayo içan baita Iesus cein erraiten baita Christ.* Voyons ensuite l'édition de 1825 : *Eta Jacobec engendratu çuen Joseph Mariaren senharra, ceinaganic sorthu içan baita Jesus Christo deitcen dena.*

Sans avoir fait de très grands progrès dans l'étude de la langue basque, on s'aperçoit aisément que cette double traduction n'en fait réellement qu'une, et que, dans la seconde édition, on a seulement remplacé, comme je le disois plus haut, *ceçan* par *çuen*, *iayo* par *sorthu*, et la périphrase traînante *cein erraiten baita*, par l'expression laconique *deitcen dena*. Mais ce n'est pas ce que je me propose d'examiner en ce moment; mon dessein est de faire sentir la justesse des objections qui ont été faites contre la traduction de ce verset.

Dans la langue basque, 1° il n'y a pas de signe pour marquer les genres des noms ou pronoms; 2° quand deux noms sont en construction, le terme antécédent doit se placer après le terme conséquent. En vertu du premier principe, *ceinaganic* signifie indifféremment *duquel* ou *de laquelle*, et répond assez bien à notre *dont*, ou à l'*undè* des latins. D'après la seconde loi, Joseph époux de Marie, se dira *Yoseph Mariaren senharra*, et non pas *Yoseph senharra Mariaren*; d'où il résulte que la traduction basque du verset précité, ne pouvant présenter les mots que dans l'ordre suivant : *Puis Jacob engendra Joseph de Marie l'époux, dont naquit Jésus*, etc., offre au lecteur un sens louche et indéterminé, et pourroit faire soupçonner que Jésus fût fils de Joseph.

Larramendi n'auroit certainement pas laissé passer cette phrase équivoque sans la critiquer, si l'édition de 1571 n'eût porté en marge un corrrectif. On y lit effectivement, imprimé en plus petits caractères, *ceinaganic* (dont) c'est-à-dire *Mariaganic* (de Marie). Cette note aura suffi au savant jésuite, qui connoissait les lois rigoureuses de sa langue maternelle.

Dociles aux justes réclamations qu'avoit excitées la traduction de ce verset, les nouveaux éditeurs se sont empressés d'ajouter à la plume, sur plusieurs exemplaires, la petite note *Mariaganic*, qui étoit imprimée en marge de l'édition de 1571, et ils ont bien fait.

Ils auroient encore mieux fait, selon nous, de ne pas laisser croire au public que c'étoit une nouvelle traduction qu'ils lui offroient ; car le public se méfie toujours des innovations. Ne pouvoient-ils pas, après avoir habilement retouché la traduction de Jean de Liçarrague, la présenter aux Autorités compétentes, et s'appuyer sur le témoignage du docte Larramendi ? Le jugement éclairé du R. P. auroit milité en leur faveur ; et peut-être alors, au lieu de se borner à une seule partie, auroient-ils pu réimprimer en entier le livre le plus rare et le plus précieux que possède la littérature basque.

Avant de terminer ce §, citons encore : 1° Un volume in-12, en dialecte labourtain, intitulé le *Combat spirituel*, imprimé à Toulouse en 1750, chez Robert ; 2° Histoire de l'ancien et du nouveau Testament (par Royaumont), traduite en basque par B. Larréguy, curé de Bassussary, 2 vol. in-12; Bayonne, 1775 et 1777 ; 3° Un traité sur les *danses*, les *jeux* et les *fêtes* cantabriques, en dialecte du Guipuzcoa, par don Iztueta, vol. in-8°, imprimé à Saint-Sébastien en 1824, chez Baroja.

J'ai parlé d'Oihénart dans mon avant-propos. Quant à la Grammaire et au Dictionnaire de Larramendi, à l'Apologie de la langue basque par don Astarloa, à l'Alphabet de la langue primitive d'Espagne de don Erro, et au travail que l'abbé d'Iharce a commencé d'exécuter d'après les originaux Espagnols, je crois les avoir suffisamment fait connoitre dans ma Dissertation préliminaire, à laquelle je renverrai quelquefois mes lecteurs.

Don Iztueta m'écrit de Saint-Sébastien, que j'ai lu à peu près *todo lo mas interesante que se ha escrito sobre la lengua bascongada*. Il me marque aussi que don Astarloa, mort il y a environ 12 ans, a laissé dans ses papiers l'analyse syllabique de plus de onze mille mots basques. Ces intéressans manuscrits sont maintenant entre les mains de don Erro, et le monde savant en attend la publication avec la plus vive impatience.

Je vais faire connoître par quelques exemples la manière dont opère Astarloa.

Atz est composé de la voyelle a, qui marque extension, et de la double consonne tz, qui marque abondance ; ces deux éléments réunis indiquent *un objet qui a une abondante extension*, ou le *doigt*.

Ats, composé d'éléments à peu près identiques, doit signifier également *una cosa que mucho se estiende* ; effectivement ce mot veut dire la *puanteur*.

Makel en hébreu signifie un *bâton ;* schoté en grec signifie une *école*, et ekklésia une *église ;* ces mots ont chacun dans leur langue une étymologie plausible. Cependant Astarloa, en employant les mêmes procédés analytiques, prouve que ces mots sont basques, et signifient : *Faiseur de contusions, lieu propre à dompter la jeunesse, maison capable de contenir une grande multitude.* Puis il s'écrie d'un air triomphant : *¿ Será hebrea esta voz? ¿ podrán simplificarla, como nos otros, los Hebreos? — Que dirán los Griegos? nos pondrán demanda de posesion?*

Ce fut en 1803 qu'Astarloa, après avoir publié sa brillante Apologie de la langue basque, commença son grand travail analytique, dont il s'est constamment occupé jusqu'à sa mort. Il paroît qu'il analysoit un millier de mots basques par chaque année, puisqu'en onze ans il est parvenu jusqu'au onzième mille. En suivant cette proportion, il s'écoulera encore bien des siècles avant que son entreprise ne soit mise à fin ; car le nombre des mots basques (en ne comptant que ceux qui n'ont pas plus de trois syllabes) s'élevant, suivant Astarloa, à 4,426,554,929, c'est-à-dire *quatre milliards, quatre cent vingt-six millions, cinq cent cinquante quatre mille, neuf cent vingt-neuf;* si l'on divise cette somme par 1000, on trouvera que, pour terminer l'ouvrage d'Astarloa, il faudroit encore 4,426,554 ans. — *Aguian bai !*

§ IV

ARITHMÉTIQUE BASQUE

On trouve dans la manière de compter des Basques, dit Astarloa, une des plus grandes preuves de leur antiquité : c'est qu'au lieu de compter par dizaines, ils comptent par vingtaines. Il est vrai que les doigts ont dû servir de base à la numération, comme le témoigne le poète Ovide, lorsqu'il dit en parlant du nombre DIX :

Sed quia tot digiti, per quos numerare solemus,
Hic numerus magno tunc in honore fuit.

Si l'on veut sur ce sujet de plus longs détails, on pourra

consulter (pag. 599) mon édition du Schrevelius ; je me contenterai de dire ici que les Grecs et les Romains, qui se servent des figures I, II, III, etc., et les Chinois de — = ≡, etc., pour signifier *un*, *deux*, *trois*, etc., semblent accréditer cette opinion. Chez les Eoliens, *pempazein* (compter par cinq) signifie d'une manière absolue *compter*. Plusieurs peuplades d'Amérique confirment encore notre système. Chez les Guaraniens, cinq se dit *popetei*, mot composé de *po* main, et de *petei* une, c'est-à-dire *une main* ; pour dire dix, ils disent *pomocoi*, c'est-à-dire *deux mains*. Chez les Luliens, vingt se dit *iselujauon*, mot composé de *is* main, *elu* pied, et *jauon* tous, c'est-à-dire *tous les doigts des mains et des pieds*. Les Jaruriens expriment le nombre vingt par *canipume*, mot composé de *cani* un, et de *pume* homme, c'est-à-dire *un homme*; et le nombre quarante par *noenipume*, c'est-à-dire *deux hommes*.

Mais, sans nous transporter en Amérique, nous pouvons rencontrer en Europe des langues où la numération se fait par vingtaines ; telles que l'irlandaise et la celtique. Dans cette dernière, par exemple, vingt se dit *uguent*, et pour dire quarante, soixante, on dit *daou-uguent*, *tri-uguent*, c'est-à-dire deux-vingts, trois-vingts. En français même, selon la remarque consignée dans le Dictionnaire de l'Académie, à l'article *vingt*, on dit, dans la manière ordinaire de compter : *Quatre-vingts*, *six-vingts*, et même quelquefois *sept-vingts*, *huit-vingts*; mais on ne dit jamais *deux-vingts*, *trois-vingts*, *cinq-vingts*, ni *dix-vingts*.

Si donc cette manière de compter par vingtaines est une des plus grandes preuves de l'antiquité la plus reculée, notre langue en peut aussi revendiquer sa part. Mais d'où cette preuve se déduit-elle ? c'est que, nous dit Astarloa, l'homme qui compta par les dix doigts de ses mains, et qui, arrivé au nombre onze, recommença à compter sur les mêmes doigts, n'eut pas sous les yeux les dix doigts de ses pieds, parce qu'il dut déjà se trouver chaussé ; *y de aqui se infiere*, con-

§ IV ARITHMÉTIQUE BASQUE

clut-il, *que el numero deceno no pudó quedar regente, sino en aquellas lenguas que se inventaron despues del calzado cerrado ; y de consiguiente, que no pueden estas pretender toda la antiguedad á que aspiran.*

La page suivante offrira le tableau des noms de nombre en langue basque ; mais pour satisfaire la curiosité des linguistes, je vais présenter d'abord la numération comparée de quelques langues d'Asie et d'Europe, dont l'antiquité peut le disputer à celle de langue cantabrique.

NUMÉRATION

CHINOISE : I (1, eul (2, san (3, sé (4, ou (5,
lou (6, tsi (7, pa (8, kiou (9, chi (10,
pé (100, tsian (1,000, wan (10,000.

HÉBRAÏQUE : Ekhad, chené, chaloch, arbah, khamech,
chech, chebah, chemoneh, techah, heser ;
meah (100, eleph (1,000.

GRECQUE : Hen, dyo, tria, tessara, penté,
hex, hepta, octo, ennea, deca ;
hecaton (100, khilia (1,000, myria (10,000.

HONGROISE : Egy, ket, harom, negy, ot,
hat, het, nyoltz, kilentz, tiz.

IRLANDAISE : An, da, tri, ceithar, cuig, — deich (10 ;
fichad (20, da-fichad (40, tri-fichad (60, etc.

CELTIQUE : Unan, daou, tri, pevar, pemp, — dec (10 ;
uguent (20, daou-uguent (40, tri-uguent (60, etc.

NOMS DE NOMBRE

Bat,	*un.*	Lehenbicicoa,	*premier.*
Bi,	*deux.*	Bigarrena,	*deuxième.*
Hirur,	*trois.*	Hirurgarrena,	*troisième.*
Laur,	*quatre.*	Laurgarrena,	*quatrième.*
Bortz,	*cinq.*		
Sei,	*six.*	Lehenbicicoric,	*premièrement.*
Zazpi,	*sept.*	Bigarrenecoric,	*deuxièmement.*
Zorci,	*huit.*	Hirurgarrenecoric,	*troisièmement.*
Bederetci,	*neuf.*	Laurgarrenecoric,	*quatrièmement.*
Hamar,	*dix.*		
		Behin,	*une fois.*
Hameica,	*onze.*	Bietan,	*deux fois.*
Hamabi,	*douze.*	Hiruretan,	*trois fois.*
Hamahirur,	*treize.*	Lauretan,	*quatre fois.*
Hamalaur,	*quatorze.*		
Hamabortz,	*quinze.*	Banatan,	*chacun une fois.*
Hamasei,	*seize.*	Binatan,	*chacun deux fois.*
Hamazazpi,	*dix-sept.*	Hirurnatan,	*chacun trois fois.*
Hemezorci,	*dix-huit.*	Laurnatan,	*chacun quatre fois.*
Hemeretci,	*dix-neuf.*		
Hogoi,	*vingt.*	Bana,	*chacun un.*
		Bina,	*chacun deux.*
		Hirurna,	*chacun trois.*
Hogoi eta hamar,	*trente.*	Laurna,	*chacun quatre.*
Berrogoi,	*quarante.*		
— eta hamar,	*cinquante.*	Banaca,	*un à un.*
Hirur hogoi,	*soixante.*	Binaca,	*deux à deux.*
— — eta hamar,	*soixante-dix.*	Hirurnaca,	*trois à trois.*
Laur hogoi,	*quatre-vingts.*	Laurnaca,	*quatre à quatre.*
— — eta hamar,	*quatre-vingt-dix.*	Battasuna,	*unité.*
Ehun,	*cent.*	Hirurtasuna,	*trinité.*
Berrehun,	*deux cents.*	Hamartasuna,	*dixaine.*
Milla,	*mille.*		
		Erdia,	*la moitié.*
Milliun,	*million.*	Herena,	*le tiers.*
etc.		Laurdena,	*le quart.*

§ V

CALENDRIER BASQUE

Strabon nous dit au livre IIIe de sa Géographie : « *Quidam Callaïcos perhibent nihil de diis sentire ; Celtiberos autem, et qui ad septentrionem eorum sunt vicini, innominatum quemdam Deum noctu in plenilunio, antè portas cum totis familiis choreas ducendo, totamque noctem festam agendo, venerari.* » C'est à l'aide de ce passage que don Thomas de Sorreguieta, don Astarloa et don Erro ont essayé d'expliquer le calendrier, et principalement la semaine basque, qui paroîtroit aussi antérieure à la semaine de Moïse que le nombre 3 l'est au nombre 7. En effet, selon eux, la semaine basque n'étoit composée primitivement que de 3 jours, et les 4 autres n'ont été ajoutés que postérieurement. Ce n'étoit donc pas une période hebdomadaire, c'étoit une période de trois jours, une triade : *astelchena, astehartia, asteazquena,* c'est-à-dire *prima dies, media dies, ultima dies*. Voilà bien les trois points de la période, désignés avec la plus grande précision.

Ces trois noms, qui dans l'origine se rapportoient à des fêtes lunaires, se sont ensuite appliqués aux trois premiers jours de la semaine, *lundi, mardi, mercredi*. Mais, pour la compléter, il a fallu ajouter quatre jours nouveaux aux trois anciens. On a appelé jeudi *orceguna* ou *osteguna*, c'est-à-dire le jour qui vient après, ou le jour suivant ; et vendredi *orciralea* ou *ostirailla*, c'est-à-dire le jour qui vient à la suite de jour d'après, *el dia que está detras del dia de atras*. Comme la périphrase étoit déjà assez longue, on donna au samedi le nom de *larumbata*, qui signifie un *quartier* lunaire, et au dimanche le nom d'*igandia*, qui signifie *la mayor subida*, le grand jour, et par lequel on désignoit jadis la *pleine lune*. Voilà l'analyse de la semaine basque, d'après les trois savans espagnols sus-mentionnés.

Les 12 mois ont reçu différentes dénominations, selon les différens dialectes, dont je traiterai dans le § suivant. Voici les plus usitées :

Janvier,	*urtarrilla*,	*ilbalza.*
Février,	*otsailla*,	*ceceilla.*
Mars,	*marchoa*,	*epailla.*
Avril,	*apirilla*,	*jorrailla.*
Mai,	*mayatza*,	*ostarua.*
Juin,	*erearoa*,	*baguilla.*
Juillet,	*uztailla*,	*garrilla.*
Août,	*abostua*,	*agorilla.*
Septembre	*buruilla*,	*irailla.*
Octobre,	*urria*,	*bildilla.*
Novembre,	*hacilla*,	*azarua.*
Décembre,	*abendoa*,	*lotasilla.*

Il est visible que plusieurs de ces noms de mois sont modernes, tels que *marchoa* mars, *apirilla* avril, *mayatza* mai ; il n'en est pas de même de *urtarrilla*, janvier, qui signifie *le mois des eaux ;* de *ostarua*, mai, *temps de la feuillaison ;* de *azarua*, novembre, *temps des semences.*

Quant au mot *lotasilla*, un des noms du mois de décembre, don Astarloa, qui le traduit ainsi, *mes en que se detiene ó para*, reconnoît dans cette étymologie *un misterio singular.* J'adopte volontiers son étymologie ; mais, sans chercher à pénétrer son mystère singulier, j'y trouve tout simplement un mois où, à cause du mauvais temps, il est bon de *se tenir* à la maison.

§ VI

DIALECTES BASQUES

L'habitant du Guipuzcoa ne comprend pas, ou du moins ne comprend qu'avec peine, le biscayen ; on peut en dire autant de ce dernier par rapport au premier ; autant de l'habitant de l'Alava, de la Navarre haute et basse, du Labourt, de la Soule, etc. J'ai rapporté dans ma Dissertation préliminaire une phrase fort simple, exprimée en 15 manières différentes.

Loin de regarder comme un embarras cette multiplicité de langages, Larramendi les compare successivement aux productions variées de la terre, de la mer, de l'air, et même du feu ; aux groupes multipliés d'étoiles qui charment notre vue, aux accords de la musique qui flattent nos oreilles ; enfin, aux différens dialectes de la langue grecque. Il croit pouvoir rapporter tous ceux de la langue cantabrique à trois principaux : celui du Guipuzcoa, celui de la Biscaye, et celui du Labourt.

Le labourtain, dit-il, est doux et agréable à l'oreille, son expression est prompte et facile ; seulement, les aspirations y sont un peu trop fortes et trop multipliées.

Le biscayen offre moins d'aspirations ; mais il est sujet à de fréquentes syncopes, qui ne laissent pas d'introduire quelque confusion. Les femmes le parlent avec une grâce particulière ; mais il a certaine rudesse dans la bouche des hommes.

Le dialecte du Guipuzcoa est le plus correct et le plus agréable. Tout s'y prononce avec distinction ; les mots n'y sont pas syncopés avec trop de précipitation ; l'expression y est plus facile et plus douce.

On pourroit peut-être soupçonner Larramendi d'un peu de partialité à l'égard de sa province ; cependant, située au milieu de la Biscaye, de l'Alava, de la Navarre et du Labourt, et par conséquent entourée de toute part de pays basques, cette province, qui jouit seule de ce privilége, doit probablement avoir conservé la langue parlée dans sa plus grande pureté. Je dis la langue parlée ; car, pour ce qui regarde la langue écrite, le Labourt a toujours eu l'avantage sur toutes les autres provinces de la Cantabrie.

§ VII

ÉTYMOLOGIES BASQUES

Selon Larramendi et ses copistes, la langue basque étoit autrefois la langue universelle de toute l'Espagne. C'est ce que prouve l'étymologie du mot générique *Espagne*, qui ne dérive pas de l'hébreu *saphan* couvrir, ni du grec *Spania* rare (c'est-à-dire pays *couvert* de forêts, et par conséquent *peu habité*), mais qui est un mot tout-à-fait basque, *española*, et signifie LÈVRE. Cette étymologie est plausible ; car l'Espagne peut être considérée comme une lèvre, un bord, une extrémité de l'Europe. Mais ce n'est pas sous ce rapport qu'ils envisagent le mot *lèvre* ; ils prétendent remonter, à l'aide de cette signification, jusqu'à l'époque où, d'après le texte de Moïse, *erat terra labii unius*. Je ne les suivrai pas depuis Fontarabie jusques à Cadix. Je leur accorde volontiers que la première de ces deux villes signifie *ondar-ibaya*, ville située *au-delà du fleuve* de la Bidassoa ; que l'Andalousie veut dire terre longue *landa lucia* ; mais il faut qu'ils m'accordent à leur tour que Cadix, ou, selon les Grecs, *Gadeira*, est le mot hébreu *ghedera* fortification, du verbe *gadar* clore, entourer ; et que Malaga n'est autre chose que le chaldéen *meleca*, saumure ou saline.

Non contens de trouver des mots basques dans toutes les villes d'Espagne, ils débordent jusques en France ; ainsi l'ancien *Benearnum*, que l'on croit être Lescar, est composé de

§ VII ÉTYMOLOGIES BASQUES

behia vache et d'*arnoa* vin. Effectivement, la vache étoit empreinte sur les monnaies frappées à Pau, capitale du Béarn; et les coteaux de Jurançon sont encore renommés par leurs excellens vins. Oloron, l'ancien *Iluro*, dérive de *olha* forge et de *ura* eau. J'admets ces deux étymologies ; mais n'allons pas plus loin. Gardons-nous de donner à Versailles et à Paphos l'origine ridicule que leur assigne l'abbé d'Iharce, ce que j'ai rapportée dans ma Dissertation préliminaire.

J'ai remarqué dans la langue basque plusieurs mots hébreux, tels que : *hir* ville, *makel* bâton, *tsel* ou *tzal* ombre, *ani*, *hou*, *baith* ; en basque *hiri*, *mahhil*, *itzal*, etc.; et plusieurs mots grecs, tels que : *Artos* pain, *choléra* colère, *scholé* école, *ekklêsia* église, *angelos* ange, *Pentêcostê spatha*, *kairos*, *thura* ; en basque *artho*, *colera*, *escola*, *eliza*, *aingueru*, *mendecoste*, etc. Il est vrai que par *artho* ou *arthoa* les Basques entendent proprement le pain de maïs, tandis qu'ils appellent celui de froment *oguia :* mais mon rapport est assurément bien moins éloigné que celui de Larramendi, qui dérive en sens inverse le mot grec *Udor* eau, du mot basque *idorra* sec, aride. Ceux qui voudront voir les raisons curieuses qu'il en donne, pourront consulter ses prélégomènes, pag. xv.

Gorputz corps, *dembora* temps, *presuna* personne, *arima* âme, *ceru* (en Soule *celuya*) ciel, *khurutce* croix (de l'ablatif *cruce*), et une foule d'autres mots semblables (*) sont bien certainement, malgré leur altération, des mots latins, quoique Larramendi prétende que ce sont au contraire les Romains qui les ont emprunté des Basques. L'abbé d'Iharce partage cette dernière opinion, et pense que la langue cantabrique n'a rien emprunté des autres idiômes. Un basque m'a

---

(*) Bekhatua *peccatum*, botua *votum*, patua *pactum*, acceptatcea *acceptare*, affligitcea *affligere*, akhusatcea *accusare*, etc., etc. — Introduire tous ces mots dans un vocabulaire de la langue basque, ce seroit le surcharger inutilement de mots étrangers à cette langue.

cependant avoué qu'il n'y avoit pas de mot dans sa langue pour signifier une fourchette (qui empêche de dire *sardia* ou *sardisca?*) et que les Basques de France l'appeloient *forchetta*, et ceux d'Espagne *tenedora;* mais cet aveu n'était pas tout-à-fait gratuit ; car il en concluoit que c'étoit une nouvelle preuve de l'antiquité du basque, qui remontoit jusqu'à une époque où l'on ne connoissoit d'autre fourchette que celle du père Adam.

Toutefois la langue des Cantabres a conservé jusqu'à nos jours d'illustres vestiges de son antique splendeur. *Iguzquia* le soleil (en Soule *eguia*) signifie celui qui procure le jour, ou qui fait voir les objets ; *ilharguia* la lune (en Soule *arguizaguia*) celle qui brille dans les ténèbres, ou bien, si l'on écrit *hillarguia*, lumière morte ; *Yaincoa* Dieu, c'est-à-dire celui d'en haut, le Très-Haut, *altissimus*, o ηυψιστος. Avouons cependant que cette dénomination, toute sublime qu'elle est, n'atteint pas encore à la majesté du Jehovah hébraïque, qui signifie celui qui *est*, *fut* et *sera*, l'Eternel.

Le mot trinité (vulgairement *trinitatea*) pourroit se traduire en basque (et fort bien, selon Larramendi), par *hirurtasuna*. L'homme se dit *guizona*, c'est à dire *guiza ona* (en latin *forma bona*), la créature par excellence. *Zubia* un pont (litéral. deux planches) existoit donc avant l'invention des ponts en pierre, *Aberea* troupeau, a formé les mots *aberatsua* riche, *aberastasuna* richesse (comme chez les Latins *pecunia* et *pecuniosus* se tirent de *pecus*) ; et du mot *ardia* brebis, dérive *ardita* un liard, la plus petite pièce de monnaie.

Les Basques expriment quelquefois par deux mots différens deux idées analogues, que nous exprimons par un seul. La chemise d'homme se dit *athorra*, celle de femme *mantharra ; canibeta* signifie un couteau de table, et *nabala* un couteau de poche ; un frère appelle sa sœur *arreba;* deux sœurs se saluent entr'elles du nom de *ahizpa*.

L'*hiphil* des Hébreux, c'est-à-dire la conjugaison doublement transitive, s'effectue en basque par l'intercalation de la syllabe *ra*, de la manière suivante : *eguitea* faire, *craguitea* faire faire ; *ikhastea* apprendre, *irakhastea* faire apprendre, enseigner ; *edatea* boire, *edaratea* faire boire, abreuver ; *ikhustea* voir, *erakhustea* faire voir, montrer.

Pour compléter cet intéressant §, je vais, dans le suivant, donner les nombreuses désinences de la langue basque, et fixer leur valeur par des exemples, qui, étant bien compris, nous épargneront la peine de chercher beaucoup de mots dans les vocabulaires.

§ VIII

DÉSINENCES BASQUES

1. ALDIA.	{	Yanaldia,	*tour de manger.*
		Edanaldia,	*tour de boire.*
		Erranaldia,	*tour de dire.*
2. ANZA.	{	Diruanza,	*ressemblance d'argent.*
		Urreanza,	*ressemblance d'or.*
		Guizonanza,	*ressemblance d'homme.*
3. BERA.	{	Egosbera,	*facile à cuire.*
		Bihotzbera,	*miséricordieux.*
		Sinhetsbera,	*crédule.*
4. BIDEA.	{	Salbidea,	*débit, chalandise,*
		Erosbidea,	*moyen d'acheter.*
		Minzabidea,	*occasion de parler.*
5. CA.	{	Makhillaca,	*à coups de bâton.*
		Harrica,	*à coups de pierres.*
		Ezpataca,	*à coups d'épée.*
6. CARIA.	{	Makillacaria,	*qui se bat à coups de bâton.*
		Harricaria,	*qui se bat à coups de pierres*
		Ezpatacaria,	*qui se bat à coups d'épée.*

7. CARA.	Handicara,	tirant sur le grand.
	Churicara,	tirant sur le blanc.
	Gorricara,	tirant sur le rouge.
8. CARIA.	Eguincaria,	facile à faire.
	Emancaria,	facile à donner.
	Harcaria,	facile à prendre.
9. CHCA.	Guizonchca,	homme foible.
	Emaztechca,	femme foible.
	Zamarichca,	cheval foible.
10. CHCOA.	Onchcoa,	un peu bon.
	Handichcoa,	un peu grand.
	Errechcoa,	un peu facile.
11. CHEAGOA.	Handicheagoa,	un peu plus grand.
	Chumecheagoa,	un peu plus petit.
	Hobecheagoa,	un peu meilleur.
12. CHEGUIA.	Oncheguia,	un peu trop bon.
	Handicheguia,	un peu trop grand.
	Chumecheguia,	un peu trop petit.
13. CHOA, TTOA.	Ontchoa, onttoa,	bon et petit.
	Guizonchoa,	petit homme.
	Mahainchoa,	petite table.
14. CORRA.	Emancorra,	qui donne facilement.
	Irricorra,	qui rit facilement.
	Erorcorra,	qui tombe facilement.
15. DIA.	Ondia,	quantité de bons.
	Guizondia,	quantité d'hommes.
	Harridia,	quantité de pierres.
16. DINA.	Emandina,	tant qu'on peut donner.
	Ekhardina,	tant qu'on peut porter.
	Errandina,	tant qu'on peut dire.

§ VIII DÉSINENCES BASQUES 37

17. DUNA.		Diruduna,	*qui a de l'argent.*
		Etcheduna,	*qui a des maisons.*
		Ontasunduna,	*qui a du bien.*
18. EGUIA.		Oneguia,	*trop bon.*
		Handieguia,	*trop grand.*
		Chumeguia,	*trop petit.*
19. EQUILACOA.		Onequilacoa,	*qui est avec les bons.*
		Handiequilacoa,	*qui est avec les grands.*
		Ederrequilacoa,	*qui est avec les belles.*
20. ETSIA.		Ederretsia,	*tenu pour beau.*
		Onetsia,	*tenu pour bon.*
		Gaitcetsia,	*tenu pour méchant.*
21. GABEA.		Esquergabea,	*ingrat.*
		Faltagabea,	*innocent.*
		Ahalgabea,	*impuissant.*
22. GALEA.		Logalea,	*envie de dormir.*
		Goragalea,	*envie de vomir.*
		Hazgalea,	*démangeaison.*
23. GARRENA.		Bigarrena,	*deuxième,*
		Hirurgarrena,	*troisième.*
		Laurgarrena,	*quatrième.*
24. GARRIA.		Handigarria,	*qui aide à agrandir.*
		Edergarria,	*qui aide à embellir.*
		Onetsgarria,	*qui aide à aimer.*
25. GORRA.		Egosgorra,	*difficile à cuire.*
		Bihotzgorra,	*impitoyable.*
		Sinhetsgorra,	*incrédule.*
26. GUA.		Adisquidegua,	*raison d'amitié.*
		Etsaigua,	*raison d'inimitié.*
		Samurgua,	*raison de querelle.*

27. GUEYA.	Etchegueya,	*matériaux pour bâtir.*
	Uncigueya,	*charpente de navires.*
	Oihalgueya,	*étoffe pour faire du drap.*
28. GUINA.	Harguina,	*maçon.*
	Zurguina,	*charpentier.*
	Cillarguina,	*orfèvre.*
29. GUIRO.	Belharguiro,	*temps des foins.*
	Mahatsguiro,	*temps des raisins.*
	Oguiguiro,	*saison des fromens.*
30. GUNA.	Handiguna,	*un peu de grandeur.*
	Onguna,	*un peu de bonté.*
	Ederguna,	*un peu de beauté.*
31. HONDOA.	Sagarhondoa,	*pommier.*
	Madarihondoa,	*poirier.*
	Guerecihondoa,	*cerisier.*
32. ILLEA.	Bizarguillea,	*barbier.*
	Aditzaillea,	*auditeur.*
	Creatzaillea,	*créateur.*
33. KHARCA.	Zalhukharca,	*à qui sera plus souple.*
	Ikhaskharca,	*à qui apprendra mieux.*
	Cantakharca,	*à qui chantera mieux.*
34. KHOYA.	Onkhoya,	*amateur du bon.*
	Arnokhoya,	*adonné au vin.*
	Emakhoya,	*adonné aux femmes.*
35. OSTEA.	Yendeostea,	*troupe de gens.*
	Diruostea,	*somme d'argent.*
	Ardiostea,	*troupeau de brebis.*
36. PEAN.	Onpean,	*parmi les bons.*
	Gaistopean,	*parmi les méchans.*
	Handipean,	*parmi les grands.*

§ VIII DÉSINENCES BASQUES

37. QUERIA.	{	Hordiqueria,	*ivresse.*
		Erhoqueria,	*folie.*
		Chirehilqueria,	*bagatelle.*
38. QUETARIA.	{	Diruquetaria,	*quêteur d'argent.*
		Arnoquetaria,	*quêteur de vin.*
		Haraguiquetaria,	*quêteur de viande.*
39. QUI.	{	Sainduqui,	*saintement.*
		Osoqui,	*entièrement.*
		Hobequi,	*mieux.*
40. QUIA.	{	Guizonquia,	*de l'espèce de l'homme.*
		Emaztequia,	*de l'espèce de la femme.*
		Ardiquia,	*de l'espèce de la brebis.*
41. QUIDEA.	{	Adinquidea,	*égal en âge.*
		Icenquidea,	*de même nom.*
		Handiquidea,	*égal aux grands.*
42. QUIZUNA.	{	Emanquizuna,	*action de donner.*
		Eguinquizuna,	*action de faire.*
		Erranquizuna,	*critique, discussion.*
43. SQUIA.	{	Guizonsquia,	*homme de peu de mérite.*
		Handisquia,	*grand de peu de mérite.*
		Onsquia,	*bon à peu de titres.*
44. SQUILLA.	{	Etchesquilla,	*maison de peu de valeur.*
		Lursquilla,	*terre de peu de valeur.*
		Baratcesquilla,	*jardin de peu de valeur.*
45. TARA.	{	Ahotara,	*bouchée.*
		Orgatara,	*charretée.*
		Uncitara,	*charge d'un navire.*
46. TARRA.	{	Ontarra,	*partisan des bons.*
		Gaistotarra,	*partisan des méchants.*
		Handitarra,	*partisan des grands.*

47. TASUNA.	{	Zucentasuna,	*justice.*
		Ontasuna,	*bonté.*
		Hirurtasuna,	*trinité.*
48. TECOTAN.	{	Eguitecotan,	*en vue de faire.*
		Emaitecotan,	*en vue de donner.*
		Uztecotan,	*en vue de laisser.*
49. TEGUIA.	{	Belharteguia,	*grenier à foin.*
		Arnoteguia,	*cellier, cave.*
		Liburuteguia,	*bibliothèque.*
50. TER, CER.	{	Emaiter,	*près de donner.*
		Erraiter,	*près de dire.*
		Ithotcer,	*près de se noyer.*
51. THIRIAN.	{	Elizathirian,	*aux environs de l'église.*
		Etchethirian,	*aux portes de la maison.*
		Eguerdithirian,	*vers le midi.*
52. TIARRA.	{	Handitiarra,	*qui hante les grands.*
		Edertiarra,	*qui hante les belles.*
		Elizatiarra,	*qui hante les églises.*
53. TSU.	{	Halatsu,	*à peu près ainsi.*
		Onguitsu,	*à peu près bien.*
		Bardintsu,	*à peu près égal.*
54. TSUA.	{	Dirutsua,	*rempli d'argent.*
		Arnotsua,	*rempli de vin.*
		Oguitsua,	*rempli de froment.*
55. TUOA.	{	Ontuoa,	*bon et grand.*
		Handituoa,	*fort grand.*
		Guizontuoa,	*grand homme.*
56. ZAINA.	{	Arzaina,	*berger.*
		Mandazaina,	*muletier,*
		Gasteluzaina,	*geólier.*

§ VIII DÉSINENCES BASQUES

57. ZATPENA.		Oguizatpena,	*abondance de froment.*
		Arnozatpena,	*abondance de vin.*
		Sagarzatpena,	*abondance de pommes.*
58. ZATQUI		Onzatqui,	*en vue d'améliorer.*
		Ederzatqui,	*en vue d'embellir.*
		Handizatqui,	*en vue d'agrandir.*
59. ZCOA.		Onezcoa,	*qui est fait de bon.*
		Handizcoa,	*qui est fait de grand.*
		Harizcoa,	*qui est fait de fil.*
60. ZTATUA.		Onztatua,	*garni de bon.*
		Handiztatua,	*garni de grand.*
		Teillaztatua,	*garni de tuiles.*

§ IX
DÉCLINAISON BASQUE

A.) NOMS SUBSTANTIFS ET ADJECTIFS

La langue basque n'admet pas la distinction des noms masculins ou féminins; elle n'a pas non plus le genre neutre. La terminaison est la même pour tous les genres, dans les deux nombres singulier et pluriel; elle ne connoît pas le nombre duel.

Les cas sont plus ou moins multipliés, selon la manière de les envisager. Don Astarloa, examinant les différentes relations marquées par les cas, les divise avec raison en *relaciones primarias y relaciones secundarias*.

Il n'admet que quatre relations primaires, auxquelles il assigne les caractéristiques suivantes :

Caracter. de	*paciente*	*el no tenerla*			acc.
	agente	C	vulg.		nom.
	recipiente	I			dat.
	posesor	EN			gén.

Expliquons ceci par un exemple :

Aitac emaiten dio semeari amaren etchea.
Le père donne au fils la maison de la mère.

Dans cette phrase le père est *l'agent*, c'est lui qui donne ; *aitaC* est donc désigné par la caractéristique *C*, tandis que la maison, qui est *le patient*, n'en prend aucune, *etchea*. Le fils est celui qui *reçoit* la maison, dont la mère avoit la *possession* ; aussi lisons-nous d'un côté *semearI*, et de l'autre *amarEN*.

Quant aux relations secondaires, marquées par des postpositions, ce sont autant de formes adverbiales, indiquant l'instrument, la fin, la cause efficiente, etc. Par exemple : *aitarequin*, avec le père ; *aitarenzat*, pour le père ; *aitaz*, par le père, etc.

DÉCLINAISON SIMPLE

C'est-à-dire, ne présentant que les relations primaires :

NOMBRE SINGULIER

Guizon, a, ac	*l'homme*	Bayona, ac	*Bayonne*
Guizonaren	*de l'homme*	Bayonaco	*de Bayonne*
Guizonari	*à l'homme*	Bayonari	*à Bayonne*

NOMBRE PLURIEL

Guizon, ac, ec	*les hommes*	Indiac, ec	*les Indes*
Guizonen	*des hommes*	Indietaco	*des Indes*
Guizonei	*aux hommes*	Indiei	*aux Indes*

Les noms de personnes se déclinent comme *guizona*, et les noms de choses et de lieux, comme *Bayona*. Ainsi on dit *aita*, *aren*, le père ; *ama*, *aren*, la mère ; *semea*, *aren*, le fils ; tandis qu'il faut dire *etchea*, *eco*, la maison ; *baratcea*, *eco*, le jardin ; *Erroma*, *aco*, Rome.

Tout nom basque peut former deux adjectifs du nombre singulier, et deux du nombre pluriel.

§ IX DÉCLINAISON BASQUE

1, SING. DE SING.

Guizonarena, ac
    celui de l'homme
Guizonarenaren *gén.*
Guizonarenari *dat.*

2. PLUR. DE SING.

Guizonarenac, ec
    ceux de l'homme
Guizonarenen *gén.*
Guizonarenei *dat.*

3. SING. DE PLUR.

Guizonena, ac
    celui des hommes
Guizonenaren *gén.*
Guizonenari *dat.*

4. PLUR. DE PLUR.

Guizonenac, ec
    ceux des hommes
Guizonenen *gén.*
Guizonenei *dat.*

1. SING. DE SING.

Bayonacoa, ac.
    celui de Bayonne
Bayonacoaren *gén.*
Bayonacoari *dat.*

2. PLUR. DE SING.

Bayonacoac, ec
    ceux de Bayonne
Bayonacoen *gén.*
Bayonacoei *dat.*

3. SING. DE PLUR.

Indietacoa, ac
    celui des Indes
Indietacoaren *gén.*
Indietacoari *dat.*

4. PLUR. DE PLUR.

Indietacoac, ec
    ceux des Indes
Indietacoen *gén.*
Indietacoei *dat.*

Ces adjectifs s'appellent en basque noms du deuxième degré, et se forment du génitif des mots simples. C'est ainsi qu'en latin, de *mei*, génitif d'*ego*, se forment *meus, a, um*.

L'abbé d'Iharce, qui fait consister l'excellence d'une langue dans l'abondance de ses syllabes, forge successivement des noms du 3ᵉ, 4ᵉ, 5ᵉ, et 6ᵉ degrés, et après avoir terminé par cette pompeuse baliverne:

    Aitarenarenarenganicacoarenarenarenarequin,
    Avec celui de celui de celui de celui de celui du père.

« J'ai voulu, dit-il, faire voir aux gens lettrés qu'il leur reste encore beaucoup à apprendre en genre de langues. »
Comme toute politesse en appelle une autre, je renvoie l'abbé

d'Ibarce à la page 95 de ma Chrestomathie grecque (partie poétique), où il trouvera un mot de 77 syllabes. Il pourra donc apprendre à son tour que son mot de 20 syllabes (qu'il a copié dans Harriet, page 449), égale à peine le quart du mot grec forgé par le poète Aristophane.

DÉCLINAISON COMPOSÉE

Renfermant les diverses relations, tant primaires que secondaires:

NOMBRE SINGULIER

Guizon, a, ac	*l'homme*	Bayona, ac	*Bayonne*
Guizonaren	*de*	Bayonaco	*de*
Guizonaganic	*de*	Bayonatic	*de*
Guizonaric	*de*	Bayonaric	*de*
Guizonari	*à*	Bayonari	*à*
Guizonagana	*à*	Bayonara	*à*
Guizonabaithan	*en*	Bayonan	*en*
Guizonaz	*par*	Bayonaz	*par*
Guizonarequin	*avec*	Bayonarequin	*avec*
Guizonarenzat	*pour*	Bayonacozat	*pour*
Guizonaganaino	*jusqu'à*	Bayonaraino	*jusqu'à*

NOMBRE PLURIEL

Guizonac, ec	*les hommes*	Indiac, ec	*les Indes*
Guizonen	*des*	Indietaco	*des*
Guizonenganic	*des*	Indietaric	*des*
Guizonetaric	*des*	Indiric	*des*
Guizonei,	*aux*	Indiei	*aux*
Guizonenganat	*aux*	Indietarat	*aux*
Guizonenbaithan	*en*	Indietan	*en*
Guizonetaz	*par*	Indietaz	*par*
Guizonequin	*avec*	Indicquin	*avec*
Guizonenzat	*pour*	Indietacozat	*pour*
Guizonenganaino	*jusqu'aux*	Indietaraino	*jusqu'aux*

§ IX DÉCLINAISON BASQUE

DÉCLINAISON SURCOMPOSÉE

C'est-à-dire, offrant réunies sur un même adjectif toutes les relations, tant primaires que secondaires, soit entre les personnes, soit entre les choses :

NOMBRE SINGULIER		NOMBRE PLURIEL	
On	*bon* ou *bonne*	On	*bons* ou *bonnes*
Ona	*le bon*	Onac	*les bons*
Onac	*le bon*	Onec	*les bons*
Onaren	*du bon*	Onen	*des bons*
Oneco	*du bon*	Onetaco	*des bons*
Onaganic	*du bon*	Onenganic	*des bons*
Onetic	*du bon*	Onetaric	*des bons*
Onic	*de bon*	Onic	*de bons*
Onari	*au bon*	Onei	*aux bons*
Onagana	*au bon*	Onenganat	*aux bons*
Onera	*au bon*	Onetarat	*aux bons*
Onabaithan	*en bon*	Onenbaithan	*en bons*
Onean	*en bon*	Onetan	*en bons*
Onaz	*par le bon*	Onetaz, onez	*par les bons*
Onarequin	*avec le bon*	Onequin	*avec les bons*
Onarenzat	*pour le bon*	Onenzat	*pour les bons*
Onzat	*pour bon*	Onzat	*pour bons*
Onaganaino	*jusqu'au bon*	Onenganaino	*jusqu'aux bons*
Oneraino	*jusqu'au bon*	Onetaraino	*jusqu'aux bons*

J'éclaircirai cette déclinaison (au § syntaxe) par des exemples ; il suffit pour le moment d'avertir : 1° Que les postpositions *az, ez, z*, signifient en latin A ou AB, *zai* PRO ; *quin* CUM, *baithan* IN, *ganic* E ou EX, *gana* ou *ganat* AD, et *ganaino* USQUE ; 2° que *ganic, gana, baithan, ganaino*, ne s'emploient qu'avec les personnes ; et que lorsqu'il est question de choses, on remplace *ganic* par *etic*, *gana* par *era*, *baithan* par *ean*, *ganaino* par *eraino*.

Les adjectifs forment leurs différens degrés de la manière suivante :

Saindu, dua, duac	*saint, sainte*
Sainduago, agoa, agoac	*plus saint*
Sainduen, ena, enac	*le plus saint*
Handi, dia, diac	*grand, grande*
Handiago, agoa, agoac	*plus grand*
Handien, ena, enac	*le plus grand*
On, ona, onac	*bon, bonne*
Hobe, bea, beac	*meilleur*
Hoben, ena, enac	*le meilleur*

On dit de même :

Osoqui saindu, dua, duac	*très saint*
Hainitz on, ona, onac	*fort bon*

Ongui *ou* onsa bien, hobequi *mieux*
Gaizqui *mal*, gaizquiago *plus mal*
Hainitz *beaucoup*, guehiago *plus*, guehiena, *le plus*
Guti *peu,* gutiago *moins,* gutiena *le moins*

La plupart des noms abstraits se forment des adjectifs, en y ajoutant les terminaisons *tasuna* ou *queria.* Ainsi *zucen, ena* juste, fait *zucentasuna* justice ; et *hordi, dia* ivre, fait *hordiqueria* ivresse (comme en français moquerie dérive de moqueur).

Larramendi, dans sa Grammaire (pag. 266), prétend que ces deux terminaisons sont indifférentes, et que l'on peut dire aussi bien *handitasuna* grandeur, *erhotasuna* folie, que *handiqueria, erhoqueria.* Néanmoins dans son Dictionnaire il se rétracte, et assigne *tasuna* aux bonnes qualités, et *queria* aux mauvaises. Don Astarloa, comme je l'ai indiqué dans ma Dissertation préliminaire, appuie fortement cette dernière opinion, et voit dans les noms abstraits de la langue basque *una tabla social de la lei, un libro abierto de la mas sana moral, un código que con los mas vivos colores dis-*

§ IX DÉCLINAISON BASQUE

tingue lo vicioso de lo honesto, lo pecaminoso de lo inocente. Apologie, pag. 92.

Les noms de nombre, cardinaux et ordinaux, se trouvent au § IV. Quant aux diminutifs et augmentatifs, j'en ai réuni les principales formes dans le § VIII.

B.) PRONOMS SUBSTANTIFS ET ADJECTIFS

Ni,	nic	*je, me, moi*	niri	*à moi*	nitaz	*par moi*
Hi,	hic	*tu, te, toi*	hiri	*à toi*	hitaz	*par toi*
Gu,	guc	*nous*	guri	*à nous*	gutaz	*par nous*
Zu,	zuc	*vous* sing. resp.	zuri	*à vous*	zutaz	*par vous*
Zuic,	zuec	*vous* plur.	zuei	*à vous*	zuetaz	*par vous*
Bera,	berac	*se, soi*	berari	*à soi*	beraz	*par soi*

Nic, hic, guc, etc., s'emploient avec les verbes actifs, tandis que devant les verbes passifs il faut mettre *ni, hi, gu*, etc.

Zu, zuc est une seconde personne singulière, mais respectueuse, dont on se sert à l'égard des personnes que l'on ne peut décemment tutoyer. Elle ne diffère que légèrement, quant aux lettres, de la seconde personne du pluriel. C'est à peu près comme si, en français, on disoit à quelqu'un *vou pouvé, voulé-vou?*, en altérant légèrement la seconde personne du pluriel *vous pouvez, voulez-vous?*, qui remplace chez nous la forme impolie ou familière *tu peux, veux-tu?*

Ces différens pronoms prennent tous les cas de la déclinaison composée, et l'on dit : *Enequin* avec moi, *enezat* pour moi ; *hirequin* avec toi, *hirezat* pour toi ; et de même *niganic, nigana, nibaithan, niganaino ; higanic, higana, hibaithan, higanaino.*

Les génitifs *de moi, de toi, de nous*, s'expriment par *ene* mon, *hire* ton, *gure* notre.

Hura,   harc   *il, elle* haren *gén.* hari   *dat.* hartaz *abl.*
Hau,   hunec   *celui-ci* hunen *gén.* huni   *dat.* huntaz *abl.*
Hori,   horrec *celui-là* horren *gén.* horri   *dat.* hortaz *abl.*
Hec,   heyec   *ils, elles* heyen *gén.* heyei *dat.* etc.
Hauc,   hauyec *ceux-ci* hauyen *gén.* hauyei *dat.*
Horiec, horieec *ceux-là* horien *gén.* horiei *dat.*

Harc ou *harrec*, *heyec*, etc., sont pour les verbes actifs; *hura*, *hec*, etc., pour les passifs.

Ces différens pronoms, pouvant convenir à des choses comme à des personnes, suivent la déclinaison surcomposée. On peut aussi les élever au deuxième degré, et des génitifs *haren*, *hunen*, *horren*, etc., former *harena, aren; hunena, aren; horrena, aren*, etc.

Ene,	enea,	eneac,	enec	*mon, ma, mes*
Hire,	hirea,	hireac,	hirec	*ton, ta, tes*
Gure,	gurea,	gureac,	gurec	*notre, nos*
Zure,	zurea,	zureac,	zurec	*votre, vos* sing. resp.
Zuen,	zuena,	zuenac,	zuenec	*votre, vos*
Bere,	berea,	bereac,	berec	*son, sa, ses*
Beren,	berena,	berenac,	berenec	*leur, leurs*
Hequien,	hequiena,	hequienac,	hequienec	*leur, leurs*

On verra dans la syntaxe l'emploi de ces différentes formes. Remarquons seulement que *ene*, *hire*, etc., *eneac*, *hireac*, etc., sont pour les deux nombres; tandis que *enea*, *hirea* appartiennent au singulier, et *enec*, *hirec* au pluriel. N'oublions pas que, dans toute la déclinaison, la langue basque n'admet pas la distinction des genres.

Cein *ou* ceinec *qui, qui?*   ceinen *gén.* ceini *dat.*
Nor *ou* norc   *qui?*   noren *gén.* nori *dat.*
Cer *ou* cerc   *que? quoi?*   ceren *gén.* ceri *dat.*
Cembait, baitec } *quelqu'un*
Norbait, baitec }
Cerbait, baitec *quelque chose*

Abisua. — Cein *eta* nor, cembait *eta* norbait, *gauza bera dire; bainan hobequi errana da* cein, nor *baino; eta* cembait norbait *baino.* Harriet, pag. 50 et 55.

Avertissement. — *Cein* et *nor, cembait* et *norbait* sont une seule et même chose ; cependant on dit mieux *cein* que *nor*, et *cembait* que *norbait*.

Neror,	nerorrec	*moi-même*	
Heror,	herorrec	*toi-même*	orren *gén.* orri *dat.*
Gueror,	guerorrec	*nous-mêmes*	
Nehor,	nehorc	*personne*	
Batzuec,	zuen, zuei	*quelques-uns*	
Batere,	baterec	*aucun*	
Halacoa,	urlia, ac	*tel, un tel*	

Exemple : un tel m'a dit,

halacobatec edo *urliac erran darot.*

Terminons l'article des pronoms par le négatif *ez deus* rien, qui fait au génitif *ez deusen* de rien, et au datif *ez deusi* à rien. Le nom abstrait qui en dérive est *ez deustasuna*, et signifie le néant.

§ X
CONJUGAISON BASQUE

a.) CONSIDÉRATIONS GÉNÉRALES

La conjugaison basque nous offre un appareil prodigieusement varié. Il faut beaucoup de réflexion pour en saisir l'ensemble, et un grand effort de mémoire pour retenir tous les détails. Elle n'a pas, il est vrai, le nombre duel de la conjugaison grecque ; elle n'a que dans certains temps, et seulement pour la seconde personne singulière, le genre féminin, si multiplié dans la conjugaison hébraïque; mais elle marque les relations directes et indirectes des différentes personnes entr'elles, avec tant de richesse et de régularité, qu'elle peut à juste titre être considérée comme un chef-d'œuvre philosophique.

Don Astarloa (Apologie, pag. 151) établit pour chaque verbe, mais seulement en théorie, 206 conjugaisons différentes, et assigne à chacune onze modes, auxquels il donne les dénominations suivantes: *Indicativo, consuetudinario, potencial, voluntario, forzoso, necesario, imperativo, sujuntivo, optativo, penitudinario, infinitivo*. Je ne puis croire qu'il ait multiplié à dessein les synonymes, pour procurer à la conjugaison basque le vain honneur de compter 30,952 inflexions personnelles; cependant, comme il ne cite pas d'exemples, j'ignore quelle différence il établit entre le mode *forcé* et le mode *nécessaire*.

Larramendi ne donne que 23 conjugaisons actives; mais ensuite viennent les passives, neutres, irrégulières, etc. Toutefois j'avouerai que, sauf quelques exceptions, toutes ces conjugaisons sont définies et classées avec assez de clarté. Il est étonnant qu'un écrivain moderne (originaire, comme il nous l'apprend lui-même, du quartier de *Cethaya*, et habitant au centre de la Cantabrie française, au pied de la colline d'*Arroltce-mendi*), dans une esquisse qu'il dit être le fruit de trente années de recherches, faites en Espagne et en France, n'ait rien compris aux classifications du savant jésuite qu'il traduisoit, et n'ait offert aux Français, curieux de connoître le mécanisme de la conjugaison basque, qu'un tissu incohérent, capable de les rebuter à jamais. Prouvons, par un exemple frappant, le fait que nous venons d'énoncer.

J'ouvre le livre de l'abbé d'Iharce, à la page 324. J'y vois en titre: *Troisième conjugaison, relative de la troisième personne à la seconde*, exemple: *Tu me les manges*, etc. Il me semble que, si le titre est juste, l'exemple devroit porter: *Il te les mange*, etc.; ou que, si c'est l'exemple qui est

§ X CONJUGAISON BASQUE

bien choisi, le titre doit être : *Relative de la* seconde *personne à la* première. Je suppose qu'il y a une faute d'impression ; je cours à l'errata ; mais, n'y voyant aucune correction d'indiquée, je saute cette conjugaison, à laquelle je ne comprends rien, et j'espère être plus heureux dans les suivantes.

A la sixième conjugaison (pag. 331) je trouve : *Relative de la* seconde *personne à la* seconde, exemple : *Je te le mange.* Même embarras !

A la septième (pag. 333) : *Relative de la* seconde *personne à la* seconde, exemple : *Je te les mange.* Même incohérence !

A la huitième (pag. 335) : *Relative de la* troisième *personne à la* seconde, exemple : *Je vous le mange.* Même absurdité !

A la neuvième (pag. 338) : *Relative de la* troisième *personne à la* seconde, *je vous les mange.*

Oh! pour le coup, l'impatience me prend, je jette le volume de dépit, bien persuadé que j'ai perdu la tête, ou que l'auteur déraisonne.

Ce ne fut que trois mois après, que, m'étant procuré (non sans beaucoup de peines) un exemplaire de la grammaire de Larramendi, je m'empressai d'aborder ses 23 conjugaisons actives, pour voir si je les comprendrois mieux que dans l'ouvrage français sus-mentionné. Quel fut mon étonnement ! tout me parut fort intelligible. Je repris l'abbé d'Ibarce, et découvris aussitôt la source de sa méprise ; la voici :

Larramendi passe successivement en revue toutes les relations des diverses personnes entr'elles tant au singulier qu'au pluriel. Mais comme, dans la langue basque, la seconde personne singulière est triple, selon que l'on emploie le pronom *tu*, soit à l'égard d'un homme, soit à l'égard d'une femme, ou le pronom *vous* (voyez § IX), forme respecteuse, commune aux deux sexes ; le savant jésuite nous prévient (pag. 97) que, pour éviter toute confusion, il se servira des expressions : *Prima secundæ, secunda secundæ, tertia secundæ,* c'est-à-dire : Première *forme* de la seconde *personne*, seconde *forme* de la seconde *personne*, troisième *forme* de la seconde *personne*. L'abbé d'Iharce, prenant ces génitifs latins pour des datifs, traduit : *Relative de la seconde* personne *à la seconde* (pag. 334), *relative de la troisième* personne *à la seconde* (pag. 335), etc. ; tandis qu'il auroit dû traduire, pour faire un sens raisonnable : Relative à la seconde *forme* de la seconde personne (page 334), relative à la troisième *forme* de la seconde personne (pag. 335), etc.

Mais revenons à la conjugaison basque, et, sans la morceler en 206 parties, considérons-la d'abord dans son ensemble imposant.

1. Izaitea, *être* ou *avoir ;* verbe auxiliaire.

INDICATIF PRÉSENT

SINGULIER

Ni naiz	*je suis*	Nic dut	*j'ai*
Ni haiz	*tu es*	Hic duc	*tu as*
Hura da	*il* ou *elle est*	Harc du	*il* ou *elle a*

PLURIEL

Gu gare	*nous sommes*	Guc dugu	*nous avons*
Zuec zarete	*vous êtes*	Zuec duzue	*vous avez*
Hec dire	*ils sont*	Heyec dute	*ils ont*

INDICATIF IMPARFAIT

SINGULIER

Ni naincen	*j'étois*	Nic nuen	*j'avois*
Ni haincen	*tu étois*	Hic huen	*tu avois*
Hura cen	*il, elle étoit*	Harc zuen	*il, elle avoit*

PLURIEL

Gu guinen	*nous étions*	Guc guinuen	*nous avions*
Zuec cineten	*vous étiez*	Zuec cinuten	*vous aviez*
Hec ciren	*ils étoient*	Heyec zuten	*ils avoient*

Au lieu de *hic duc* tu as, on dit au féminin *hic dun;* et au lieu de *zuec zarete* vous êtes, *zuec cineten* vous étiez, *zuec*

§ X CONJUGAISON BASQUE

duzue vous avez, *zuec cinuten* vous aviez, on dit au singulier respectueux *zu zare, zu cinen, zuc duzu, zuc cinuen*.

Telles sont les deux bases fondamentales de la conjugaison basque. **Naiz** est l'auxiliaire des verbes passifs ou neutres ; **Dut** est celui des verbes actifs. On dit donc au passif *ni maithatua naiz* je suis aimé, *gu maithatuac gare* nous sommes aimés ; et l'on dit à l'actif *nic yaten dut* je mange, *guc yaten dugu* nous mangeons.

C'est ainsi qu'avec les pronoms *ni, hi, hura* et l'auxiliaire *Naiz*, le verbe *hilcea* est neutre ou intransitif, et signifie MOURIR ; tandis qu'avec les pronoms *nic, hic, harc*, ou *harrec* et l'auxiliaire *Dut*, il est actif ou transitif, et signifie TUER quelqu'un, le faire mourir. Exemple :

Ni hilcen naiz	*je meurs*	Nic hilcen dut	*je tue*
Hi hilcen haiz		Hic hilcen duc, dun	
Hura hilcen da		Harc hilcen du	
Ni hilcen naincen	*je mourois*	Nic hilcen nuen	*je tuois*
Hi hilcen haincen		Hic hilcen huen	
Hura hilcen cen		Harc hilcen zuen	

2. MAITHATCEA, *aimer;*
verbe actif avec complément direct.

COMPLÉM. SING.	COMPLÉM. PLUR.
Nic maithatcen dut *je l'aime*	Nic maithatcen ditut *je les aime*
— maithatcen nuen *je l'aimois*	— maithatcen nituen *je les aimois*
Nic maithatcen haut *je t'aime*	Nic maithatcen zaituztet *je vous aime*
— maithatcen hinduan *je t'aimois*	— maithatcen cinituztedan *je vous aimois*
Hic maithatcen nauc *tu m'aimes*	Hic maithatcen gaituc *tu nous aimes*
— maithatcen ninduan *tu m'aimois*	— maithatcen gainituan *tu nous aimois*

On remplace ordinairement *maithatcen* par la formule abrégée *maithe*, et l'on peut dire *maithe dut*, *maithe nuen*, etc.

Au lieu de *zaituztet* je vous aime, *cinituztedan* je vous aimois, on dit au singulier respectueux *zaitut, cinitudan*.

Observez dans l'exemple précédent, comme dans les deux suivans, que l'auxiliaire varie 1° selon que le complément est singulier ou pluriel ; 2° selon chacune des trois personnes avec lesquelles il est en relation.

8. Minzatcea, *parler*;
verbe neutre avec complément indirect.

COMPLÉM. SING.	COMPLÉM. PLUR.
Ni mintzatcen nitzayo	Ni minzatcen nitzayote
je lui parle	je leur parle
Ni mintzatcen nitzaic	Ni minzatcen nitzazue
je te parle	je vous parle
Hi minzatcen hitzait	Hi minzatcen hitzacu
tu me parles	tu nous parles

Au lieu de *nitzazue* je vous parle, on dit au singulier respectueux *nitzazu*.

4. Emaitea, *donner*;
verbe actif avec deux complémens,
l'un direct et l'autre indirect.

COMPLÉM. DIRECT SING.	COMPLÉM. DIRECT PLUR.
Nic emaiten diot	Nic emaiten diotzat
je le lui donne	je les lui donne
— emaiten diotet	— emaiten diotzatet
je le leur donne	je les leur donne
Nic emaiten dayat	Nic emaiten daizquiat
je te le donne	je te les donne
— emaiten dauzuet	— emaiten daizquitzuet
je vous le donne	je vous les donne
Hic emaiten derautac	Hic emaiten daizquidac
tu me le donnes	tu me les donnes
— emaiten deraucuc	— emaiten daizquiguc
tu nous le donnes	tu nous les donnes

§ X CONJUGAISON BASQUE

Au lieu de *dayat* je te le donne, *daizquiat* je te les donne, on dit au féminin *daunat, daizquinat;* et au lieu de *dauzuet* je vous le donne, *daizquitzuet* je vous les donne, on dit au singulier respectueux *dauzut, daizquitzut.*

Voilà l'ensemble de la conjugaison basque, offrant toutes les relations des différentes personnes entr'elles, et les divers complémens, tant singuliers que pluriels, de toutes les formes actives, passives et neutres, au nombre de 25 (sans y comprendre les légères variations de la seconde personne singulière soit féminine soit respectueuse), représentées chacune par leur première personne du mode indicatif. Ces 25 formes se varient dans tous les modes, temps, nombres et personnes, par les 25 modifications suivantes de *Naiz* et *Dut*, auxiliaires avec lesquels il faudra se familiariser, si l'on veut parler ou écrire correctement.

NAIZ je suis, *ni maithatua naiz* je suis aimé *ou* aimée, *ni minzatcen naiz* je parle.

Nitzayo je lui (parle), *nitzayote* je leur...; *nitzaic* je te..., *nitzazuc* je vous...; *hitzait* tu me..., *hitzacu* tu nous...

DUT j'ai, *nic maithatcen dut* j'aime *ou* je l'aime, *ditut* je les...; *haut* je te..., *zaituztet* je vous...; *nauc* tu me..., *gaituc* tu nous...

Diot je le lui (donne), *diotet* je le leur..., *dayat* je te le..., *dauzuet* je vous le...; *derautac* tu me le..., *deraucuc* tu nous le... — *Diotzat* je les lui..., *diotzatet* je les leur...; *daizquiat* je te les..., *daizquitzuet* je vous les...; *daizquidac* tu me les..., *daizquiguc* tu nous les...

Les anciens grammairiens grecs avoient partagé la totalité des verbes de leur langue en 39 conjugaisons, savoir : 6 de barytons (actifs, passifs et moyens = 18) ; 3 de circonflexes (actifs, passifs et moyens = 9) ; 4 de verbes en **mi** (actifs, passifs et moyens = 12) ; total 39. Depuis que, dans mon

Panhellénisme imprimé à Paris en 1802 (c'est-à-dire 12 ans avant la première édition de la grammaire grecque usitée actuellement dans nos colléges (*), et qui n'en est que le développement), j'ai réduit cet obscur fatras à une seule conjugaison sous deux formes, l'une en ô et l'autre en ωmai, il en est résulté pour la méthode beaucoup plus de clarté et de facilité. J'ose proposer aujourd'hui la même simplification dans la conjugaison basque.

Au lieu de subdiviser ces 25 formes, et d'en faire 206 conjugaisons, comme le proposoit don Astarloa, ne pourroit-on pas au contraire les réduire toutes aux quatre classes suivantes?

1re classe. — Verbes passifs ou neutres sans complément, dont l'auxiliaire est **Naiz**; tels que *ni maithatua naiz* je suis aimé, *ni minzatcen naiz* je parle.

2e classe. — Verbes neutres avec complément indirect, singulier ou pluriel, et les auxiliaires *nitzayo*, *nitzaic*, *hitzait*, etc. (qui sont des modifications de *naiz*), tels que *minzatzen nitzayo*, je lui parle, *minzatcen nitzaic* je te parle, *minzatcen hitzait* tu me parles.

3e classe. — Verbes actifs sans complément ou avec complément direct, singulier ou pluriel, et les auxiliaires **Dut**, *haut*, *nauc*, etc., tels que *maithatcen dut* j'aime ou je l'aime, *maithatcen haut* je t'aime, *maithatcen nauc* tu m'aimes.

4e classe. — Verbes actifs à double complément, direct et indirect, singulier ou pluriel, ayant pour auxiliaires *diot*, *diotet*; *diotzat*, *diotzatet*, etc. (qui sont des modifications

---

(*) « L'auteur prétendu de cette grammaire puisa il y a 10 ans, dans le *Panhellénisme* de M. Lécluse, la doctrine lumineuse des déclinaisons grecques réduites à trois, la distinction des temps principaux et temps secondaires ou accessoires, la réduction des conjugaisons à une seule sous deux formes, l'une en *ô* et l'autre en *omai*..., le verbe λυω substitué comme paradigme au verbe τυπτω, etc., etc. » *Feuilleton de l'Echo du Midi*, 25 août 1824.

de *dut*), tels que *nic emaiten diot* je le lui donne, *nic emaiten diotet* je le leur donne ; *nic emaiten diotzat* je les lui donne, *nic emaiten diotzatet* je les leur donne.

Quant aux verbes doublement transitifs, répondant à l'*iphil* des Hébreux (dont j'ai parlé au § VII), tels que *eraguitea* faire faire, *edaratea* faire boire ; comme ils ne s'écartent en rien de la conjugaison de leurs verbes primitifs *eguitea* faire, *edatea* boire, il est inutile d'en faire une classe séparée.

Après avoir présenté (dans cet article A) des considérations générales sur l'ensemble de la conjugaison basque, je vais entrer dans les détails, en suivant à peu près le plan que je viens de tracer. Dans l'article B, je développerai les deux auxiliaires principaux **Naiz** et **Dut** ; et dans l'article C, je conjuguerai les trois verbes *maithatcea* aimer, *minzatcea* parler, *emaitea* donner, avec leurs divers complémens. Je terminerai ce § par l'article D, qui contiendra un coup d'œil rapide sur les verbes basques les plus usités.

B.) AUXILIAIRES *Naiz* ET *Dut*.

I. IZAITEA (izaiten, izan, izanen) ÊTRE.

IZANA *sing.* izanac *plur.* ÉTÉ.

INDICATIF

PRÉSENT.				IMPARFAIT.			
Ni	(izaiten)	naiz	*je suis*	Ni	(izaiten)	naincen	*j'étois*
Hi	—	haiz	*tu es*	Hi	—	haincen	*tu étois*
Hura	—	da	*il ou elle est*	Hura	—	cen	*il, elle étoit*
Gu	—	gare	*nous sommes*	Gu	—	guinen	*nous étions*
Zuec	—	zarete	*vous êtes*	Zuec	—	cineten	*vous étiez*
Hec	—	dire	*ils sont*	Hec	—	ciren	*ils étoient*

On peut supprimer *izaiten*, ainsi que les pronoms *ni*, *hi*, *hura*, etc., et dire : *Naiz*, *haiz*, *da*, je suis, tu es, il est, *naincen*, *haincen*, *cen*, j'étois, tu étois, il étoit.

La seconde personne du singulier respectueux, *zu zare* vous êtes, *zu cinen* vous étiez, se forme constamment de la seconde du pluriel, par une légère altération de la finale.

Le verbe *Naiz* sert d'auxiliaire aux verbes passifs et neutres, et l'on dit : *maithatua naiz, haiz, da*, je suis, tu es, il est aimé, *maithatuac gare* nous sommes aimés, etc. ; *minzatcen naiz, haiz, da*, je parle, tu parles, il parle ; *minzatcen gare* nous parlons, etc.

Selon Larramendi (pag. 162) l'auxiliaire *Naiz* peut aussi former les verbes réfléchis ou pronominaux. Voici l'exemple qu'il en donne : *Erretcen naiz, haiz, da*, je me brûle, tu te brûles, il se brûle. Il fait, à ce sujet, une remarque judicieuse ; c'est que le verbe actif *erretcea*, avec l'auxiliaire *Naiz*, fait fonction de passif, comme je l'ai dit (pag. 50) en parlant de *hilzea*. Mais il auroit pu ajouter que, lorsque l'action est réciproque (ce que les Hébreux désignent par leur *hithphaël*), il faut alors employer l'auxiliaire *Dut*, et y joindre le mot *elkar* mutuellement. Exemple : Deux pigeons s'aimoient d'amour tendre, *bi osuec maithe zuten elkar amulsuqui*.

Les deux temps ci-dessus, présent et imparfait de l'indicatif, éprouvent, en vertu des lois de la syntaxe basque, cinq différentes modifications dont voici l'exemple ordinaire :

1. Baldin banaiz, baldin banainz, *si je suis, si j'étois*.

2. Nola bainaiz, nola bainaincen,
   comme je suis, comme j'étois.

3. Galdeguiten dute heya naicen, heya naincen,
   on demande si je suis, si j'étois.

4. Erraiten dute naicela, naincela,
   on dit que je suis, que j'étois.

5. Emaiten nitzazu naicena, naincena.
   je me donne à vous pour ce que je suis, ce que j'étois.

Gure aita ceruetan zarena,
notre père qui êtes dans les cieux.

§ X CONJUGAISON BASQUE

INDICATIF PRÉSENT MODIFIÉ	INDICATIF IMPARFAIT MODIFIÉ
si je suis, *que je suis*, etc.	*Si j'étois, que j'étois*, etc.
1. Banaiz, bahaiz, bada Bagare, bazarete, badire	1. Banainz, bahainz, balitz Baguinen, bacinete, balire
2. Bainaiz, baihaiz, baita Baicare, baitzarete baitire	2. Bainaincen, baihaincen, baitcen Baiquinen, baitcineten, baitciren
3. Naicen, haicen, den Garen, zareten, diren	3. Naincen, haincen, cen Guinen, cineten, ciren
4. Naicela, haicela, dela Garela, zaretela, direla	4. Naincela, haincela, cela Guinela, cinetela, cirela
5. Naicena, haicena, dena Garenac, zaretenac, direnac	5. Naincena, haincena, cena Guinenac, cinetenac, cirenac

Les autres temps de l'indicatif se composent à l'aide de *naiz* je suis, et de *naincen* j'étois, ainsi qu'il suit :

Yoan naiz, haiz, da	*je suis, tu es, il est allé*
Yoan naincen, haicen, cen	*j'allai, tu allas, il alla*
Yoan izan naincen, haincen, cen	*j'étois, tu étois, il étoit allé*
Yoanen naiz, haiz, da	*j'irai, tu iras, il ira*
Yoan izanen naiz, haiz, da	*je serai, tu seras, il sera allé*

CONDITIONNEL

PRÉSENT		PASSÉ	
Ninzateque	*je serois*	Nintequeyen	*j'aurois été*
Hinzateque		Hintequeyen	
Lizateque		Citequeyen	
Guinanteque	*nous serions*	Guintequeyen	*nous aurions été*
Cinantezquete, teque		Cintezqueten, tequeyen	
Lizatezque		Citezqueyen	

Ces deux temps se modifient chacun de deux manières; soit en mettant au commencement la particule *bai*, soit en mettant à la fin la particule *la*. On dira donc au présent : *Baininzateque* 2) ou *ninzatequela* 4), et au passé : *Bainintequeyen* 2) ou *nintequeyela* 4).

On peut aussi syncoper le présent de la manière suivante : *Nindeque, hindeque, liteque,* etc.

IMPÉRATIF

Hadi	(biz)	*sois*	Ethor hadi	*viens*
Bedi, den	(biz)	*qu'il soit*	Ethor bedi	*qu'il vienne*
Gaiten		*soyons*	Ethor gaiten	*venons*
Zaitezte, zaite		*soyez*	Ethor zaitezte, zaite	*venez*
Biteci, diren		*qu'ils soient*	Ethor biteci	*qu'ils viennent*

Quand le verbe *être* est employé, non comme auxiliaire, mais comme verbe substantif, et pour marquer l'existence, son impératif est alors *iz* sois, *biz* qu'il soit. C'est l'opinion d'Oihénart, et le mot *hala-biz* (ainsi soit-il) en est une preuve.

Voici, à cette occasion, deux petits vers de huit syllabes que j'ai lus en tête d'un volume qui avoit appartenu, je crois, à un curé de Villefranque :

> Robin aphezarena naiz :
> *Biz* urthe ascoz eta maiz !

SUBJONCTIF

PRÉSENT		IMPARFAIT	
Nadin	*que je sois*	Naintecen	*que je fusse*
Hadin		Haintecen	
Dadin		Ladin *ou* cedin	
Gaitecen	*que nous soyons*	Gaintecen	*que nous fussions*
Zaitezten, tecen		Zaintezten, tecen	
Ditecen		Litecen *ou* citecen	

On dit au présent, par modification : *Nadilla, hadilla, dadilla* 4), et à l'imparfait : *Naintecela, haintecela,* etc. 4).

Ladin et *litecen* ont rapport à un temps présent : *cedin* et *citecen* à un temps passé. Exemples : *Nahi nuque yoan ladin,* je voudrois qu'il allât ; *nahi nuen yoan cedin,* je voulois qu'il allât.

X CONJUGAISON BASQUE

Le parfait et le plus-que-parfait du subjonctif se composent ainsi :

Yoan (izan) nadin *que je sois allé*
Yoan (izan) naintecen *que je fusse allé*

J'ai terminé le développement de l'auxiliaire *Naiz*. On pourra remarquer qu'il ne renferme que sept temps simples, dont voici le résumé :

INDICATIF

Ni naiz *je suis*   ni naincen *j'étois*

CONDITIONNEL

Ninzateque *je serois*   nintequeyen *j'aurois été*

IMPÉRATIF

Hadi, bedi *sois, qu'il soit* (iz, biz *sois, qu'il soit*)

SUBJONCTIF

Nadin *que je sois*   naintecen *que je fusse*

N'oublions pas non plus que les temps de l'indicatif sont susceptibles de cinq modifications, dont je vais retracer ici les troisièmes personnes.

— Da *il est* — cen *il étoit* — dire *ils sont* — ciren *ils étoient*
1. Bada   1. balitz   1. badire   1. balire
2. Baita   2. baitcen   2. baitire   2. baitciren
3. Den   3. cen   3. diren   3. ciren
4. Dela   4. cela   4. direla   4. cirela
5. Dena   5. cena   5. direnac   5. cirenac

Je passe maintenant au second auxiliaire *Dut*, et je lui donnerai les mêmes développemens que j'ai donnés à *Naiz*.

2. IZAITEA (izaiten, izan, izanen) AVOIR
IZANA, *eu, eue :* izanac, *eus, eues.*

GRAMMAIRE BASQUE
INDICATIF

PRÉSENT			IMPARFAIT		
Nic (izaiten) dut	*j'ai*		Nic (izaiten) nuen	*j'avois*	
Hic —	duc, dun	*tu as*	Hic —	huen	*tu avois*
Harc —	du	*il ou elle a*	Harc —	zuen	*il ou elle avoit*
Guc —	dugu	*nous avons*	Guc —	guinuen	*nous avions*
Zuec —	duzue, duzu	*vous avez*	Zuec —	cinuten, cinuen	*vous aviez*
Heyec —	dute	*ils ont*	Heyec —	zuten	*ils avoient*

On peut supprimer *izaiten*, ainsi que les pronoms *nic*, *hic*, *harc* ou *harrec*, etc., et dire: *Dut*, *duc* ou *dun*, *du*, j'ai, tu as, il a; *nuen*, *huen*, *zuen*, j'avois, tu avois, il avoit.

La seconde personne du singulier est double au présent; *duc* sert pour le masculin, et *dun* pour le féminin.

Duzu au présent, et *cinuen* à l'imparfait, sont les formes respectueuses de cette même seconde personne du singulier, et se tirent constamment de la seconde du pluriel, par une légère altération de la finale.

Au lieu de *Dut*, *duc*, *dun*, on dit dans le dialecte du Guipuzcoa: *Det*, *dec*, *den*, et dans celui de la Biscaye: *Dot*, *doc*, *don*.

Le verbe *Dut* sert d'auxiliaire aux verbes actifs dont le complément n'est pas exprimé, ou (s'il est exprimé) a rapport à une troisième personne du nombre singulier. Exemples: *Letrac hilcen du, bainan izpirituac bibificatcen du*, la lettre tue, mais l'esprit vivifie; *yaten dut oguia*, je mange le pain; *maithatcen dut* ou par syncope *maithe dut ene anaya*, j'aime mon frère. — Voyez la note de la page 68.

Mais si le complément étoit du nombre pluriel, ou avoit rapport à une première ou à une seconde personne, il faudroit, comme on le verra dans l'article suivant, employer d'autres auxiliaires, et dire: *Maithatcen ditut ene anoyac*, j'aime mes frères; *maithatcen haut*, je t'aime; *maithatcen nauc*, tu m'aimes, etc.

§ X CONJUGAISON BASQUE

Voici une remarque assez curieuse sur cet auxiliaire *dut*, *duc*, *du*, qui se retrouve dans la conjugaison anglaise, *do*, *dost*, *does*. Les Allemands expriment le mot FAIRE par *machen* ou *thun*, et disent : *Ich thue* je fais, *du thust* tu fais, *er thut* il fait. Les Anglais expriment le même verbe par *to make* ou *to do*, disant : *To do* faire, *to do off* défaire, *to do again* refaire, etc. Ce verbe *do* est aussi un des auxiliaires dont ils font un usage très fréquent, et presque indispensable dans les phrases interrogatives et négatives. *Do and did*, dit le docteur Lowth, *mark the action itself, or the time of it, with greater force and distinction*; c'est-à-dire : *Do* et *did* marquent l'action même, ou le temps de l'action, avec beaucoup plus de force et de précision. Il y a donc, dans la conjugaison anglaise, trois manières d'exprimer le présent de l'indicatif : *I love* j'aime, *I am writing* j'écris, c'est-à-dire je suis écrivant ; *I do eat* je mange, c'est-à-dire littéralement : Je fais l'action de manger. Si l'on demande à un Anglais : *Do you eat?* mangez-vous ? il pourra répondre : *Yes, I do*, oui, je mange, c'est-à-dire littéralement : Oui, je le fais ; et de même, à la question *don't you eat?*, il répondra fort bien *I don't*.

Ce que je trouve de curieux dans cette remarque, c'est le rapport de cette formule anglaise *I do eat*, à la formule basque *yaten dut*, *yaten duc*, *yaten du*, je mange, tu manges, il mange, c'est-à-dire littéralement, si l'analogie n'est pas trompeuse, *je fais, tu fais, il fait* l'action de manger. Voilà donc un auxiliaire habituel, et un verbe qui exprime un usage journalier, communs aux Anglais et aux Basques !

Les deux temps ci-dessus, présent et imparfait de l'indicatif, éprouvent, en vertu des lois de la syntaxe basque, cinq différentes modifications, dont voici l'emploi ordinaire :

1. Baldin badut, baldin banu, *si j'ai, si j'avois*.
2. Ceren baitut, ceren bainuen,
    parce que j'ai, parce que j'avois.

3. Galdeguiten dute heya badudan, banuen,
   on demande si j'ai, si j'avois.

4. Erraiten dute dudala, nuela,
   on dit que j'ai, que j'avois.

5. Emaiten dautzut dudana, nuena,
   je vous donne ce que j'ai, ce que j'avois.

INDICATIF PRÉSENT MODIFIÉ	INDICATIF IMPARFAIT MODIFIÉ
Si j'ai, que j'ai, etc.	*Si j'avois, que j'avois,* etc.
1. Badut, baduc, badu	1. Banu, bahu, balu
Badugu, baduzue, badute	Baguinu, bacinute, balute
2. Baitut, baituc, baitu	2. Bainuen, baihuen, baizuen
Baitugu, baituzue, baitute	Baiguinuen, baicinuten, baizuten
3. Badudan, duan, duen	3. Banuen, bahuen, bazuen
Badugun, duzuen, duten	Baguinuen, hacinuten, bazuten
4. Dudala, duala, duela	4. Nuela, huela, zuela
Dugula, duzuela, dutela	Guinuela, cinutela, zutela
5. Dudana, duana, duena	5. Nuena, huena, zuena
Duguna, duzuena, dutena	Guinuena, cinutena, zutena

Les autres temps de l'indicatif se composent à l'aide de *dut* j'ai, et de *nuen* j'avois, ainsi qu'il suit :

Eman dut, duc, du   *j'ai, tu as, il a donné*
Eman nuen, huen, zuen   *je donnai, tu donnas, il donna*
Eman izan nuen, huen, zuen *j'avois, tu avois, il avoit donné*
Emanen dut, duc, du   *je donnerai, tu donneras, il donnera*
Eman izanen dut, duc, du *j'aurai, tu auras, il aura donné*

Ce dernier temps peut aussi s'exprimer de la manière suivante : *Eman duquet, duquec, duque, duquegu,* etc.

§ X CONJUGAISON BASQUE

CONDITIONNEL

PRÉSENT		PASSÉ	
Nezaque	j'aurois	Nuqueyen	j'aurois eu
Hezaque		Huqueyen	
Lezaque		Zuqueyen	
Guinezaque	nous aurions	Guinuqueyen	nous aurions eu
Cinezaquete, zaque		Cinuqueten, queyen	
Lezaquete		Zuqueten	

On peut, au présent, faire une syncope, et dire : *Nahi nuque, huque, luque*, je voudrois, tu voudrois, il voudroit.

IMPÉRATIF

Zac, zan (uc)	aie	Eman zac, zan	donne
Beza (bu)	qu'il ait	Eman beza	qu'il donne
Dezagun	ayons	Eman dezagun	donnons
Zazue, zazu	ayez	Eman zazue, zazu	donnez
Bezate	qu'ils aient	Eman bezate	qu'ils donnent

Zac est pour le masculin, et *zan* pour le féminin. Observons de plus que, quand le verbe *avoir* est employé, non comme auxiliaire, mais comme verbe actif, et pour exprimer la possession, son impératif est alors *uc* aie, *bu* qu'il ait. C'est le sentiment d'Oihenart ; et d'ailleurs, le verbe *ukhaitea, ukhan* avoir, dérive aussi visiblement de *uc* ou *uk*, que *izaitea, izan* être, dérive de son impératif *iz* sois.

SUBJONCTIF

PRÉSENT		IMPARFAIT	
Dezadan	que j'aie	Nezan	que j'eusse
Dezayan		Hezan	
Dezan		Lezan *ou* cezan	
Dezagun	que nous ayons	Guinezan	que nous eussions
Dezazuen, zun		Cinezaten, zan	
Dezaten		Lezaten *ou* cezaten	

Lezan et *lezaten* ont rapport à un temps présent ; *cezan* et *cezaten* à un temps passé. Exemples : *Nahi nuque eman lezan*, je voudrois qu'il donnât ; *nahi nuen eman cezan*, je voulois qu'il donnât.

J'ai remarqué (§ III) que le traducteur du nouveau Testament en langue basque avoit habituellement substitué *cezan* à *zuen* ; ce qui me paroît une substitution égale à celle d'un Français qui remplaceroit il *aima*, il *donna*, par il *aimât*, il *donnât*.

Le parfait et le plus-que-parfait du subjonctif se composent ainsi :

> Eman (izan) dezadan   *que j'aie donné*
> Eman (izan) nezan   *que j'eusse donné*

J'ai terminé le développement de l'auxiliaire **Dut**. On pourra remarquer qu'il ne renferme que sept temps simples, dont voici le résumé :

INDICATIF

Nic dut   *j'ai*   nic nuen   *j'avois*

CONDITIONNEL

Nezaque   *j'aurois*   nuqueyen   *j'aurois eu*

IMPÉRATIF

Zac, zan, beza   *aie, qu'il ait*   (uc, bu   *aie, qu'il ait*)

SUBJONCTIF

Dezadan   *que j'aie*   nezan   *que j'eusse*

N'oublions pas non plus que les temps de l'indicatif sont susceptibles de cinq modifications, dont je vais retracer ici les troisièmes personnes.

§ X CONJUGAISON BASQUE

— Du *il a* — zuen *il avoit* — dute *ils ont* — zuten *ils avoient*

1. Badu	1. balu	1. badute	1. balute
2. Baitu	2. baitzuen	2. baitute	2. baizuten
3. Baduen	3. bazuen	3. baduten	3. bazuten
4. Duela	4. zuela	4. dutela	4. zutela
5. Duena	5. zuena	5. dutena	5. zutena

Rappelons encore à notre souvenir l'usage des deux auxiliaires **Naiz** et **Dut**, que je regarde (ainsi que je l'ai dit au commencement de ce §) comme les deux bases fondamentales de la conjugaison basque.

Naiz est l'auxiliaire des verbes passifs, neutres sans complément, et réfléchis ou pronominaux. *Dut* est celui des verbes actifs dont le complément n'est pas exprimé, ou (s'il est exprimé) a rapport à une troisième personne du nombre singulier.

Dans l'article suivant, je conjuguerai les trois verbes *maithatcea* aimer, *minzatcea* parler, *emaitea* donner, avec leurs divers complémens ; et je les mettrai successivement en rapport avec chacune des trois personnes, tant du nombre singulier que du nombre pluriel.

Comme on connoit déjà l'auxiliaire *Dut*, relatif à un complément de troisième personne singulière, et que d'ailleurs la troisième personne est d'un usage bien plus fréquent que les deux autres, c'est par elle que je commencerai ; je passerai ensuite à la seconde, et de celle-ci à la première.

Ma tâche va devenir plus facile. *Naiz* et *Dut* une fois bien expliqués, les autres auxiliaires ont besoin de moins de développemens. Je serai donc plus concis, afin d'être plus clair et dirai avec Boileau :

Souvent trop d'abondance appauvrit la matière ;

ou avec Larramendi : *Algunas cosas mas habia aqui que esplicar : pero no nos podemos detener en todo.*

C.) MAITHATCEA, MINZATCEA, EMAITEA,
avec leurs divers complémens (*).
1° Verbe actif avec complément direct.
MAITHATCEA, *aimer*.
INDICATIF

1. Nic maithatcen dut	1. Nic maithatcen ditut
j'aime *ou* je l'aime	je les aime
maithatcen nuen	maithatcen nituen
j'aimois *ou* je l'aimois	je les aimois
maithatu dut	maithatu ditut
je l'ai aimé, ée	je les ai aimés, ées
maithatu nuen	maithatu nituen
je l'aimai	je les aimai
maithatu izan nuen	maithatu izan nituen
je l'avois aimé	je les avois aimés
maithatuco dut	maithatuco ditut
je l'aimerai	je les aimerai
maithatu duquet	maithatu dituzquet
je l'aurai aimé	je les aurai aimés

Au lieu de dire *maithatcen dut, nuen*, etc., on peut dire par abréviation *maithe dut, nuen*, etc., comme on dit *nahi dut, uste dut*, etc.; mois j'ai dû suivre la forme régulière.

(*) Un savant, dont j'honore autant les vertus que les lumières, m'écrivoit: « S'il est vrai que la Grammaire du P. Larramendi puisse être d'un grand secours à quiconque veu' apprendre notre langue, il me paroît également vrai qu'il est besoin d'autres données pour saisir le véritable génie de notre idiôme, et pour l'apprécier en grammairien philosophe. »
Cet illustre savant verra sans doute avec plaisir que, si j'ai lu avec attention le grammairien espagnol, je ne me suis pas traîné servilement sur ses traces. Je me contenterai d'un seul exemple, tiré de la partie la plus brillante de la langue basque, c'est-à-dire de sa conjugaison. Larramendi n'a point assez distingué les complémens directs et indirects, et a même cru que sa langue maternelle n'avoit pas de relation marquée pour la troisième personne tant singulière que plurielle. Voici ses propres paroles: *La tercera persona de singular, ni la de plural no tienen conjugacion à parte* (pag. 139). — Son erreur vient de ce que, ce qu'il appelle

CONDITIONNEL

maitha nezaque	maitha nitzazque
je l'aimerois	je les aimerois
maithatu nuqueyen	maithatu nuzqueyen
je l'aurois aimé	je les aurois aimés

IMPÉRATIF

maitha zac, zan	maitha itzac, itzan
aime-le	aime-les

SUBJONCTIF

maitha dezadan	maitha ditzadan
que je l'aime	que je les aime
maitha nezan	maitha nitzan
que je l'aimasse	que je les aimasse
maithatu izan dezadan	maithatu izan ditzadan
que je l'aie aimé	que je les aie aimés
maithatu izan nezan	maithatu izan nitzan
que je l'eusse aimé	que je les eusse aimés

L'auxiliaire *Dut*, joint aux diverses modifications de l'infinitif (dont je traiterai dans la syntaxe) sert à composer, ainsi qu'on vient de le voir, tous les temps des verbes actifs, dont le complément est relatif à une troisième personne du nombre singulier, soit sous-entendue, soit exprimée, comme *maithatcen dut* j'aime *ou* je l'aime. Si la troisième personne est du nombre pluriel, il faut alors changer *dut*, *duc* ou *dun*, *du*, en *ditut*, *dituc* ou *ditun*, *ditu*; et de même *nuen*, *huen*, *zuen*, en *nituen*, *hituen*, *cituen*. On dira donc *maithatcen dut ene anaya*, j'aime mon frère; mais il faudra dire *maithatcen ditut ene anayac*, j'aime mes frères. De plus, si l'on me demande : Aimez-vous votre frère? aimez-vous vos frères? je répondrai: *Maithatcen dut*, je l'aime; *maithatcen ditut*, je les aime.

---

conjugaison absolue n'est autre chose que le cas où le complément, étant sous-entendu, ne peut être qu'un complément relatif à une troisième personne. Ainsi quand je dis: La lettre tue, mais l'esprit vivifie, cela veut dire la lettre tue *celui qui s'y tient*, mais l'esprit vivifie *celui qui sait le saisir*.

Pour former les verbes passifs, il suffit de joindre l'auxiliaire *Naiz* au participe : *Maithatua naiz*, je suis aimé, ée ; *maithatua naincen*, j'étois aimé, ée ; *maithatuac gare*, nous sommes aimés, ées ; *maithatuac guinen*, nous étions aimés ou aimées.

2. Maithatcen haut	2. Maithatcen zaituztet
je t'aime	je vous aime
hau	zaituzte
il t'aime	il vous aime
haugu	zaituztegu
nous t'aimons	nous vous aimons
haute	zaituztete
ils t'aiment	ils vous aiment
Maithatcen hinduan	Maithatcen cinituztedan
je t'aimois	je vous aimois
hinduen	cinituzten
il t'aimoit	il vous aimoit

Haut au singulier, et *zaituztet* au pluriel, servent d'auxiliaires aux verbes actifs, dont le complément est relatif à une seconde personne.

A la forme respectueuse du singulier, on dit au présent : *Zaitut, zaitu ; zaitugu, zaituzte* ; et à l'imparfait : *Cinitudan, cinituen*. Exemples : *Maithatcen zaitut*, je vous aime ; *othoizten zaitut*, je vous prie ; *sinhesten zaitut*, je vous crois.

3. Maithatcen nauc, naun	3. Maithatcen gaituc, gaitun
tu m'aimes	tu nous aimes
nau	gaitu
il m'aime	il nous aime
nauzue, zu	gaituzue, zu
vous m'aimez	vous nous aimez
naute	gaituzte
ils m'aiment	ils nous aiment
Maithatcen ninduan	Maithatcen gainituan
tu m'aimois	tu nous aimois
ninduen	gainituen
il m'aimoit	**il nous aimoit**

§ X CONJUGAISON BASQUE

Nauc (fém. *naun*) au singulier, et *gaituc* (fém. *gaitun*) au pluriel, servent d'auxiliaires aux verbes actifs, dont le complément est relatif à une première personne.

Nous venons de voir un verbe actif avec complément direct; nous allons donner maintenant un verbe neutre sans complément (a), ou avec complément indirect (b). Nous présenterons ensuite, dans le tableau d'un verbe actif, la réunion des deux complémens, direct et indirect.

2° (a) Verbe neutre sans complément.

MINZATCEA, *parler*.

INDICATIF

PRÉSENT	IMPARFAIT

Ni minzatcen naiz
    je parle
	Ni minzatcen naincen
	    je parlois

Hi minzatcen haiz
    tu parles
	Hi minzatcen haincen
	    tu parlois

Hura minzatcen da
    il *ou* elle parle
	Hura minzatcen cen
	    il parloit

On voit qu'il ne s'agit ici que de joindre l'auxiliaire *Naiz* aux diverses modifications de l'infinitif, pour former tous les temps d'un verbe neutre sans complément.

Quelques verbes peuvent se passer d'auxiliaire; et *ethorcea* venir, est de ce nombre. Ainsi, au lieu de dire : *Ethorcen naiz, haiz, da*, on dit également *nator* je viens, *hator* tu viens, *dator* il vient, et à l'impératif *zato*. Exemple : *Zato izpiritu saindua*, venez, esprit saint.

Je vais continuer l'exposition des différens temps de l'indicatif, et des autres modes, en me contentant d'indiquer **chaque première personne.**

Minzatu naiz	Ethorri naiz
j'ai parlé	je suis venu, ue
Minzatu naincen	Ethorri naincen
je parlai	je vins
Minzatu izan naincen	Ethorri izan naincen
j'avois parlé	j'étois venu
Minzatuco naiz	Ethorrico naiz
je parlerai	je viendrai
Minzatu izanen naiz	Ethorri izanen naiz
j'aurai parlé	je serai venu

CONDITIONNEL

Minza ninzateque	Ethor ninzateque
je parlerois	je viendrois
Minzatu nintequeyen	Ethorri nintequeyen
j'aurois parlé	je serois venu

IMPÉRATIF

Minza hadi	Ethor hadi
parle	viens

SUBJONCTIF

Minza nadin	Ethor nadin
que je parle	que je vienne
Minza naintecen	Ethor naintecen
que je parlasse	que je vinsse
Minzatu izan nadin	Ethorri izan nadin
que j'aie parlé	que je sois venu
Minzatu izan naintecen	Ethorri izan naintecen
que j'eusse parlé	que je fusse venu

2° (b) Verbe neutre avec complément indirect.

Si le verbe neutre a un complément indirect, l'auxiliaire se modifie selon chacune des trois personnes, auxquelles ce complément est relatif.

Voici le tableau succinct de ces modifications, en commençant toujours par la troisième personne.

§ X CONJUGAISON BASQUE

1. Minzatcen nitzayo
      je lui parle
      hitzayo
      tu lui parles
      zayo
      il lui parle
2. Minzatcen nitzaic, nitzain
      je te parle
      zaic, zain
      il te parle
3. Minzatcen hitzait
      tu me parles
      zait
      il me parle

1. Minzatcen nitzayote
      je leur parle
      hitzayote
      tu leur parles
      zayote
      il leur parle
2. Minzatcen nitzazue, zu
      je vous parle
      zazue, zazu
      il vous parle
3. Minzatcen hitzacu
      tu nous parles
      zacu
      il nous parle

On peut aussi, dans plusieurs verbes, se passer de l'auxiliaire pour marquer les diverses relations. Nous avons vu plus haut qu'au lieu de dire *ethorcen naiz, haiz, da*, on disoit également *nator* je viens, *hator* tu viens, *dator* il vient. On dira donc de même :

1. Natorquio   *je viens vers lui*
     Hatorquio *tu viens vers lui*
     Datorquio *il vient vers lui*
2. Natorquic, quin *je viens à toi*
     Datorquic, quin *il vient à toi*
3. Hatorquit   *tu me viens*
     Datorquit   *il me vient*

1. Natorquiote *je viens vers eux*
     Hatorquiote *tu viens vers eux*
     Datorquiote *il vient vers eux*
2. Natorquizute, quizu *je viens à vous*
     Datorquizute, quizu *il vient à vous*
3. Hatorquigu *tu nous viens*
     Datorquigu *il nous vient*

J'ai eu soin d'indiquer, à chacun des temps où elle se rencontroit, la forme respectueuse de la seconde personne du singulier. On dira donc : *Minzatcen nitzazu*, je vous parle ; *ethorcen nitzazu* (ou en un seul mot *natorquizu*), je viens à vous, ou vers vous ; *hurbilcen nitzazu*, je m'approche de vous.

    3° Verbe actif avec deux complémens,
    l'un direct et l'autre indirect

EMAITEA, *donner* quelque chose à quelqu'un.

Nous avons vu plus haut que le verbe actif modifioit son

auxiliaire, selon la relation de son complément direct, avec chacune des trois personnes des deux nombres; que *dut, haut, nauc* servoient pour le singulier, et *ditut, zaituztet, gaituc* pour le pluriel. Mais lorsque le verbe actif a deux complémens, l'un direct et l'autre indirect, chacun des deux pouvant être relatif à une des trois personnes de chacun des deux nombres, il en résulte pour l'auxiliaire le double de modifications, c'est-à-dire douze. En effet dans ces phrases : Je *le lui* donne, je *les lui* donne; je *le leur* donne, je *les leur* donne, on voit les quatre relations des complémens avec la troisième personne; et elles se retrouvent en même nombre dans les deux autres.

Larramendi avoit pris pour exemple le verbe *Jatea* manger; mais ce verbe n'admettant ordinairement qu'un complément direct, étoit peu capable de faire comprendre les différentes relations. L'abbé d'Iharce, son copiste, ne s'est pas donné la peine d'en chercher un plus convenable; et comme il n'entendoit pas toujours le texte du savant jésuite qu'il traduisoit, ainsi que j'en ai allégué ci-dessus des preuves péremptoires; dans son appareil de conjugaison (j'allois presque dire avec lui *conjugaisonnal*, pour donner un associé à son *déclinaisonnal*, pag. 372) il ne présente au lecteur qu'un jargon inintelligible. Que signifient en effet; *Je vous mange à toi, mange le nous toi, mange me les tu, mange les tu à lui, mange les leur tu à eux*, etc. ?

Il est facile d'éviter ce baragouin, 1° en observant les règles de la grammaire française; 2° en prenant pour modèle un verbe actif qui s'emploie habituellement avec deux complémens, tel que *Emaitea* donner. Ce dernier verbe, sans complément, prendroit *dut* pour auxiliaire : *Nic emaiten dut* je donne, *nic emaiten nuen* je donnois, etc.; mais s'il est accompagné de ses deux complémens, l'auxiliaire *dut* prendra les douze modifications dont je parlois tout-à-l'heure, et que je vais successivement exposer, en commençant, pour les

§ X CONJUGAISON BASQUE

raisons précitées, par celles qui sont relatives à la troisième personne.

1. Emaiten diot
je le lui donne
dioc, dion
tu le lui
dio
il, elle le lui
Emaiten diogu
nous le lui
diozue, zu
vous le lui
diote
ils le lui
Emaiten nion
je le lui donnois
hion
tu le lui
cion
il le lui
Emaiten guinion
nous le lui
cinioten, cinion
vous le lui
cioten
ils le lui

1. Emaiten diotzat
je les lui donne
diotzac, tzan
tu les lui
diotza
il, elle les lui
Emaiten diotzagu
nous les lui
diotzazue, zu
vous les lui
diotzate
ils les lui
Emaiten niotzan
je les lui donnois
hiotzan
tu les lui
ciotzan
il les lui
Emaiten guiniotzan
nous les lui
ciniotzaten, tzan
vous les lui
ciotzaten
ils les lui

Selon d'autres dialectes, on dit encore : 1° (au lieu de *diot*) *dacot, dacoc, daco;* ou *darocat, darocac, daroca;* et (à l'imparfait) *nacon, hacon, zacon;* ou *narocan, harocan, zarocan;* 2° (au lieu de *diotzat*) *daizquiot, daizquioc, daizquio;* ou *diozcat, diozcac, diozca;* ou *darotzat, darotzac, darotza;* et (à l'imparfait) *naizquion, haizquion, zaizquion;* ou *niozcan, hiozcan, ciozcan;* ou *narotzan, harotzan, zarotzan*.

Larramendi observe, à cette occasion, que les inflexions où entrent les syllabes *aro*, quoique moins usitées, sont les inflexions légitimes du dialecte labourtain: *Las inflexiones que tienen* aro, *aunque no tan usadas, son las legitimas del labortano*. Pag. 116.

2. Emaiten diotet	2. Emaiten diotzatet
je le leur donne	je les leur donne
diotec, ten	diotzatec, ten
tu le leur	tu les leur
diote	diotzate
il le leur	il les leur
Emaiten nioten	Emaiten niotzaten
je le leur donnois	je les leur donnois
hioten	hiotzaten
tu le leur	tu les leur
cioten	ciotzaten
il le leur	il les leur

On dit aussi : 1° (au lieu de *diotet*) *darotzatet, darotzatec, darotzate*; et (à l'imparfait) *narotzaten, harotzaten, zarotzaten*; 2° (au lieu de *diotzatet*) *darozquiotet, darozquiotec, darozquiote*; et (à l'imparfait) *narozquioten, harozquioten, zarozquioten*.

3. Emaiten dayat	3. Emaiten daizquiat
je te le donne	je te les donne
dauc	daizquic
il te le	il te les
Emaiten dayagu	Emaiten daizquiagu
nous te le	nous te les
dayate	daizquiate
ils te le	ils te les
Emaiten nayan	Emaiten naizquian
je te le donnois	je te les donnois
zayan	zaizquian
il te le	il te les

On dit aussi : 1° (au lieu de *dayat*) *daroyat, daroc*; et (à l'imparfait) *naroyan, zaroyan*; 2° (au lieu de *daizquiat*) *darozquiat, darozquic*; et à (l'imparfait) *narozquian, zarozquian*.

De plus, lorsque *te* s'adresse à une femme, la terminaison éprouve les légères modifications suivantes : 1° (au lieu de

§ X CONJUGAISON BASQUE 77

dayat ou *daroyat*) *daunat, daun*; ou *daronat, daron*; et (à l'imparfait) *naunan, zaunan*; ou *naronan, zaronan*; 2° (au lieu de *daizquiat* ou *darozquiat*) *daizquinat, daizquin*; ou *darozquinat, darozquin*; et (à l'imparfait) *naizquinan, zaizquinan*; ou *narozquinan, zarozquinan*.

4. Emaiten dauzuet
    je vous le donne
    dauzue
    il vous le
  Emaiten dauzue
    nous vous le
    dauzuete
    ils vous le
  Emaiten nauzuen
    je vous le donnois
    zauzuen
    il vous le

4. Emaiten daizquitzuet
    je vous les donne
    daizquitzue
    il vous les
  Emaiten daizquitzuegu
    nous vous les
    daizquitzuete
    ils vous les
  Emaiten naizquitzuen
    je vous les donnois
    zaizquitzuen
    il vous les

On dit aussi : 1° (au lieu de *dauzuet*) *darotzuet, darotzue*; et (à l'imparfait) *narotzuen, zarotzuen*; 2° (au lieu de *daizquitzuet*) *darozquitzuet, darozquitzue*; et (à l'imparfait) *narozquitzuen, zarozquitzuen*.

De plus, lorsque *vous* n'est que la forme respectueuse du singulier, la terminaison éprouve les légères modifications suivantes: 1° (au lieu de *dauzuet* ou *darotzuet*) *dauzut dauzu*; ou *darotzut, darotzu*, et (à l'imparfait) *nauzun, zauzun*; *narotzun, zarotzun*; 2° (au lieu de *daizquitzuet* ou *darozquitzuet*) *daizquitzut, daizquitzu*; ou *darozquitzut, darozquitzu*; et (à l'imparfait) *naizquitzun, zaizquitzun*; ou *narozquitzun, zarozquitzun*.

On dira donc: *Emaiten dauzut ene bihotza*, je vous donne mon cœur; *bidalcen dauzut ene semea*, je vous envoie mon fils; *ekharcen daizquitzut ene liburuac*, je vous apporte mes livres.

Remarquons en passant que, si l'on parloit à un petit enfant, on changeroit simplement le *z* en *ch*; et qu'au lieu de *dauzut, dauzu*; *nauzun, zauzun*, on diroit: *Dauchut, dauchu; nauchun, chauchun;* et de même *daizquitchut, daizquitchu,* etc.

L'abbé d'Iharce vante beaucoup cette formule; et, après avoir cité quelques autres termes enfantins, tels que *aupa, ttitti,* il en conclut avec sa logique ordinaire (pag. 250): « Que la langue basque doit passer pour langue primitive, et que la langue française, quelque belle qu'elle soit n'est pas naturelle. » Je me contenterai de le renvoyer au Dictionnaire de l'Académie, et de lui demander si, à son âge, il emploieroit encore les termes suivans, qui y sont consignés comme enfantins: *Papa, maman, nanan, dada, dodo, bobo,* etc.

5. Emaiten derautac, tan
   tu me le donnes
   deraut
   il me le
Emaiten derautazue, zu
   vous me le
   derautate
   ils me le
Emaiten herautan
   tu me le donnois
   zerautan
   il me le

5. Emaiten daizquidac, dan
   tu me les donnes
   daizquit
   il me les
Emaiten daizquidazue, zu
   vous me les
   daizquidate
   ils me les
Emaiten haizquidan
   tu me les donnois
   zaizquidan
   il me les

On dit aussi : 1° (au lieu de *derautac*) *darotac, darot*; et (à l'imparfait) *harotan, zarotan*; 2° (au lieu de *daizquidac*) *darozquidac, darozquit*; et (à l'imparfait) *harozquidan, zarozquidan.*

6. Emaiten deraucuc, cun
   tu nous le donnes
   deraucu
   il nous le
Emaiten deraucuzue, zu
   vous nous le
   deraucute
   ils nous le
Emaiten heraucun
   tu nous le donnois
   zeraucun
   il nous le

6. Emaiten daizquiguc, gun
   tu nous les donnes
   daizquigu
   il nous les
Emaiten daizquiguzue, zu
   vous nous les
   daizquigute
   ils nous les
Emaiten haizquigun
   tu nous les donnois
   zaizquigun
   il nous les

On dit aussi : 1° (au lieu de *deraucuc*) *darocuc, darocu*; ou *daucuc, daucu*; et (à l'imparfait) *harocun, zarocun*; ou *haucun, zaucun*; 2° (au lieu de *daizquiguc*) *darozquiguc, darozquigu*; ou *daizcuc, daizcu*; et (à l'imparfait) *harozquigun, zarozquigun*; ou *haizcun, zaizcun*.

Après avoir considéré la conjugaison basque dans son ensemble imposant, parcouru successivement ses détails multipliés et curieux, développé ses deux auxiliaires principaux *Naiz* et *Dut*, indiqué leurs différens usages, fait connoître les diverses modifications qu'ils subissent pour marquer, dans les verbes actifs ou neutres, toutes les relations que leurs complémens, direct et indirect, peuvent avoir avec les trois personnes de chacun des deux nombres, — il ne me reste plus qu'à jeter un coup d'œil rapide sur les verbes basques les plus usités, et j'aurai terminé l'examen d'une conjugaison dont la langue basque doit plutôt s'enorgueillir, que des prétentions ridicules de certains panégyristes maladroits; d'une conjugaison, qui, portant l'empreinte du vrai génie, suffiroit seule, à mon avis, pour lui assigner un rang distingué parmi les langues les plus riches et les plus philosophiques.

D.) COUP D'ŒIL RAPIDE

sur les verbes basques les plus usités.

1. Izaitea *Etre*			2. Izaitea *Avoir*	
Izaiten naiz	*je suis*		Izaiten dut, ditut	*j'ai*
Izaiten naincen	*j'étois*		Izaiten nuen, nituen	*j'avois*
Izan naincen	*je fus*		Izan nuen, nituen	*j'eus*
Izanen naiz	*je serai*		Izanen dut, ditut	*j'aurai*
Izan ninzateque	*je serois*		Izan nezaque, nitzazque	*j'aurois*

3. Hilcea *Mourir*			4. Hilcea *Tuer*	
Hilcen naiz (ni	*je meurs*		Hilcen dut (nic	*je tue*
Hilcen naincen	*je mourois*		Hilcen nuen	*je tuois*
Hill naincen	*je mourus*		Hill nuen	*je tuai*
Hillen naiz	*je mourrai*		Hillen dut	*je tuerai*
Hill ninzateque	*je mourrois*		Hill nezaque	*je tuerois*

5. Minzatcea *Parler*

Minzatcen naiz	*je parle*
Mintzatcen naincen	*je parlois*
Minzatu naincen	*je parlai*
Minzatuco naiz	*je parlerai*
Minza ninzateque	*je parlerois*

6. Maithatcea *Aimer*

Maithatcen dut	*j'aime*
Maithatcen nuen	*j'aimois*
Maithatu nuen	*j'aimai*
Maithatuco dut	*j'aimerai*
Maitha nezaque	*j'aimerois*

7. Yoaitea *Aller*

Yoaiten naiz	*je vais*
Yoaiten naincen	*j'allois*
Yoan naincen	*j'allai*
Yoanen naiz	*j'irai*
Yoan ninzateque	*j'irois*

8. Emaitea *Donner*

Emaiten dut	*je donne*
Emaiten nuen	*je donnois*
Eman nuen	*je donnai*
Emanen dut	*je donnerai*
Eman nezaque	*je donnerois*

9. Ethorcea *Venir*

Ethorcen naiz	*je viens*
Ethorcen naincen	*je venois*
Ethorri naincen	*je vins*
Ethorrico naiz	*je viendrai*
Ethor ninzateque	*je viendrois*

10. Eguitea *Faire*

Eguiten dut	*je fais*
Eguiten nuen	*je faisois*
Eguin nuen	*je fis*
Eguinen dut	*je ferai*
Eguin nezaque	*je ferois*

11. Sarcea *Entrer*

Sarcen naiz	*j'entre*
Sarcen naincen	*j'entrois*
Sartu naincen	*j'entrai*
Sartuco naiz	*j'entrerai*
Sar ninzateque	*j'entrerois*

12. Eraguitea *Faire faire*

Eraguiten dut	*je fais faire*
Eraguiten nuen	*je faisois faire*
Eraguin nuen	*je fis faire*
Eraguinen dut	*je ferai faire*
Eraguin nezaque	*je ferois faire*

13. Atheratcea *Sortir*

Atheratcen naiz	*je sors*
Atheratcen naincen	*je sortois*
Athera naincen	*je sortis*
Atheraco naiz	*je sortirai*
Athera ninzateque	*je sortirois*

14. Yatea *Manger*

Yaten dut	*je mange*
Yaten nuen	*je mangeois*
Yan nuen	*je mangeai*
Yanen dut	*je mangerai*
Yan nezaque	*je mangerois*

§ X CONJUGAISON BASQUE 81

15. Hurbilcea *Approcher*

Hurbilcen naiz	*j'approche*
Hurbilcen naincen	*j'approchois*
Hurbildu naincen	*j'approchai*
Hurbilduco naiz	*j'approcherai*
Hurbil ninzateque	*j'approcherois*

16. Edatea *Boire*

Edaten dut	*je bois*
Edaten nuen	*je buvois*
Edan nuen	*je bus*
Edanen dut	*je boirai*
Edan nezaque	*je boirois*

17. Ikhustea *Voir*

Ikhusten dut	*je vois*
Ikhusten nuen	*je voyois*
Ikhusi nuen	*je vis*
Ikhusico dut	*je verrai*
Ikus nezaque	*je verrois*

18. Aditcea *Entendre*

Aditcen dut	*j'entends*
Aditcen nuen	*j'entendois*
Aditu nuen	*j'entendis*
Adituco dut	*j'entendrai*
Adi nezaque	*j'entendrois*

19. Irakhurcea *Lire*

Irakhurcen dut	*je lis*
Irakhurcen nuen	*je lisois*
Irakhurri nuen	*je lus*
Irakhurrico dut	*je lirai*
Irakhur nezaque	*je lirois*

20. Ihardestea *Répondre*

Ihardesten dut	*je réponds*
Ihardesten nuen	*je répondois*
Ihardetsi nuen	*je répondis*
Ihardetsico dut	*je répondrai*
Ihardets nezaque	*je répondrois*

21. Erostea *Acheter*

Erosten dut	*j'achète*
Erosten nuen	*j'achetois*
Erosi nuen	*j'achetai*
Erosico dut	*j'achèterai*
Eros nezaque	*j'achèterois*

22. Salcea *Vendre*

Salcen dut	*je vends*
Salcen nuen	*je vendois*
Saldu nuen	*je vendis*
Salduco dut	*je vendrai*
Sal nezaque	*je vendrois*

23. Harcea *Prendre*

Harcen dut	*je prends*
Harcen nuen	*je prenois*
Hartu nuen	*je pris*
Hartuco dut	*je prendrai*
Har nezaque	*je prendrois*

24. Etzarcea *Mettre*

Etzarcen dut	*je mets*
Etzarcen nuen	*je mettois*
Etzarri nuen	*je mis*
Etzarrico dut	*je mettrai*
Etzar nezaque	*je mettrois*

25. Iguriquitcea *Attendre*

Iguriquitcen dut	*j'attends*
Iguriquitcen nuen	*j'attendois*
Iguriqui nuen	*j'attendis*
Iguriquico dut	*j'attendrai*
Iguric nezaque	*j'attendrois*

26. Atchiquitcea *Tenir*

Atchiquitcen dut	*je tiens*
Atchiquitcen nuen	*je tenois*
Atchiqui nuen	*je tins*
Atchiquico dut	*je tiendrai*
Atchic nezaque	*je tiendrois*

27. Yaquitea *Savoir*

Daquit, daquic, daqui	*je sais*
Naquien, haq. zaq.	*je savois*
Yaquin dut	*j'ai su*
Yaquinen dut	*je saurai*
Yaquin nezaque	*je saurois*

28. Ahal izaitea *Pouvoir*

Dirot, diroc, diro	*je peux*
Niroyen, hir. cir.	*je pouvois*
Ahal izan dut	*j'ai pu*
Ahal izanen dut	*je pourrai*
Ahal niro, hiro, liro	*je pourrois*

29. Erraitea *Dire*

Diot, dioc, dio	*je dis*
Erraiten nuen	*je disois*
Erran dut	*j'ai dit*
Erranen dut	*je dirai*
Erran nezaque	*je dirois*

30. Nahi izaitea *Vouloir*

Nahi dut	*je veux*
Nahi nuen	*je voulois*
Nahi izanen dut	*je voudrai*
Nahi nuque	*je voudrois*
Nahico nuen	*j'eusse voulu*

31. Sinhestea *Ajouter foi*

Sinhesten dut	*je crois*
Sinhesten nuen	*je croyois*
Sinhetsi nuen	*je crus*
Sinhetsico dut	*je croirai*
Sinhets nezaque	*je croirois*

32. Uste izaitea *Croire*

Uste dut	*je crois*
Uste nuen	*je croyois*
Uste izana dut	*je crus*
Usteco dut	*je croirai*
Uste nuque	*je croirois*

33. Behar izaitea *Avoir besoin*

Behar dut	*je dois*
Behar nuen	*je devois*
Behar izan dut	*j'ai dû*
Behar izanen dut	*je devrai*
Behar nuque	*je devrois*

34. Zor izaitea *Devoir*

Zor dut	*je dois*
Zor nuen	*je devois*
Zor izan dut	*j'ai dû*
Zor izanen dut	*je devrai*
Zor nuque	*je devrois*

§ X CONJUGAISON BASQUE

35. Irriguitea *Rire*

Irri eguiten dut	*je ris*
Irri eguiten nuen	*je riois*
Irri eguin dut	*j'ai ri*
Irri eguinen dut	*je rirai*
Irri eguin nezaque	*je rirois*

36. Nigarguitea *Pleurer*

Nigar eguiten dut	*je pleure*
Nigar eguiten nuen	*je pleurois*
Nigar eguin nuen	*je pleurai*
Nigar eguinen dut	*je pleurerai*
Nigar eguin nezaque	*je pleurerois*

37. Uri eguitea *Pleuvoir*

Uria eguiten du	*il pleut*
Uria hari da	
Uria hari cen	*il pleuvoit*
Uria harico da	*il pleuvra*
Uria eguinen du	

38. Elhur eguitea *Neiger*

Elhurra eguiten du	*il neige*
Elhurra hari da	
Elhurra hari cen	*il neigeoit*
Elhurra harico da	*il neigera*
Elhurra eguinen du	

39. Behar izaitea *Falloir*

Behar da	*il faut*
Behar cen	*il falloit*
Behar izana da	*il fallut*
Behar izanen da	*il faudra*
Beharco da	

40. Asqui izaitea *Suffire*

Asqui da	*il suffit*
Asqui cen	*il suffisoit*
Asqui izan da	*il a suffi*
Asqui izanen da	*il suffira*
Asqui liteque	*il suffiroit*

§ XI

PARTICULES BASQUES

Je réunis sous ce titre général les adverbes, les prépositions et les conjonctions.

Dans la langue basque, les prépositions ne se plaçant qu'après les noms et les pronoms (comme en latin *mecum, tecum, secum*) doivent prendre, ainsi que je l'ai déjà dit, le nom de postpositions.

Les différentes manières d'exprimer les conjonctifs *que* et *qui* seront expliquées dans la syntaxe.

1. NOLA? *comment?*
Sainduqui, *saintement*
Zuhurqui, *sagement*
Nasqui, *apparemment*
Ongui *ou* onsa, *bien*
Hobequi, *mieux*
Hambat hobe, *tant mieux*
Gaizqui, *mal*
Gaizquiago, *plus mal*
Hambat gaiztoago, *tant pis*

2. CEMBAT? *combien?*
Osoqui saindu, *très saint*
Hain handi, *si grand*
Hainitz, *beaucoup, fort*
Guehiago, *plus*
Guti, *peu*
Gutiago, *moins*
Gutiegui, *trop peu*
Sobra, *trop*
Asqui, *assez*

3. NON DA? *où est-il?*
Hemen, *ici (hic)*
Hor, *là (isthic)*
Han, *là (illic)*
Bayonan, *à Bayonne*
Etchean, *à la maison*
Norat? *où va-t-il?*
Hunat, *ici (hùc)*
Horrat, *là (isthùc)*
Harat, *là (illùc)*

4. NONGOA DA? *d'où est-il?*
Hemengo, *d'ici (hinc)*
Horgo, *de là (isthinc)*
Hango, *de là (illinc)*
Nondic? *d'où vient-il?*
Hortic *ou* handic, *de là*
Non gaindi? *par où va-t-il?*
Hemen gaindi, *par ici (hàc)*
Hor gaindi, *par là (isthàc)*
Han gaindi, *par là (illàc)*

5. NOIZ? *quand?*
Maiz, *souvent*
Bethi, *toujours*
Seculan, *jamais*
Orai, oraino, *maintenant, encore*
Egun, *aujourd'hui*
Bihar, *demain*
Atzo, *hier*
Etci, *après-demain*
Herenegun, *avant-hier*

6. CER MUGA DA? *quelle heure est-il?*
Oren bat da, *il est une heure*
Bi orenac dire, *il est deux h.*
Laurac dire, *il est quatre h.*
Hamarrac dire, *il est dix h.*
Ceinagatic ⎫
Ceinetaric ⎪
Ceinen   ⎬ *dont, de qui*
Ceinaren   ⎪
Ceinarenganic ⎭

§ XI PARTICULES BASQUES

7. ERDIAN, *au milieu*
   Gainean, *en haut, dessus*
   Azpian, *en bas, dessous*
   Lekhuan ⎱ *au lieu de*
   Bidean ⎰
   Orduan, *alors*
   Hondoan, *auprès*
   Ondoan ⎱ *après*
   Guero ⎰
   Lehen, lehenago, *avant, aupar.*

8. ENE-QUIN, *avec moi (mecum)*
   Ene-zat, *pour moi*
   Ene-galic, *à cause de moi*
   Ni-baino, *que moi (præ me)*
   Ni-baithan, *en moi*
   Ni-gabe, *sans moi*
   Ni-gana, *vers moi*
   Ni-ganic, *de moi*
   Ni-ganaino, *jusqu'à moi*
   Ni-t-az, *par moi*

9. BAI, *oui*
   Bai yauna, *oui monsieur*
   Ez, *non, ne pas, ni*
   Ez andrea, *non madame*
   Ez du eguiten, *il ne fait pas*
   Ez hic ez nic, *ni toi ni moi*
   Eta menturaz, *et peut-être*
   Hi eta ni, *toi et moi*
   Ez hic ez eta nic, *ni toi ni moi*
   Ez eta nic ere, *ni moi non plus*

10. BADA, bainan, *or, mais*
    Heya, baldin, *si*
    Ceren, ecen, *car, parce que*
    Edo, ala, *ou, ou bien*
    Nahiz... nahiz, *soit... soit*
    Orobat, ere, *aussi, de même*
    Ni bezala, *comme moi*
    Nola itzala, ⎱ *comme l'ombre,*
    hala bicia; ⎰ *ainsi la vie.*
    Hala-biz! *ainsi soit-il!*

§ XII

SYNTAXE BASQUE

A) DÉCLINAISON ; genres, nombres, cas.

1.) La langue basque ne connoît pas la distinction des noms masculins, féminins ou neutres; ses noms et pronoms, substantifs ou adjectifs, n'ont qu'un genre, tant au nombre singulier qu'au nombre pluriel ; elle n'a pas le nombre duel. Exemples: *Aita ona* le bon père, *ama ona* la bonne mère; *aita onac* les bons pères, *ama onac* les bonnes mères.

2.) La plupart des noms basques paroissent terminés en *a* ou *ac*, mais dans la réalité *a* et *ac* ne sont que des articles, qui, suivant le génie de la langue, sont *postposés* aux noms, au lieu de leur être préposés (*). Ainsi *guizon, emazte, ogui, arno, astu,* signifient homme ou hommes, femme ou femmes pain ou pains, vin ou vins, âne ou ânes ; tandis que *guizona, emaztea, oguia, arnoa, astua,* signifient l'homme, la femme, le pain, le vin, l'âne ; et *guizonac, emazteac, oguiac, arnoac, astuac,* les hommes, les femmes, les pains, les vins, les ânes.

3.) De même *on, handi, saindu, ene, hire,* veulent dire bon, bonne, bons, bonnes ; grand, grande, grands, grandes ; saint, sainte, saints, saintes ; mon, ma, mes ; ton, ta, tes ; tandis que *ona, handia, saindua, enea, hirea,* veulent dire le bon ou la bonne, le grand ou la grande, le saint ou la sainte, le mien ou la mienne, le tien ou la tienne ; et *onac, handiac, sainduac, eneac, hireac,* les bons ou les bonnes, les grands ou les grandes, les saints ou les saintes, les miens ou les miennes, les tiens ou les tiennes.

4.) Néanmoins, dans les noms terminés comme *anaya* frère, *arreba* sœur, *aza* chou, *arroda* roue, *haga* perche, *ama* mère, *capa* manteau, *aita* père, l'*a* fait partie essentielle du mot, et ne doit jamais se supprimer (**); voilà pour-

---

(*) En terme de grammaire hébraïque, les lettres additionnelles s'appellent en général *affixes*, et prennent le nom de *préfixes* ou de *suffixes*, selon qu'elles s'ajoutent au commencement ou à la fin des mots.

(**) Il est étonnant que l'abbé d'Iharce (qui a fort bien pu se méprendre en parlant d'hébreu, de grec, de latin, de français et d'autres langues qu'il ne connoît pas) soit tombé dans une assez grande erreur, lorsqu'il s'agissoit de sa langue maternelle, pour donner (pag. 310) comme paradigme de déclinaison, Aıт père. Sans être né basque, et sans avoir étudié la langue basque pendant plus de 30 années, comme il dit l'avoir fait, je crois pouvoir assurer qu'il falloit dire *Aita*, et non pas *Ait*.

§ XII SYNTAXE BASQUE

quoi on dit *aita ona, ama ona,* tandis qu'il faut dire *guizon ona, arno ona.*

5.) On pourroit dire, en parlant rigoureusement, que les noms basques sont indéclinables, et qu'il n'y a que l'article qui se modifie, tant au singulier qu'au pluriel. C'est pour cela que, quand plusieurs noms sont en concordance, on ne marque qu'une seule fois la désinence. Exemples : *Ene aita* mon père, *hire ama* ta mère, et non pas *enea aita, hirea ama.* J'ai fait toutes vos petites commissions, *eguin ditut zure mandatu chume guciac,* et non pas *zureac mandatuac chumeac guciac. Yesu-Christo*ren *yenealogia,* généalogie de Jésus-Christ ; *Yesu-Christo Daviden seme*aren *yenealogia,* généalogie de Jésus-Christ, fils de David ; *Yesu-Christo Daviden seme, Abrahamen seme*aren *yenealogia,* généalogie de Jésus-Christ, fils de David, fils d'Abraham.

6.) Quand deux noms sont en construction, le terme antécédent doit se placer après le terme conséquent ; exemples : *Joseph Mariaren senharra,* Joseph époux de Marie, et non pas *senharra Mariaren* (voyez § III). On diroit de même : *Erromaco elizaco aldareco estalguia,* la couverture de l'autel de l'église de Rome.

7.) Le nominatif, sujet d'un verbe passif ou neutre *(le patient),* est terminé au singulier en *a,* et au pluriel en *ac.* Exemples ; *Aita maithatua da,* le père est aimé ; *guizona ethorcen da,* l'homme vient ; *aitac maithatuac dire,* les pères sont aimés ; *guizonac ethorrico dire,* les hommes viendront.

8.) Le nominatif, sujet d'un verbe actif *(l'agent),* est terminé au singulier en *ac* et au pluriel en *ec.* Exemples : *Aitac ematen du,* le père donne ; *guizonac nahi du,* l'homme veut ; *aitec ematen dute,* les pères donnent ; *guizonec nahi dute,* les hommes veulent.

9.) Il résulte des deux numéros précédens, que, dans les deux phrases suivantes *aitac hemen dire,* et *aitac nahi du,* le premier *aitac* doit être au nombre pluriel (les pères sont ici), tandis que le second ne peut être qu'au nombre singulier (le père veut). C'est en vertu de la même loi que l'on dit : *Ni naiz* je suis, *hi haiz* tu es, *hura da* il est, *gu gare* nous sommes ; et qu'il faut dire : *Nic dut* j'ai, *hic duc* tu as, *harc du*, il a, *guc dugu* nous avons.

10.) L'accusatif, régime ou complément d'un verbe actif est toujours semblable au nominatif ou sujet, que j'ai qualifié de patient ; exemples : *Ikhusi dut zure etchea*, j'ai vu votre maison ; *ikhusi ditut zure anayac*, j'ai vu vos frères.

11.) Comme il est impossible qu'il y ait jamais d'ambiguité, on dit indifféremment *salcen dut ene etchea*, je vends ma maison, ou *ene etchea salcen dut*. Dieu dit : Que la lumière soit ! et la lumière fut ; *Yaincoac erran zuen* : *Arguia biz ! eta cen arguia*. Il n'en est pas de même de l'adjectif, qui se met toujours après le substantif. Exemple : *Guizon eder bat*, un bel homme.

12.) Oihénart (pag. 59) établit la déclinaison sans article, commune aux deux nombres, de la manière suivante :

Nom.	Guizon	*homme* ou *hommes*
Nom. actif	Guizonec	—
Négatif	Guizonic	—
Gén.	Guizonen	*d'homme* ou *d'hommes*
Dat.	Guizoni	*à l'homme* ou *à hommes*
Abl.	Guizonez	*par homme* ou *par hommes*

J'ai déjà expliqué ce qu'il faut entendre par nominatif actif ; il me reste à parler de la forme *guizonic*. En voici l'usage : *Ez da guizonic, ez da emazteric, ez da aitaric*, il n'y a pas d'homme, de femme, de père (qui voulût, etc.). *Bada guizonic ? bada emazteric ? bada aitaric ?* est-il un homme ? une femme ? un père ? (qui voulût, etc.). Ce nominatif négatif peut être considéré comme un partitif ; en effet, si l'on veut exprimer en basque ces phrases : Je n'ai pas d'argent, a-t-il de l'argent ? on ne peut dire autrement que : *Ez dut diruric, badu diruric ?*

§ XII SYNTAXE BASQUE

13.) Les noms de lieux se déclinent ainsi : *Bayona, onac, onaco ; Sempere, perec, pereco ; Bidarri, darric, darrico ; Larrossoro, soroc, soroco ; Halsu, suc, suco.*

Exemples de noms propres : *Christo, toc, toren, tori ; David, idec, iden, idi ; Abraham, hamec, hamen, hami ; Pierres, resec, resen, resi ; Yoannes, nesec, nesen, nesi.*

Exemples de noms de nombre : *Bata, batac, bataren, batari*, l'un ou l'une ; *bat, batec, baten, bati*, un ou une (sans article) ; *bi, bic, bia, biac*, deux ; *hirur, ac, ec*, trois ; *guizon batec cituen bi seme*, un homme avoit deux fils.

14.) *Handi* grand, *handiago* plus grand, *handiena* le plus grand ; *eder* beau, *ederrago* plus beau, *ederrena* le p'us beau. *Ni baino handiago da*, il est plus grand que moi ; *orotaric handiena da*, il est le plus grand de tous. *Handiarena, ac*, ou *handicoa, ac*, celui du grand.

Le superlatif s'exprime quelquefois à la manière hébraïque, en répétant le positif : *On ona* bon bon, c'est-à-dire très-bon ; *handi handia* grand grand, c'est-à-dire très grand ; *chume chumea* petit petit, c'est-à-dire très-petit.

Ene aita, mon père ; *hire ama*, ta mère ; *ene anayac eta hireac biz dire*, mes frères et les tiens sont contens ; *ene anayec eta hirec nahi dute*, mes frères et les tiens veulent ; *enea da* c'est à moi, *hirea da* c'est à toi ; *eneagoa, hireagoa*, plus à moi, plus à toi ; *aitarenagoa, amarenagoa*, plus au père, plus à la mère ; *nahi dut* je veux, *nahiago dut* j'aime mieux ; *enearena, aren, ari*, celui du mien, *hirearena, aren, ari*, celui du tien, etc.

15.) Je vais réunir sous ce n° un assez bon nombre d'exemples, propres à faire comprendre l'usage des différentes désinences de la déclinaison que j'ai appelée surcomposée, dans laquelle j'ai appliqué à l'adjectif *On, ona, onac* (bon ou bonne), toutes les relations tant primaires que secondaires ; soit entre les personnes, soit entre les choses.

Emaiten dut ene etchea, ene aitarena
  je donne ma maison, celle de mon père

Emaiten ditut ene etcheac, ene amarenac
      je donne mes maisons, celles de ma mère
Aitaren, aitarenaren icena
      le nom du père, de celui du père
Amen, amenen icenac
      les noms des mères, de ceux des mères
Parisco da, Indietaco dire
      il est de Paris, ils sont des Indes
Bayonaco guizona, edo Erromacoa
      l'homme de Bayonne, ou celui de Rome
Etcheco yauna ; Erromaren icena
      le maître de la maison ; le nom de Rome
Guizon chumearen icena, edo handiarena
      le nom du petit homme, ou celui du grand
Etche chumeco athea, edo handicoa
      la porte de la petite maison, ou celle de la grande
10. Handiarenarena *edo* handicocoa
      celui de celui du grand. — 3ᵉ degré, *presque inutile*
Ethorcen naiz aitaganic, amaganic
      je viens du père de la mère
Ethorri naiz aitenganic, amenganic
      je suis venu des pères des mères
Erosico dut zure landatic, edo ene aitarenetic
      j'achèterai de votre champ, ou de celui de mon père
Hasten naiz hemendic, hiritic, etchetic
      je commence d'ici, de la ville, de la maison
Hasi behar da eguitetic, erraitetic, emaitetic
      Il faut commencer par faire, par dire, par donner
Badut laur sos emanic, eta laur emaiteco
      j'ai quatre sols de donnés, et quatre à donner
Yaincoac creatu gaitu haren maithatceco
      Dieu nous a créés afin de l'aimer
Aitetaric, ametaric handiena
      le plus grand des pères, la plus grande des mères
Gutaric bat, gure aitetaric bat
      un de nous, un de nos pères
20. Ez dut diruric, etcheric
      je n'ai pas d'argent, de maison

§ XII SYNTAXE BASQUE

Baduzu oguiric, arnoric?
  avez-vous du pain, du vin?
Bakhezco guizona, guizon izpiritosa
  l'homme de paix, l'homme d'esprit
Emaiten diot aitari, aitarenari
  je donne au père, à celui du père
Emaiten diotet amei, amenei
  je donne aux mères à ceux des mères
Yoaiten naiz aitagana, amagana
  je vais au père, vers la mère
Yoaiten naiz aitenganat, amenganat
  je vais aux pères, vers les mères
Yoan naiz etchera, Bayonara, eguiterat
  je suis allé à la maison, à Bayonne, pour faire
Yoanen naiz landetarat, Indietarat
  j'irai aux champs, aux Indes
Sinhesten dut aitabaithan, Yaincoabaithan
  je crois au père, en Dieu
30. Sinhetsi dut aitenbaithan, amenbaithan
  j'ai cru aux pères, aux mères
Ikhusten dut etchean, hirian
  je vois dans la maison, à la ville
Ikhusi dut baratcetan, landetan
  j'ai vu dans les jardins, aux champs
Saldu dut hogoi sosetan, hamar luisetan
  j'ai vendu pour vingt sols, pour dix écus
Salcen dut hamarna sos, seira libera
  je vends à dix sols, à six livres
Othoiztua naiz aitaz, amaz,
  je suis prié par le père, par la mère
Othoiztua da aitetaz, ametaz
  il est prié par les pères, par les mères
Bethea diruz, urez
  plein d'argent, d'eau
Eguina escuz, plumaz
  fait à la main, à la plume
Ethorcen da urez, leyorrez
  il vient par eau, par terre

40. Ethorri da zamariz, carrosaz
   il est venu à cheval, en carrosse
Ethorrico naiz aitarequin, amarequin
   je viendrai avec le père, avec la mère
Ethorrico naiz aitequin, amequin
   je viendrai avec les pères, avec les mères
Minzatcen naiz aitarenzat, amarenzat
   je parle pour le père, pour la mère
Minzatu naiz aitenzat, amenzat
   j'ai parlé pour les pères, pour les mères
Erosten dut onzat, handizait
   j'achète pour bon, pour grand
Erosti dut gaistozat, chumezat
   j'ai acheté pour mauvais, pour petits
Yoaiten naiz aitaganaino, amaganaino
   je vais jusqu'au père, jusqu'à la mère
Yoaiten naiz aitenganaino, amenganaino
   je vais jusqu'aux pères, jusqu'aux mères
Yoan naiz baratceraino, Bayonaraino
   je suis allé jusqu'au jardin, jusqu'à Bayonne
50. Yoanen naiz baratcetaraino, Indietaraino
   j'irai jusqu'aux jardins, jusqu'aux Indes

B) CONJUGAISON; modes, temps, personnes.

1) La langue basque n'eût-elle conservé de son antique splendeur que son système de conjugaison, c'en seroit assez pour que cette belle langue meritât d'être étudiée. Il est prodigieusement varié, mais aussi, sachant conjuguer un seul verbe actif et passif, on sait conjuguer tous les autres.

2.) Oihénart (pag. 64) reconnoît dans le mode indicatif trois temps principaux et trois secondaires, tant à l'actif qu'au passif; les voici, selon lui :

INDICATIF ACTIF

Temps princ.		
présent	harcen dut	*je prends*
parfait	hartu dut	*j'ai pris*
futur 1.	hartuco dut	*je prendrai*

§ XII SYNTAXE BASQUE 93

Temps second.
- *imparf.* harcen nuen — *je prenois*
- *plus q. p.* hartu nuen — *j'avois pris*
- *futur 2.* hartuco nuen — *j'allois prendre*

INDICATIF PASSIF

Temps princ.
- *présent* harcen naiz — *je suis pris*
- *parfait* hartu naiz — *j'ai été pris*
- *futur 1.* hartuco naiz — *je serai pris*

Temps second.
- *imparf.* harcen naincen — *j'étois pris*
- *plus q. p.* hartu naincen — *j'avois été pris*
- *futur 2.* hartuco naincen — *j'allois être pris*

3.) Le mode infinitif réunit dans un seul verbe quatre formes différentes ; en voici plusieurs exemples :

1.		2.	3.	4.
Maithatcea	*aimer*	maithatcen	maithatu	maithatuco
Minzatcea	*parler*	minzatcen	minzatu	minzatuco
Salcea	*vendre*	salcen	saldu	salduco
Ikhustea	*voir*	ikhusten	ikhusi	ikhusico
Sinhestea	*croire*	sinhesten	sinhetsi	sinhetsico
Irakhurcea	*lire*	irakhurcen	irakhurri	irakhurrico
Hilcea	*mourir, tuer*	hilcen	hill	hillen
Izaitea	*être, avoir*	izaiten	izan	izanen
Yaquitea	*savoir*	yaquiten	yaquin	yaquinen
Eguitea	*faire*	eguiten	eguin	eguinen
Erraitea	*dire*	erraiten	erran	erranen
Emaitea	*donner*	emaiten	eman	emanen

4.) La première forme de l'infinitif, celle sous laquelle on énonce un verbe, est toujours terminée en *tcea, cea, stea* ou *itea*, que l'on prononce en quelques endroits *tcia, cia, stia* ou *itia*. Exemples : *Maithatcea, irakhurcea, ikhustea, eguitea*.

La seconde forme se tire constamment de la première, en changeant *ea* en *en*. Exemples ; *Maithatcen, irakhurcen, ikhusten, eguiten*.

La troisième s'obtient en changeant *tcea* en *tu*, ou *tca* en *n*. Exemples : *Maithatcea, maithatu ; eguitca, eguin* Cependant *Saltcea, irakhurcea, ikhustea* font *saldu, irakhurri, ikhusi*.

La quatrième dérive de la troisième, en ajoutant *co* ou *en*. Exemples : *Maithatu, maithatuco ; eguin, eguinen*. On dit de même *salduco, irakhurrico, ikhusico*. Mais, en différens dialectes, on dit *eguingo* au lieu de *eguinen* ; et *irakhurriren* au lieu de *irakhurrico*.

Dans les verbes qui ne sont pas terminés en *itea*, la troisième forme s'abrège quelquefois de manière à ne plus présenter que la partie radicale du verbe, dégagée des terminaisons *tcea, cea, stea ;* exemples : *Maitha* ou *maithe, sal, ikhus ;* et de même *nahi, uste, hal,* etc.

5.) J'ai fait connoître, dans les deux n^{os} précédens, les differentes formes de l'infinitif, et la manière de les deriver l'une de l'autre ; il faut maintenant expliquer leur nature et leur emploi.

La première forme n'est autre chose qu'un nom verbal, et se décline comme en français *le* boire et *le* manger, *du* boire et *du* manger, *au* boire et *au* manger, ou comme en latin *bibere, bibendi, bibendo*.

Nom. emaitea, ac — *donner* (*dare*)
Gén. emaitearen, teco, tetic, teric (*dandi*)
Dat. emaiteari, tera *ou* teral (*dando*)

La troisième forme est aussi très remarquable, en ce que c'est d'elle que se tire le participe, qui entre dans la composition du verbe passif. Ainsi, de *maithatu, saldu, ikhusi, irakhurri, erran, eman*, se forment *maithatua*, ac, aimé, *saldua* vendu, *ikhusia* vu, *irakhurria* lu, *errana* dit, *emana* donné. On décline ainsi :

Nom. emana, ac *donné*
Gén. emanaren, etic (*dati*)
Dat. emanari, era (*dato*)

§ XII SYNTAXE BASQUE

et l'on dit au singulier :

    Maithatua naiz   *je suis aimé, ée*
    Maithatua naincen   *j'étois aimé, ée*

et au pluriel :

    Maithatuac gare   *nous sommes aimés, ées*
    Maithatuac guinen   *nous étions aimés, ées*

EXEMPLES DES DIFFÉRENTES FORMES DE L'INFINITIF :

Erraitea eta eguitea, bia dire
    dire et faire sont deux
Ez dacuit salcen, minzatcen, emaiten
    je ne sais pas vendre, parler, donner
Ez dut nahi saldu, minzatu, eman
    je ne veux pas vendre, parler, donner
Ez salduco, ez minzatuco, ez emanen
    ni vendre, ni parler, ni donner
Ez dirot sal, minza, ikhus, eguin
    je ne puis pas vendre, parler, voir, faire

6.) Un verbe basque est presque toujours composé de deux parties. Je dis presque toujours, car on peut quelquefois l'exprimer en un seul mot ; et l'on dit également *daquit, duquic, daqui* je sais, tu sais, il sait, et *yaquiten dut, duc, du*.

La 1re partie du verbe, celle qui exprime l'idée principale, se tire des diverses formes de l'infinitif *maithatcen, maithatu, maithatuco*, etc. ; et la 2e partie, qui modifie l'idée principale, est un des auxiliaires *dut, nuen ; naiz, naincen*, etc.

7.) Voici, dans un verbe, l'emploi des formes de l'infinitif :

Maithatcea, ou *Emaitea*, première forme.

J'ai déjà dit que cette forme n'étoit, à proprement parler, qu'un nom verbal ; *yatca* LE manger, *edatea* LE boire.

Maithatcen ou *Emaiten*, seconde forme.

INDICATIF PRÉSENT

Nic maithatcen dut   *j'aime*
Nic emaiten   dut   *je donne*
Ni minzatcen naiz   *je parle*
Ni yoaiten   naiz   *je vais*

INDICATIF IMPARFAIT

Nic maithatcen nuen		j'aimois
Nic emaiten nuen		je donnois
Ni minzatcen naincen		je parlois
Ni yoaiten naincen		j'allois

Maithatu ou *Eman*, troisième forme.

INDICATIF PRÉTÉRIT

Nic maithatu dut, nuen	j'ai aimé,	j'aimai
Nic eman dut, nuen	j'ai donné,	je donnai
Ni minzatu naiz, naincen	j'ai parlé,	je parlai
Ni yoan naiz, naincen	je suis allé,	j'allai

CONDITIONNEL PASSÉ

Nic maithatu nuqueyen	j'aurois aimé
Nic eman nuqueyen	j'aurois donné
Ni minzatu nintequeyen	j'aurois parlé
Ni yoan nintequeyen	je serois allé

Maithatuco ou *Emanen*, quatrième forme.

INDICATIF FUTUR

Nic maithatuco dut	j'aimerai
Nic emanen dut	je donnerai
Ni minzatuco naiz	je parlerai
Ni yoanen naiz	j'irai

FUTUR 2 (selon Oihénart)

Nic maithatuco nuen	(amaturus	
Nic emanen nuen	(daturus	eram)
Ni minzatuco naincen	(locuturus	
Ni yoanen naincen	(iturus	

Maitha, Ikhus, Minza, Ethor, 3ᵉ forme abrégée.

IMPÉRATIF

Maitha zac, beza	aime, qu'il aime
Ikhus zac, beza	vois, qu'il voie
Minza hadi, bedi	parle, qu'il parle
Ethor hadi, bedi	viens, qu'il vienne

SUBJONCTIF PRÉSENT

Nic maitha	dezadan	*que j'aime*
Nic ikhus	dezadan	*que je voie*
Ni minza	nadin	*que je parle*
Ni ethor	nadin	*que je vienne*

SUBJONCTIF IMPARFAIT

Nic maitha	nezan	*que j'aimasse*
Nic ihhus	nezan	*que je visse*
Ni minza	naintecen	*que je parlasse*
Ni ethor	naintecen	*que je vinsse*

CONDITIONNEL PRÉSENT

Nic maitha	nezaque	*j'aimerois*
Nic ikhus	nezaque	*je verrois*
Ni minza	ninzaleque	*je parlerois*
Ni ethor	ninzaleque	*je viendrois*

Cette troisième forme abrégée, qui n'offre que la partie radicale du verbe, donne souvent naissance à de nouveaux verbes. Ainsi, de *ahalcea, ahalcen, ahaidu, ahalduco,* on dérive *ahal izaitea, ahal dut* je puis ; de *ecincea, ecincen, ecindu, ecinduco,* on forme *ecin izaitea, ecin dut* je ne puis pas , *irritcea* produit *irri eguitea* ou *irriguitea* rire ; et *guezurcea* se convertit en *guezur erraitea* mentir, dire un mensonge. Voilà pourquoi, au lieu de *maithatcen dut*, qui est la forme régulière, on dit plus communément *maitha* ou *maithe dut, duc, du,* j'aime, tu aimes, il aime.

Les verbes en *itea* n'ayant point de troisième forme abrégée d'infinitif, on remplace cette dernière par la troisième forme accoutumée, et l'on dit :

IMPÉRATIF

Eman zac,	beza	*donne,*	*qu'il donne*
Yoan hadi,	bedi	*va,*	*qu'il aille*

SUBJONCTIF PRÉSENT

Nic eman dezadan		*que je donne*
Ni yoan nadin		*que j'aille*

SUBJONCTIF IMPARFAIT

Nic eman nezan	*que je donnasse*
Ni yoan naintecen	*que j'allasse*

CONDITIONNEL PRÉSENT

Nic eman nezaque	*je donnerois*
Ni yoan ninzatcque	*j'irois*

8.) Maintenant que je crois avoir fait connoître par des exemples suffisans, la nature et l'emploi des différentes formes de l'infinitif, je dois avertir, pour éviter toute erreur, qu'Oihénart les considère en général comme des participes. J'accorderois volontiers cette dénomination à la troisieme forme *maithatu, eman*, d'où se tirent les participes *maithatua, ac,* aimé, *emana, ac,* donné; mais je ne puis l'accorder à la première, qui n'est réellement qu'un substantif verbal, *maithatcea, emaitea,* l'action d'aimer, de donner.

9.) Après le developpement des infinitifs, vient naturellement celui des participes. La langue basque n'est pas moins riche dans cette partie de la conjugaison, que dans toutes les autres. Rappelons-nous d'abord les modifications suivantes de l'auxiliaire *dut: Dudala, duala, duela* pour le présent, et *nuela, huela, zuela* pour l'imparfait; et nous en tirerons des participes pour tous les temps et toutes les personnes.

PRÉSENT		IMPARFAIT	
Nic dudalaric		Nic nuelaric	
Hic dualaric	*ayant*	Hic huelaric	*ayant*
Harc duelaric		Harc zuelaric	
Guc dugularic		Guc guinuelaric	

EXEMPLES :

Agurcen nau chapela escuan duelaric
       il me salue ayant le chapeau à la main
Agurcen ninduen chapela buruan zuelaric
       il me saluoit ayant le chapeau à la tête

§ XII SYNTAXE BASQUE

PRÉSENT, *donnant*	IMPARFAIT, *donnant*
Nic emaiten dudalaric	Nic emaiten nuelaric
Hic emaiten dualaric	Hic emaiten huelaric
Harc emaiten duelaric	Harc emaiten zuelaric

EXEMPLES :

Ethorcen da bere ontasuna emaiten duelaric
  il vient donnant son bien
Ethorcen cen bere ontasuna emaiten zuelaric
  il venait donnant son bien

PRÉTÉRIT, *ayant donné*	FUTUR, *devant donner*
Nic eman dudalaric	Nic emanen dudalaric
Hic eman dualaric	Hic emanen dualaric
Harc eman duelaric	Harc emanen duelaric

EXEMPES :

Ethorri da bere ontasuna eman duelaric
  il est venu donnant son bien
Ethorrico da bere ontasuna emanen duelaric
  il viendra donnant son bien

10.) Emana, ac, *gén.* aren, *dat.* ari
  donné *ou* qui a été donné
Maithatua, ac, *gén.* aren, *dat.* ari
  aimé *ou* qui a été aimé
Eman izanic, maithatu izanic
  d'avoir donné, d'avoir aimé
Erran duelacoz, maithatu duelacoz
  pour avoir dit, pour avoir aimé
Emaitecoa, *gén.* aren, *dat.* ari
  qui doit être donné
Erraitecoa, *gén.* aren, *dat.* ari
  qui doit être dit
Niri emaiteco, emana izaiteco
  de me donner, d'être donné
Guri erraitecozat, errana izaitecozat
  pour nous dire, pour être dit

Maithatcen dudalacoa, *gén.* aren, *dat.* ari
  celui qu'on dit que j'aime
Othoizten ditudalacoac, *gén.* oen, *dat.* oei
  ceux qu'on dit que je prie
Dudanacoca, duanacoca
  quand je l'aurai, quand tu l'auras
Yokhatcen dugu gure dugunacoca
  nous jouons à crédit
Maithatcen dudana, *gén.* aren, *dat.* ari
  celui que j'aime
Maithatcen duana, *gén.* aren, *dat.* ari
  celui que tu aimes
Emaiten dudano, duano
  tandis que je donne, que tu donnes,
Emaiten dudalacoan, dualacoan
  croyant que je donne, que tu donnes
Eman behar dena. *gén.* aren, *dat.* ari
  qui doit être donné
Eman behar daitequena, *gén.* aren, *dat.* ari
  qui peut être donné

11.) Nous ferons bientôt connoitre les différentes manières d'exprimer les conjonctifs *qui* et *que*. Mais dans les exemples suivans, nous allons faire voir comment se rendent en basque les verbes appelés vulgairement impersonnels, les phrases interrogatives ou négatives, la coutume, la possibilité, la probabilité, etc.

Eguin behar da *ou* cen
  il faut *ou* il falloit faire
Eman behar dut, duc, du
  il faut que je donne, que tu donnes, etc.
Da *ou* bada, cen *ou* bacen
  il y a, il y avoit, *sing.*
Dire *ou* badire, ciren *ou* baciren
  il y a, il y avoit, *plur.*
Erraiten dute, nahi dute
  on dit, on veut

Maithatcen dute, zuten
    on aime, on aimoit
Emaiten naiz, haiz, da
    je me donne, tu te donnes, etc.
Emaiten nitzaic, nitzayo
    je me donne à toi, à lui
Eman diezadazu, diezaguzu
    donnez-moi, donnez-nous
10. Eman diozozu, diezazu
    donnez-lui, donnez-leur
Eraguiten dut, duc, du
    je fais faire, tu fais faire, etc.
Eraguiten nuen, huen, zuen
    je faisois faire, tu faisois faire, etc.
Eman, ekhar erazten dut
    je fais donner, porter
Eman, ekhar arazten nuen
    je faisois donner, porter
Ikhastea, irakhastea
    apprendre, enseigner
Edatea, edaratea
    boire, faire boire
Nic ez dut emaiten
    je ne donne pas
Hic ez dut emaiten
    tu ne donnes pas
Emaiten dugu?
    donnons-nous?
20. Emaiten duzu?
    donnez-vous?
Ez dugu emaiten?
    ne donnons-nous pas?
Ez duzu emaiten?
    Est-ce que vous ne donnez pas?
Nahitcea — nahi dut, duc, du
    vouloir — je veux, tu veux, il veut
Ustetcea — uste dut
    croire — je crois, je pense

Beharcea — behar dut
    avoir besoin — je dois, il me faut
Zorcea — zor dut
    être débiteur — je dois, je suis redevable
Irritcea — irriguiten dut
    rire — je ris
Guezurcea — guezur erraiten dut
    mentir — je mens
Ahalcea — ahal dut (*ou* dirot)
    pouvoir — je peux *ou* je puis
30. Ecincea — ecin dut
    ne pouvoir pas — je ne peux pas
Emaiten ahal dut, duc, du
    je puis donner, tu peux donner, etc.
Emaiten ahal nuen, huen, zuen
    je pouvois donner, tu pouvois donner, etc.
Ethorcen ahal naiz, haiz, da
    je puis venir, tu peux venir, etc.
Ethorcen ahal naincen, haincen, cen
    je pouvois venir, tu pouvois venir, etc.
Ecin emaiten dut, duc, du
    je ne puis donner, tu ne peux, etc.
Ecin emaiten nuen, huen, zuen
    je ne pouvois donner, tu ne pouvois, etc.
Ecin ethorcen naiz, haiz, da
    je ne puis venir, tu ne peux, etc.
Ecin ethorcen naincen, haincen, cen
    je ne pouvois venir, tu ne pouvois, etc.
Ez daiteque minza nehori
    il ne peut parler à personne
40. Ez da onsa ekharcen
    il ne se porte pas bien
Hill omen da
    on dit qu'il est mort
Hill omen dire
    on dit qu'ils sont morts
Ethorrico omen da
    il viendra, dit-on

§ XII SYNTAXE BASQUE

Ethorrico omen dire
  ils viendront, dit-on
Eguiten ohi du
  il a coutume de faire
Eguiten ohi dute
  ils font ordinairement
Ethorrico othe da?
  est-ce qu'il viendra? (j'en doute)
Eguinen othe dute?
  est-ce qu'ils feront? (je ne le crois pas)
Ethorrico bide da?
  ne viendra-t-il pas? (si fait)
50. Eguinen bide dute?
  ne feront-ils pas? (je crois que si)

12.) Tout mot basque, nom, pronom, substantif, adjectif, particule quelconque, peut se convertir en verbe (ou, suivant l'abbé d'Ibarce se *verbiser*) en ajoutant *tcea* ou *cea*, selon que le mot est terminé par une voyelle ou par une consonne. En voici des exemples :

Bai, — baitcea
  oui. — dire oui, affirmer
Aita, — aitatcea
  père, — devenir père
Aitaren, — aitarencea
  du père, — assurer la propriété du père
Aitagana, — aitaganatcea
  vers le père, — arriver vers le père
Bayonara, — Bayonaratcea
  à Bayonne, — arriver à Bayonne
Egun, — eguncea
  jour, — faire jour, il fait jour
Handiago, — handiagotcea
  plus grand, — faire plus grand, agrandir
Ene, — enetcea, enetcen dut
  mien, — m'approprier, je m'approprie
Hire, — hiretcea, hiretcen duc
  tien, — t'approprier, tu t'appropries

Bere, — beretcea, beretcen du
sien, — s'approprier, il s'approprie

13.) Avant de passer à la syntaxe des particules, je vais récapituler en peu de lignes les différens auxiliaires, qui, diversement modifiés, et réunis aux formes variées de l'infinitif, servent à composer un verbe basque, avec tous ses complémens directs et indirects. Ceux qui (dans le § X) n'auront pas saisi l'ensemble de la conjugaison, malgré la clarté que j'ai cherché à répandre sur les détails multipliés, ne seront pas fâchés de retrouver ici cette récapitulation, qui leur offrira pour ainsi dire le panorama d'un verbe basque.

IZAITEA (izaiten, izan, izanen) ÊTRE.

Ni naiz, hi haiz, hura da
    je suis, tu es, il *ou* elle est

Ni naincen, hi haincen, hura cen
    j'étois, tu étois, il étoit

Da, bada, baita ; den, dela, dena
    il est, elle est

Cen, balitz, baitcen ; cen, cela, cena
    il étoit

Dire, badire, baitire ; diren, direla, direnac
    ils sont

Ciren, balire, baitciren ; ciren, cirela, cirenac
    ils étoient

} *Indicatif précédé de* si, que, qui, *etc.*

Ninzateque, hinzateque, lizateque
    je serois, tu serois, il seroit

Nintequeyen, hintequeyen, citequeyen
    j'aurois été, tu aurois été, il auroit été

Izan hadi, izan bedi — biz
    sois, qu'il soit

Nadin, hadin, dadin
    que je sois, que tu sois, qu'il soit

Naintecen, haintecen, ladin *ou* cedin
    que je fusse, que tu fusses, qu'il fût

§ XII SYNTAXE BASQUE

Conjuguez à l'aide de l'auxiliaire *Naiz* :

Ni hilcen naiz, naincen   *je meurs, je mourois*
Ni maithatua naiz, naincen *je suis aimé, j'étois aimé*

Izaitea (izaiten, izan, izanen) Avoir

Nic dut, hic duc *ou* dun, harc du
     j'ai, tu as, il *ou* elle a   } *Compl. sing.*
Nic nuen, hic huen, harc zuen
     j'avois, tu avois, il avoit

Nic ditut, hic dituc *ou* ditun, harc ditu
     j'ai, tu as, il *ou* elle a   } *Compl. plur.*
Nic nituen, hic hituen, harc cituen
     j'avois, tu avois, il avoit

Du (ditu), badu, baitu ; duen, duela, duena
     il a, elle a
Zuen (cituen), balu, baizuen ; bazuen, zuela, zuena
     il avoit   } *Indicatif précédé de si, que, qui, etc.*
Dute (ditute), badute, baitute ; baduten, dutela, dutena
     ils ont
Zuten (cituten), balute, baizuten ; bazuten, zutela, zutena
     ils avoient

Nezaque, hezaque, lezaque
     j'aurois, tu aurois, il auroit
Nitzazque, hitzazque, litzazque
     idem. — compl. plur.
Zac *ou* zan, beza   ..... Itzac *ou* itzan, bitza
     aie, qu'il ait   *idem — compl. plur.*
Dezadan, dezayan, dezan
     que j'aie, que tu aies, qu'il ait
Ditzadan, ditzayan, ditzan
     idem — compl. plur.
Nezan, hezan, lezan, *ou* cezan
     que j'eusse, que tu eusses, qu'il eût
Nitzan, hitzan, litzan *ou* citzan
     idem — compl. plur.

Conjuguez à l'aide de l'auxiliaire *Dut* :

Nic hilcen dut, nuen   *je tue, je tuois — compl. sing.*
Nic hilcen ditut, nituen   *je tue, je tuois — compl. plur,*

14.) M<small>AITHATCEA</small>, *aimer*, verbe actif

Nic maithatcen dut *ou* ditut
     je l'aime *ou* je les aime
Nic   —   nuen, nituen
     je l'aimois, je les aimois
Hic   —   duc, dun ; dituc, ditun
     tu l'aimes, tu les aimes
Hic   —   huen, hituen
     tu l'aimois, tu les aimois
Harc   —   du, ditu
     il l'aime, il les aime
Harc   —   zuen, cituen
     il l'aimoit, il les aimoit
Nic maithatcen haut, zaitut, zaituztet
     je t'aime, je vous aime
Nic   —   hinduan, cinitudan, cinituztedan
     je t'aimois, je vous aimois
Harc   —   hau, zaitu, zaituzte
     il t'aime, il vous aime
Harc   —   hinduen, cinituen, cinituzten
     il t'aimoit, il vous aimoit
Hic maithatcen nauc, naun ; gaituc, gaitun
     tu m'aimes, tu nous aimes
Hic   —   ninduan, gainituan
     tu m'aimois, tu nous aimois
Harc   —   nau, gaitu
     il m'aime, il nous aime
Harc   —   ninduen, gainituen
     il m'aimoit, il nous aimoit

M<small>INZATCEA</small>, *parler*, verbe neutre.

Ni   minzatcen naiz, naincen
     je parle, je parlois

§ XII SYNTAXE BASQUE

Hi minzatcen haiz, haincen
   tu parles, tu parlois
Hura — da, cen
   il parle. il parloît
Gu — gare, guinen
   nous parlons, nous parlions
Zuec — zarete (zare), cineten (cinen)
   vous parlez, vous parliez
Hec — Dire, ciren
   ils parlent, ils parloient
Ni minzatcen nitzayo, nitzayote
   je lui parle, je leur parle
Hi — hitzayo, hitzayote
   tu lui parles, tu leur parles
Hura — zayo, zayote
   il lui parle, il leur parle
Ni minzatcen nitzaic, nitzain ; nitzazu, nitzazue
   je te parle, je vous parle
Hura — zaic, zain ; zazu, zazue
   il te parle, il vous parle
Hi minzatcen hitzait, hitzacu
   tu me parles, tu nous parles
Hura — zait, zacu
   il me parle, il nous parle

15.) EMAITEA, *donner,*
   verbe actif avec deux complémens.

Nic emaiten diot, diotzat
   je le lui, — je les lui donne
Nic — nion, niotzan
   je le lui, — je les lui donnois
Hic — dioc, dion ; diotzac, diotzan
   tu le lui, — tu les lui donnes
Hic — hion, hiotzan
   tu le lui, — tu les lui donnois
Harc — dio, diotza
   il le lui, — il les lui donne

Harc	—	cion, ciotzan
		il le lui, — il les lui donnoit
Nic emaiten		diotet, diotzatet
		je le leur. — je les leur donne
Nic	—	nioten, niotzaten
		je le leur, — je les leur donnois
Hic	—	diotec, dioten ; diotzatec, diotzaten
		tu le leur, — tu les leur donnes
Hic	—	bioten, hiotzaten
		tu le leur, — tu les leur donnois
Harc	—	diote, diotzate
		il le leur, — il les leur donne
Harc	—	cioten, ciotzaten
		il le leur, — il les leur donnoit
Nic emaiten		dayat, daunat ; daizquiat, daizquinat
		je te le, — je te les donne
Nic	—	nayan, naunan ; naizquian, naizquinan
		je te le, — je te les donnois
Harc	—	dauc, daun ; daizquic, daizquin
		il te le, — il te les donne
Harc	—	zayan, zaunan ; zaizquian, zaizquinan
		il te le, — il te les donnoit
Nic emaiten		dauzut, dauzuet ; daizquitzut, daizquitzuet
		je vous le, — je vous les donne
Nic	—	nauzun, nauzuen ; naizquitzun, naizquitzuen
		je vous le, — je vous les donnois
Harc	—	dazu, dauzue ; daizquitzu, daizquitzue
		il vous le, — il vous les donne
Harc	—	zauzun, zauzuen ; zaizquitzun, zaizquitzuen
		il vous le, — il vous les donnoit
Hic emaiten		derautac, derautan ; daizquidac, daizquidan
		tu me le, — tu me les donnes
Hic	—	herautan, haizquidan
		tu me le, — tu me les donnois
Harc	—	deraut, daizquit
		il me le, — il me les donne
Harc	—	cerautan, zaizquidan
		il me le, — il me les donnoit

Hic emaiten deraucuc, deraucun, daizquiguc, daizquigun
      tu nous le, — tu nous les donnes
Hic   —   heraucun, haizquigun
      tu nous le, — tu nous les donnois
Harc   —   deraucu, daizquigu
      il nous le, — il nous les donne
Harc   —   ceraucun, zaizquigun
      il nous le, — il nous les donnoit

c.) PARTICULES; conjonctions, postpositions, adverbes.

1.) QUE s'exprime en basque, selon les diverses occurrences, par *cer*, *baino*, *baicen*, *baicic*, *bezain*, *nola*, *non*, *cez*, *bai*. *-an*, *-ana*, *-ala*, *-ela*. Je vais en faire l'application sur plusieurs exemples :

Cer eguiten duzu? cer hari zare?
     que faites-vous?
Pierres handiago da Yoannes baino
     Pierre est plus grand que Jean
Ez da Yainco bat baicic
     il n'y a qu'un seul Dieu
Ez ditut lau sos baicen
     je n'ai que quatre sols
Pierres bezain handi
     aussi grand que Pierre
Hambat aberats nola handi
     tant riche que grand
Hain urrun da non ecin ikhus baitezaquet
     il est si loin que je ne puis le voir
Pierresec erraiten du ez-cez
     Pierre dit que non
Nola harc ez baitu emaiten, eta nic emaiten baitut, etc.
     comme il ne donne pas, et que je donne, etc.
Nahi duzu eman dezadan?
     Voulez-vous que je donne?
Emaiten dauzut dudana
     je vous donne ce que j'ai
Zuc erraiten duzu nic emaiten dudala
     vous dites que je donne

Erraiten du emaiten duela *edo* zuela
    il dit qu'il donne, qu'il donnoit
Erraiten du eman duela *edo* zuela
    il dit q 'il a donné, qu'il avoit donné
Erraiten du emanen duela *edo* zuela
    il dit qu'il donnera, qu'il donneroit

2.) Qui s'exprime en basque par *nor, norc, cein, ceinec, ceina, ceinac, cerc, -ena, -enac, -enec.* En voici des exemples:

Nor da hor? cein da hor?
    qui est là?
Norc *ou* ceinec eguin du hori
    qui a fait cela?
Pierres, ceina orochtian athean baitcen, ethorri da
    Pierre, qui étoit tantôt à la porte, est venu
Yoannesec, ceinac oihu eguiten baitzuen orochtian, eguin du, etc.
    Jean, qui crioit tantôt, a fait, etc.
Cerc eguiten du uria?
    qu'est-ce qui fait la pluie?
Gure aita ceruetan zarena
    notre père qui êtes aux cieux
Haserreduran dena, erho da
    celui qui est en colère, est fou
Cerbait hari denac, cerbait ikhasten du
    celui qui travaille, apprend quelque chose
Galdeguiten dutenec, nahi dute, etc.
    ceux qui demandent, veulent, etc.

3.) Y, EN, DE, A, LE, LA, LES, ON.

Bacen guizon bat
    il y avoit un homme
Baciren berrogoi guizon
    il y avoit quarante hommes
Izan zare Indietan?
    avez-vous été aux Indes?
Ez naiz izan han
    je n'y ai pas été

§ XII SYNTAXE BASQUE

Handic ethorcen naiz
> j'en viens

Atseguin dut
> j'en suis bien aise

Baduzu diruric? — ez dut
> avez-vous de l'argent? — je n'en ai pas

Diru guti, ur guti, lan guti
> peu d'argent, peu d'eau, peu de travail

Ur chorta bat, arno chorta bat
> un peu d'eau, un peu de vin

Ogui puzca bat, haragui puzca bat
> un peu de pain, un peu de viande

Boz naiz hura ikhustez, *edo* haren ikhusteco
> je suis content de le voir

Amaren, amari, eguitera *edo* eguiterat
> de la mère, à la mère, à faire

Erran nahi da
> c'est-à-dire

Ikhusi duzu ene aita?
> avez-vous vu mon père?

Ez dut ikhusi
> je ne l'ai pas vu

Ikhusi dituzu ene anayac?
> avez-vous vu mes frères?

Ikhusi ditut
> je les ai vus

Galdeguin diot bere zamaria, bainan ez eman darot
> je lui ai demandé son cheval, mais il me l'a refusé

Erran dute, minzatcen dire
> on dit, on parle

4.) Oihénart (pag. 69) établit dix particules qui s'adjoignent ordinairement aux verbes, savoir : quatre prépositives, dont deux séparables et deux inséparables, et six postpositives inséparables.

Les deux prépositives séparables sont l'affirmative *bai* et la négative *ez*. Exemples :

Baita, baitu ; ez da, ez du
sanè est, utique habet ; non est, non habet

Les deux prépositives inséparables sont la conditionnelle *ba-* et l'optative *ai-* Exemples :

Bada, badu ; ainu, aihu !
si est, si habeat ; utinam haberem, haberes !

Les six postpositives ou subjonctives, toutes inséparables, sont : *La, -laric, -lacoz ; -nean, -no, -nez.* Exemples :

Naicela, naicelaric, naicelacoz
ut sim, cùm sim, quia sum
Duela, duelaric, duelacoz
quod habet, postquàm habuerit, quoniam habet
Naizanean, naizano, naizanez
quandó sum, donec ero, utrùm sim
Dudanean, dudano, dudanez
cùm habet, dùm habuerit, an habeat

5.) AVEC, SANS, POUR, SELON, AVANT, APRÈS, etc.

Enequin ekharcen dut ene muyana
je porte avec moi mon trésor
Ni gabe, harc eguin gabe
sans moi, sans qu'il fasse
Probetchuric gabeco yaquitateac
des connaissances sans utilité
Enezat, hirezat, gurezat
pour moi, pour toi, pour nous
Emaiten diot, ethor ez dadin guehiago
je lui donne, pour qu'il ne revienne plus
Eman diozozu, eguin dezanzat
donnez-lui, pour qu'il fasse
Cergatic *edo* certaco ?
pourquoi ? pour quelle raison ?
Ez izaitea gatic haren eza
pour n'avoir pas son refus
Nitaz denaz becembatean
pour ce qui est de moi, quant à moi

§ XII SYNTAXE BASQUE 113

S. Mathiuren arabera
    selon S. Matthieu
Ni baino lehen, hi baino lehenago
    avant moi, avant toi
Nic eguinen dudan baino lehen
    avant que j'aie fait
Ene ondoan, hire ondoan
    après moi, après toi
Eguinen du guero
    il fera après
Eguin dezan ondoan
    après qu'il aura fait
Nic eguinen dudan artheraino
    jusqu'à ce que je fasse
Harc erranen duen artheraino
    jusqu'à ce qu'il dise
Eguinen dudancan, erranen dudanecozat
    lorsque je ferai, pour quand j'aurai dit
Eman behar lekhuan *edo* bidean
    au lieu de donner
Ethorrico da laur egunen buruan
    il viendra au bout de quatre jours
Itsu batec guidatcen badu berce itsu bat, biac erorico
   dire errecarat
    si un aveugle conduit un autre aveugle,
    ils tomberont tous deux dans la fosse

6.) J'ai démontré (pag. 96) que tous les mots basques pouvoient se convertir en verbes ; il me reste à prouver par des exemples, que tous les mots, même les particules et les noms des lettres, sont aussi susceptibles de se décliner.

Emaitea, ac, aren, eco,   *donner, l'action de donner*
Emaitecoa, ac, aren, ari   *celui qui est à donner*
Egun, egungo, goa, ac   *aujourd'hui, celui d'aujourd'hui*
Atzo, atzoco, coa, ac   *hier, celui d'hier*
Bihar, biharco, coa, ac   *demain, celui de demain*
Ondoan, ondoco, coa, ac   *après, celui d'après*

Bai, baya, aren, ari	*oui, consentement*
Ez, eza, aren, ari	*non, refus*
Eta, etaren, etari	*et* conj.
Edo, edoren, edori	*ou, soit*
A, aren, ari	*la lettre A*
B, beren, beri	*la lettre B*

EXEMPLES :

Hartu duzu *da* etarenzat	*vous avez pris* est *pour et*
Ez dezazula etzar *non* edorenzat	*ne mettez pas où pour ou*

Edo yaten baduzue, edo edaten baduzue,
Edo cerbait berceric eguiten baduzue,
Guciac Yaincoaren glorietan eguizue.

APPENDICE

Comme il n'est pas facile de se procurer des livres basques, vu que la littérature de cette langue n'est pas fort étendue (*), j'ai cru faire plaisir à mes lecteurs, en publiant ici quelques morceaux, sur lesquels ils pussent faire l'application des règles de la Grammaire.

Je donne d'abord les deux premières pages de l'Imitation de Jésus-Christ (n°s 1 et 2), « le livre le plus beau qui soit parti de la main d'un homme, puisque l'Évangile n'en vient pas (**). »

J'offre ensuite les huit Béatitudes, tirées du Sermon sur la montagne. En rapprochant la version de 1571 (n° 3) de celle de 1825 (n° 4), on pourra juger de l'état de la langue à ces deux époques, séparées l'une de l'autre par un intervalle de 255 ans.

(*) Voyez le § II.
(**) Fontenelle, vie du grand Corneille.

L'Oraison dominicale fournira les moyens de comparer le basque français (n° 5) avec le basque espagnol (n° 6).

M. de la Bastide, dans sa Dissertation sur les Basques, imprimée à Paris en 1786, dit que « les Fables de La Fontaine ont été traduites, il y a quelques années, en vers basques. » Je n'ai cependant encore vu aucun Basque, qui en ait eu connaissance (*).

Il seroit également à souhaiter qu'un des chefs-d'œuvre de Fénélon et de la littérature française, dont j'ai donné un Essai en douze langues, et que les Hongrois, les Russes, les Arméniens même lisent chacun dans leur propre idiôme, fût aussi traduit en langue basque.

C'est pour éveiller l'attention des doctes Cantabres, que je donne la fable du Corbeau (n° 7) en dialecte de la Soule (*Zuberua*), et le début du Télémaque (n° 8) en dialecte de la Basse-Navarre (*Garaci*). Ces deux dialectes sont des ramifications du labourtain, qui est le basque classique de France, auquel j'ai dû accommoder les règles de ma Grammaire, et dont la nomenclature fera le fond de mes deux Vocabulaires.

Je termine par quelques vers, qui pourront donner une idée de la poésie basque : deux quatrains (n°s 9 et 10) tirés d'un recueil de cantiques; un dizain (n° 11) composé par un professeur espagnol *en alabanza de un pichon bien guisado, que le regalaron*; enfin un joli sixain (n° 12) qui m'est arrivé de Baïgorry, porté sur l'aile des zéphyrs.

1.) IMITA YESU-CHRISTO

1. Niri darraitana ez dabila ilhumbean, dio Yesu-Christoc (**).

(*) Le livre dont parle la Bastide est le suivant: « *Fables causides en bers gascouns*, Bayonne, Fauvet-Duhard, 1776, 8 ». Il n'y a rien de basque dans ce volume, mais la Bastide considère le basque comme un patois gascon. (*Note de l'éditeur.*)

(**) Ni naiz munduaren arguia : niri darreitana ezta ilhumbean ebiliren; baina ukanen du bicitceco arguia. *Yoann*. VIII, 12.

2. Hitz horiez gure salbatzaileac irakhasten darocu, nola behar ditugun imitatu haren accioneac eta berthuteac, eta bici hura bici izatu den bezala, eguiazco arguiaz nahi badugu arguitu, eta bihotceco itsutasunetic osoqui libratu.

3. Beraz gure artharic handiena izan behar da, Yesu-Christoren bicitcea gogoan erabilcea, eta hura bethi meditatcea.

4. Sainduec irakhasten darozquiguten gauzac ez dire deus, Yesus berac irakhasten darozquigunen aldean; eta Yaincoaren izpiritua luquenac, causi lezaque eta guzta haren doctrina sainduan gordea den manna cerucoa.

5. Ordean hanitcce enzuten dute maiz ebanyelioa progotchu gabe, eta haren obratceco guticiaric sentitu gabe : cergatic? ceren ez baitute Yesu-Christoren izpiritua.

6. Haren hitzac ongui aditu eta guztatu nahi dituenac, hasi behar du haren berthuteen imitatcetic, eta bici behar du ahalaz, hura bici izatu den bezala.

7. Cer probetchu cinduque Trinitateco misterioaz gauza barrenac eta gordeac yaquitea, eta hetaz zuhurqui eta goraqui minzatcea, humil izan faltaz gaitcetsia bazare Trinitateco presunez?

8. Eguiaz gauza gorez minzatceac, eta hitz ederren erraiteac ez gaitu saindutcen; berthute choilac eguiten gaitu Yaincoaren gogaraco.

9. Nahiago dut minqui sentitu bihotcean ene bekhatuezco dolorea, ecen ez yaquin nola presuna estudiatuec dolore hura esplicatcen duten.

10. Escritura gucia eta filosofo gucien erranac gogoz bacinaquizqui ere, cer probetchu cinduque, ez baduzu Yaincoaren amodioa eta gracia?

2.) MEZPREZA
MUNDUCO BANITATEAC

1. Banitatetaco banitatea, eta gauza guciac dire banitate (*);

(*) Havel havalim, haccol havel. *Ecclés.* I. 2.

deus ere munduan ez da funsezcoric, baincen Yaincoaren maithatcea, eta hura choilqui cerbitzatcea.

2. Zuhurciaric handiena da, mundua mezprezaturic, cerurat gure gulicia gucien itzulcea, eta harat lehiatcea.

3. Banitate da beraz eta erhoqueria, aberastasun galcorren ondoan ibilcea, eta hetan norc-bere esperanzaren eta fidanciaren emaitea.

4. Banitate da eta enganio, munduco ohorcen bilhatcea, eta berceac baino gorago igan nahi izaitea.

5. Gauza banoa eta funsgabecoa da oraino, haraguiaren guticien seguitcea, eta hain garrazqui punituco diren alseguinen maithatcea.

6. Banitate eta zoratuqueria da, bicitce lucea desiratcea, eta ongui bicitceaz contu guti eguitea.

7. Banitate dohacabe bat da halaber, norc-bere artha guciac bicitce huntan emaitea, eta ethorquizuneco bicitceaz hurren ez orrhoitcea.

8. Finean banitate handi bat da, hain laster iragaten diren gaucei amodioz lotcea, eta bethi iraun behar duen zorionarenzat ez kharric ez lehiaric izaitea.

9. Orrhoit zaite maiz errancomun huntaz:

BEGUIA EZ DA ASETCEN IKHUSTEZ, EZ BEHARRIA ADITCEZ (*).

10. Hari zaite ahal guciaz, zure bihotza gauza ikhusten direnen amodiotic apartatcen, eta ikhusten ez diren ontasunei iratchequitcen; ecen bere sensuen nahicarrac complitu nahi dituztenec, lohitcen dute bere conciencia, eta galcen Yaincoaren gracia.

3.) ZORCI DOHASTASUNAC
(Rochellan 1571.)

1. DOHATSU dirade spirituz paubreac :
 ceren nayen baita ceruetaco resuma.

(*) Lo tisbah haïn lirhot, velo timmalé ozen michmoah. *Ecclés.* 1. 8.

2. Dohatsu dirade nigarrez daudenac :
   ceren hec consolaturen baitirade.
3. Dohatsu dirade emeac :
   ceren hec lurra heretaturen baitute.
4. Dohatsu dirade iustitiaz gosse eta egarri diradenac :
   ceren hec asseren bailirade.
5. Dohatsu dirade misericordiosoac :
   ceren haey misericordia eguinen baitzaye.
6. Dohatsu dirade bihotzez chahu diradenac :
   ceren hec Iaincoa ikussiren baitute.
7. Dohatsu dirade baquea procuratzen dutenac :
   ceren hec Iaincoaren haour deithuren baitirade.
8. Dohatsu dirade iustitiagatic persecutatzen diradenac :
   ceren nayen baita ceruetaco resuma.

4.) ZORCI DOHASTASUNAC
(Bayonan 1825.)

1. Dohatsu dire *) izpirituz pobre direnac ;   *) dira
   ceren hayenzat da ceruetaco erresuma.
2. Dohatsu dire nigar eguiten dutenac ;
   ceren hec consolatuac izanen baitire.
3. Dohatsu dire dulceac ;
   ceren hec lurreco premu izanen baitire.
4. Dohatsu dire yusticiaz gosse eta egarri direnac ;
   ceren hec asseco baitire.
5. Dohatsu dire misericordiosac ;
   ceren misericordia eguina izanen baitzayote.
6. Dohatsu dire bihotcez chahu direnac ;
   ceren heyec ikhussico baitute Yaincoa.
7. Dohatsu dire baquea procuratcen dutenac ;
   ceren hec Yaincoaren haur deithuac izanen baitire.
8. Dohatsu dire yusticia delacotz persecutatuac direnac ;
   ceren heyenzat baita ceruetaco erresuma.

APPENDICE

9.) *Reviens, Pécheur, etc.*

Itzul hadi, itzul, Bekhatorea,
Yainco Yaunac deithcen hau eztiqui ;
Pherecha-zac hitaz duen galdea,
Eta emoc bihotza ossoqui.

10) *Voici, Seigneur, etc.*

Huna, Yauna, ardi bat galcen cena,
Ez bacindu izan urricari ;
Zure-ganat, ô ene arzain ona,
Graciac du egun erakharri.

11.) *Dizain.*

Baldin bada ceruan
Jaten usacumeric,
Ecin lizaque oberic
Auxe baño an ere jan.
Ha cer usaia ceuan !
Hil bat lezaque piztu,
Ecen ez ni sendatu :
Cer? uste det, aingueruac
Ciradela gosetuac
Usacumez zaletu.

12.) *Sixain.*

Habil, asperen tristia,
Causi-zac ene maitia ;
Habil, eracoc fidelqui
Maite dudala tendrequi :
Ez badu nahi sinhetsi,
Hilen nizala laburzqui.

FIN.

MANUEL

de la

LANGUE BASQUE

DEUXIÈME PARTIE

VOCABULAIRES

VOCABULAIRE
BASQUE-FRANÇAIS

AVERTISSEMENT

Il seroit à désirer que, dans la nomenclature basque, on ne fît entrer que des mots véritablement basques, et qu'on en éloignât tous ceux que le néologisme français ou espagnol y a introduits, comme *forchetta* ou *tenedora*. Telle sera sans doute celle que nous promet l'abbé d'Iharce. En effet, pour atteindre à cette perfection, il doit, m'a-t-il dit, réunir près de lui, quand il les aura trouvés (il vient même à cette occasion de faire un voyage jusques à Madrid), un pâtre espagnol et un pâtre français, qui, confinés au milieu des montagnes de la Cantabrie, n'aient jamais prononcé ou entendu prononcer une seule expression étrangère à la langue basque. Puis, faisant passer successivement sous leurs yeux les divers objets physiques qu'il pourra se procurer,

> Quadrupèdes, poissons, oiseaux,
> Arbres, plantes et minéraux,

il recueillera fidèlement les sons qui sortiront de la bouche des deux pâtres, et obtiendra, par cet ingénieux moyen, une nomenclature vierge et sans tache.

Convenons cependant qu'elle ne sera pas fort étendue, et qu'elle aura besoin d'un petit supplément, pour les termes de sciences et d'arts, les idées morales et métaphysiques, etc. Mais il sera facile de composer ces termes en se conformant au génie de la langue ; et, sans emprunter aux Grecs les mots théologie, astrologie, uranologie, chronologie, etc., on pourra fort bien dire *yaincoquindea, izarquindea, ceruquindea, eraquindea*; d'où se dériveront très naturellement *yaincoquindarra, izarquindarra*, etc., théologien, astrologue, etc. Qui empêchera même de remplacer les mots latins *trinitatea, dictionarioa*, etc., par *hirurtasuna, hizteguia*, etc., et d'appeler avec Larramendi un canon *sutumpa*, du tabac *surrautsa*, du chocolat *godaria* ?

En attendant ce chef-d'œuvre lexicographique, on est

obligé de se contenter du dictionnaire de Larramendi. Mais il est devenu si rare, qu'on ne peut se le procurer que bien difficilement. Encore même, quand on l'a sous les yeux, n'est-il pour un Français d'aucune utilité, à moins qu'il ne sache l'espagnol ; et, dans ce dernier cas, ne peut-il le satisfaire qu'à demi, puisqu'il est espagnol-basque, et que de plus il n'a pas la contre-partie basque-espagnole.

J'ai donc cru nécessaire de publier, à la suite de ma Grammaire, un double Vocabulaire, l'un basque-français et l'autre français-basque, afin de présenter un MANUEL complet. J'aurois pu les étendre beaucoup plus, si j'avois voulu les grossir d'une foule de mots néologiques, que j'appellerois volontiers avec Horace *divitias miseras*, tels que : *Abandonatcea, acceptatcea, accordatcea, accusatcea, affligitcea*, etc. Ce n'est pas que je les aie tous proscrits ; en effet plusieurs paroissent nécessaires, et le seront tant qu'on n'aura pas le dictionnaire parfait dont je parlois tout à l'heure.

Au surplus, j'abandonne de bon cœur à la critique cette seconde partie, dans laquelle j'ai plutôt recherché l'utilité que la gloire. La grammaire, dit Larramendi, est l'âme d'une langue ; le dictionnaire n'en est que le corps. Aussi puis-je affirmer avec vérité, que je n'ai fait qu'écrire les Vocabulaires, mais que j'ai composé la Grammaire.

N. B. L'orthographe ne pouvant être fixe, dans une langue qui n'est pas soumise à un tribunal académique, je me suis conformé à la plus générale, à celle que j'ai indiquée pag. 14 de ma Grammaire. J'écris *za, zo, zu*, et *ce, ci*, selon l'usage espagnol ; j'emploie avec les Labourtains *kh* et *th*, mais rarement *ph*, qui en français a le son du *f*; les Basques sauront bien quand il faudra aspirer le *p*. On trouvera *alquia* ou *alkhia*, *abendoa* et *abostua*, *bellea, belea, belia*, etc. ; j'ai déjà prévenu que les voyelles varioient selon les différens dialectes. Il est bon de remarquer aussi que *s* ne prend jamais le son adouci du *z* français ; que *n* et *l*, accompagnés d'un *i*, sont ordinairement mouillés, comme dans *adina, aditzailea*; et que plusieurs mots s'écrivent assez arbitrairement avec ou sans *h*, tels que *acheria* ou *hacheria*, *asperena* ou *hasperena*.

VOCABULAIRE
BASQUE-FRANÇAIS

A

A, ac, *le, la, les*, articles postp.
Aba, oba, *ah! oh!*
Abantaldea, *avantage.*
Abarca, *sandale.*
Abascorra, *effarouché.*
Abatza, *tas de fougère.*
Abendoa, *décembre.*
Aberastasuna, *richesse.*
Aberastca, *s'enrichir.*
Aberastua, *enrichi.*
Aberax, *riche, pécunieux.*
Aberea, ac, *bétail, troupeau.*
Abian da, *il est sur son départ.*
Abiatcea, *partir, aller.*
Abisatcea, *avertir, aviser.*
Abisua, *avis, avertissement.*
Abostua, *août.*
Abrea, *bête, brute.*
Abrequeria, *bêtise, sottise.*
Abudoa, *adroit.*
Acencioa, *absinthe.*
Achala, *croûte.*
Acheria, *renard.*
Achiqui, *légèrement.*
Achita, *léger.*
Achola, *souci, inquiétude.*

Achuria, *agneau.*
Adarailaztatcea, *carreler.*
Adarailua, *brique.*
Adarra, *corne, branche.*
Adarratcea, *raser.*
Adarria, *ras, rase.*
Adiarazlea, *interprète.*
Adiaraztca, *annoncer.*
Adimendua, *entendement.*
Adina, *âge.*
Adinsua, *âgé, ancien.*
Adisquidea, *ami, amie.*
Adisquidetasuna, *amitié.*
Aditcea, *entendre, écouter.*
Aditzailea, *auditeur.*
Admiragarria, *admirable.*
Adoragarria, *adorable.*
Afalcea, *souper.*
Afaria, *le souper.*
Agorcea, *tarir.*
Agorienta, *eau-de-vie.*
Agorra, *stérile.*
Agorrila, *août.*
Agortasuna, *stérélité, sécheresse.*
Agradagarria, *agréable.*
Agradamendua, *agrément.*

VOCABULAIRE

Agradatcea, *agréer, plaire.*
Aguercea, *paroître, comparoî-*
Aguerdura, *comparution.* [tre
Aguerian, *ouvertement.*
Aguian bai! *plaise à Dieu!*
Aguincea, *promettre.*
Aguinza, *promesse.*
Agur, adio, *salut! adieu.*
Agurcea, *saluer.*
Agurea, *vieux, ancien.*
Agurra, *soumission.*
Ahaidea, *parent.*
Ahaidetasuna, *parenté.*
Ahala, *pouvoir, possible.*
Ahalcagarria, *qui fait honte.*
Ahalguea, *honte, pudeur.*
Ahalguequi, *honteusement.*
Ahalguerequin, *avec honte.*
Ahalguetia, *honteux, confus.*
Ahalguez, *par honte.*
Ahalic, *autant que possible.*
Ahalic beranduena, *au plus tard*
Ahalic lasterrena, *au plutôt.*
Ahalizaitea, *pouvoir.* [dent.
Ahalquegabea, *effronté, impu*
Ahalqueria, *honte, confusion.*
Ahanzcorra, *oublieux.*
Ahanztea, *oublier.*
Ahatea, *canard.*
Ahetza, *lie du vin.*
Ahizpa, *sœur à sœur.*
Ahoa, *bouche.*
Ahogaraya, *palais de la bouche*
Ahogozoa, *salive.* [der.
Aholcatcea, *engager, persua-*
Aholara, *bouchée.*
Ahuceta bat, *une bouchée.*
Ahuina, *chevreau.*
Ahula, *maigre.*
Ahulcea, *maigrir.*
Ahultasuna, *maigreur.*
Ahunza, *chèvre.* [lierre.
Ahunz-hostoa (*chèvre-feuille*),

Ahurpeguia, *visage.*
Ahurra, *creux de la main.*
Ahurtara, *poignée.* [Seigneur
Ahuspez (Yaunaren) *aux pieds du*
Aiharcea, *périr, d'un arbre.*
Aiholza, *une faux.*
Ainguerua, *ange.*
Amhara, *hirondelle.*
Ainharba, *araignée.*
Aipamena, *proposition.*
Aipatcea, *proposer, mentionner.*
Airatcea, *voler en l'air*
Airea, *air.*
Aisequi, *aisément.*
Aisia, *repos.*
Aisian da, *il est en repos.*
Aisina, *loisir.*
Aita, *père.*
Aitabitchia, *parrain.*
Aitaguinarreba, *beau-père.*
Aitarena, *celui du père.*
Aita-saindua, *saint-père, pape.*
Aitasoa, *aïeul.*
Aitcina, *en avant.*
Aitcinaldea, *façade.*
Aitcinamendua, *avancement.*
Aitcinatcea, *avancer, s'avancer.*
Aitcindaria, *capitaine.*
Aitcinea, *le devant.*
Aitcinean, *devant, avant.*
Aitcinecoa, *précédent.*
Aitcinetic, *d'avance.*
Aitci ezaitein, *vis-à-vis.*
Aitcitic, *au contraire.*
Aithorcea, *avouer.*
Aitorensemea, *gentilhomme.*
Akhabanza, *fin, achèvement.*
Akhabatcea, *achever, finir.*
Akherra, *bouc.*
Akhitcea, *épuiser, consommer*
Akhometatcea, *attaquer.*
Akhua, *blaireau.*
Ala, *ou, ou bien.*

BASQUE-FRANÇAIS 131

Alaba, *fille.*
Alaguera, *joyeux, alègre.*
Alagueratcea, *se réjouir.*
Alaguertasuna, *allégresse.*
Alarguna, *veuf, veuve.*
Alarguncea, *devenir veuf.*
Alarguntasuna, *veuvage.*
Alchadura, *élévation.*
Alchatcea, *élever, lever.*
Alchatua, *élevé, ée.*
Alchatura, *levain.*
Aldacunza, *changement.*
Aldaratcea, *écarter.*
Aldarea, *autel.*
Aldarria, *vêtement, habillem*ᵗ.
Aldatcea, *changer.*
Aldea, *côté, bord.*
Aldean, *à côté, auprès.*
Alde batetic, *d'un côté.*
Aldecorra, *partial.*
Aldecortasuna, *partialité.*
Aldera, alderat, *vers, envers.*
Alderdia, *membre.*
Aldetcea, *favoriser.*
Aldia, *tour, fois.*
Aldi batez, *une fois.*
Aldigucietan, *toutes les fois.*
Aldiz, *parfois, fois.*
Aleguia, *sous prétexte que.*
Aleguiatcea, *alléguer, prétexter*
Alferra, *fainéant, oisif.* [*vain.*
Alferric hari da, *il travaille en*
Alfertasuna, *oisiveté, fainéan-*
Aliaqua, *passe-temps.* [*tise.*
Alimatcea, *animer.*
Alimua, *cœur, courage.*
Alimutsua, *courageux.*
Alkhabuza, *fusil, arquebuse.*
Almutea, *motif.*
Alocarioa, *rente.*
Alogatcea, *accommoder.*
Alporchac, *besaces.*
Alquia, alkhia, *banc.*

Ama, *mère.*
Amabitchia, *marraine.*
Amaguinarreba, *belle-mère.*
Amainatcea, *dresser, régler.*
Amainua, *nourrice.* [*tre.*
Amaizuna, *belle-mère, mará-*
Amarra, *attache, attachement*
Amarratcea, *s'attacher.*
Amarrua, *finesse, malice.*
Amarruqui, *finement.*
Amarrutsua, *fin, rusé.*
Amasoa, *aïeule.*
Ametsa, *songe.*
Ametsguilea, *songer.*
Amia, *hameçon.*
Amigui bat, *tant soit peu.*
Amodioa, *amour.*
Amodiorequin, *avec amour.*
Amodiosa, *amoureux.*
Amodiosqui, *amoureusement.*
Amodiotsua, *amoureux.*
Amoina, *aumône.*
Ampola, *fiole, ampoule.*
Amulsua, *tendre, complaisant*
Amulsuqui, *tendrement.*
Amulsutasuna, *tendresse.*
Amurraina, *truite.*
Amurratcea, *déplacer, déranger.*
Amurusia, *impur.*
Anaya, *frère.*
Ancea, *adresse, industrie.*
Andatcea, *lever.*
Andereigerra, *belette.*
Andrea, *dame, demoiselle.*
Andredana Maria, *vierge Marie*
Antolamendua, *composition.*
Antolatcea, *composer, préparer.*
Anza, *ressemblance.*
Anzara, *oie.*
Anzarateguia, *loge des oies.*
Anzosa, *adroit, industrieux.*
Anzutcea, *sevrer.*
Apaincea, *préparer, apprêter.*

VOCABULAIRE

Apaindura, *préparation*.
Apal, *bas, petit*.
Apalcea, *abaisser, baisser*.
Apaltasuna, *bassesse*.
Apartatcea, *écarter, séparer*.
Apeza, ap-heza, *prêtre*.
Apezgaya, *abbé*.
Apezpicua, *évêque*.
Apezpicutasuna, *évêché, diocèse*.
Apirila, *avril*.
Apoa, ap-hoa, *crapaud*.
Apurbat, *un peu*.
Apurcea, *diminuer, amoindrir*.
Arabecoa, *conforme*.
Arabera, *selon, suivant*.
Arana, *prune*.
Aranhondoa, *prunier*.
Aranza, *épine*.
Aratchia, *veau*.
Araura, *suivant, selon*.
Araztea, *faire*. [*lui ferai faire*
Arazten diot (eguinen, *je le*
Arbasoa, *bisaïeul, eule*.
Arbola, *arbre*.
Arbuyatcea, *mépriser, dédaigner*.
Arbuyoa, *mépris, dédain*.
Ardatza, *fuseau*.
Ardaztara, *fusée*.
Ardia, *brebis*.
Ardiescunza, *acquisition*.
Ardiestea, *acquérir, obtenir*.
Ardita, *liard*.
Arditeguia, *bergerie*.
Ardura, *souvent*.
Arguia, *lumière*.
Arguibidea, *clarté*.
Arguitaratcea, *mettre au jour*.
Arguitcea, *éclairer, illuminer*.
Arguitsua, *luisant*.
Arguitua, *éclairé, instruit*.
Arguizaguia, *lampe; lune*,
Arguizcorria, *aurore*. [Soul.
Arhatcea, *herser*.

Arhia, *herse*.
Arima, *âme*.
Arina, *léger*.
Arincea, *alléger*.
Arindua, *allégé*.
Arinqui, *légèrement*.
Arintasuna, *légèreté*.
Arinthua, *gris, ivre*.
Arkha, *coffre*. [brebis.
Arkharatcea, *être en chaleur :*
Arkhina, *fumier* de brebis.
Arnegatcea, *blasphémer*.
Arnegatzailea, *blasphémateur*
Arnegua, *blasphème*.
Arnoa, *vin*.
Arotza, *forgeron*.
Arra, *mâle*.
Arraba, *rame*.
Arradaila, *regain*.
Arragatcea, *arroser*.
Arraila, *fente*.
Arrailatcea, *fendre*.
Arraina, *poisson*.
Arrangura, *mécontentement*.
Arranoa, *aigle*.
Arranzailea, *pêcheur*.
Arranzatcea, *pêcher* du poisson
Arrapicatcea, *carillonner*.
Arrapicoa, *carillon*. [*citer*.
Arrapiztea, *rallumer, ressus-*
Arrapostua, *réponse*.
Arras, *tout, tout-à-fait*.
Arrasatcea, *raser, démolir*.
Arras-barne, *tout enfoncé*.
Arrasoa, *serein, pur*.
Arrastelatcea, *râteler*.
Arrastelua, *râteau*.
Arratoina, *rat, raton*.
Arratsa, *soir*.
Arratsaldea, *soirée*.
Arratseraino, *jusqu'au soir*.
Arraua, *commun*.
Arrayadura, *rature*.

Arrayoa, *rayon*.
Arrayotsua, *rayonnant*.
Arraza, *race*.
Arrazac, *arrhes*.
Arrazoina, *raison, motif*.
Arrazoinamendua, *raisonnement*.
Arrazoinaren arabera, *selon la [raison*.
Arreba, *sœur*.
Arreguitea, *refaire*.
Arren, *encore que, quoique*.
Arrerostea, *racheter*.
Arreroszailea, *rédempteur*.
Arribera, *rivière*.
Arrimatcea, *s'appuyer*.
Arroca, *roc, rocher*.
Arroda, *roue*.
Arroila, *rigole*.
Arrolcea, *œuf*.
Arronqui, *sobrement*.
Arrontasuna, *sobriété*.
Arrontatcea, *raser*.
Arrontera, *sobre; laïque*.
Arropa, *robe, vêtement*.
Arrosa, *rose*.
Arrosahondoa, *rosier*.
Arrotza, *étranger*.
Artea, *art, artifice*.
Artehortan, *sur ces entrefaites*.
Artha, *attention, soin*.
Arthaldea, *bergerie*.
Arthatsua, *soigneux*.
Arthean, *entre, parmi*.
Arthoa, *maïs, pain de maïs*.
Arthoburua, *épi de maïs*.
Arthochehea, *mil, millet*.
Arthosa, *attentif, soigneux*.
Arthosqui, *soigneusement*.
Arzaina, *berger*. [*marelles*.
Arzain-yokhua, *jeu des bergers*,
Arzapezpicua, *archevêque*.
Arzapezpicutasuna, *archevê-*
Arzarra, *mouton*. [*ché*.
Asantatcea, *maçonner*.

Asantua, *mur, muraille*.
Asco, *beaucoup*.
Ascodena, *abondant*.
Asea, *ample*.
Asepea, *bonne chère*.
Asetcea, *rassasier*.
Asinuca, *à tâtons*.
Asmatcea, *imaginer*.
Asmua, *imagination*.
Aspaldian, *longtemps*.
Aspaldidanic, *depuis longtemps*.
Asperena, *soupir*.
Aspila, *plat*.
Asqui, *assez*.
Asquicunza, *suffisance*.
Asqui da, *il suffit*.
Asquidena, *suffisant*.
Asquiestea, *satisfaire*.
Asquietsia, *satisfait*.
Asqui izaitea, *suffire*.
Asquiqui, *suffisamment*.
Asquitcea, *suffire*.
Asquitsua, *suffisant*.
Asta, *timon*.
Astea, *semaine*.
Asteazquena, *mercredi*.
Asteguna, *jour ouvrable*.
Astehartia, *mardi*.
Astelehena, *lundi*.
Astia, *loisir, trève*.
Astiroqui, *à loisir*.
Astitasuna, *lenteur*.
Astoa, astua, *âne*.
Asukhia, *morsure*.
Asukhitcea, *mordre*.
Asuna, *ortie*.
Atchiquitcea, *tenir, retenir*.
Atcienda, *bête*.
Athea, *porte*.
Athea, *tas, masse, pile*.
Atheaga, *porte-faix*.
Athelada, *portail*.
Atheradura, *sortie*.

Atheratcea, *sortir, faire sortir*
Atheratcea, *emprunter.*
Athercea, *cesser de pleuvoir.*
Atherian, *à l'abri* de la pluie.
Athetcea, *entasser, empiler.*
Athezaina, *portier.*
Athorra, *chemise* d'homme.
Atrebitcea, *oser avec témérité.*
Atroyatcea, *avouer.*
Atseguina, *plaisir, divertissement*
Atsekhabea, *affliction.*
Atsekhabeztatcea, *afflig r.*
Atzamaitea, *atteindre, attraper.*
Atzarria, *attentif.*
Atzartasuna, *attention.*
Atzo, *hier.* [chienne.
Augaratcea, *être en chaleur;*
Auhena, *soupir.*
Auhendamendua, *lamentation*
Aunendatcea, *soupirer, se la-*
Aurguina, *occasion.* [menter.
Aurguinan, *à la portée.*
Aurhideac, *frère et sœur.*
Aurquitcea, *trouver.*
Aurthiquitcea, *pousser, jeter.*
Ausarcia, *audace, hardiesse.*
Ausarqui, *audacieusement.*
Ausarta, *audacieux, hardi.*
Ausartatcea, *oser, s'enhardir.*
Ausencia, *absence.*
Ausiquiac, *remords.*
Ausiquitcea, *mordre.*
Auzapeza, *abbé.*
Auzoa, *voisin.*
Auzotcea, *devenir voisin.*
Ayena, *pampre.*
Ayenhondoa, *cep, pied de vigne.*
Ayercundea, *aversion.*
Ayerua, *soupçon.*
Ayerutsua, *soupçonneux.*
Ayuta, *lavement.*
Az, *de, par ;* ablatif.
Aza, *chou*

Azala, *écorce.*
Azarua, *novembre,* Bizc.
Azkhacia, *parent.*
Azkhacitasuna, *parenté.*
Azotatcea, *fouetter.*
Azotea, *fouet.*
Azpia, *jambe, cuisse, jambon.*
Azpian, *sous, dessous.*
Azpicoa, *inférieur.*
Azpicotzatcea, *soumettre.*
Azpila, *alize.*
Azpilcia, *alizier.*
Azquena, *dernier.*
Azquenecoric, *dernièrement.*
Azquenecoz, *enfin.* [nier souffle.
Azquenhatseraino, *jusqu'au der-*
Aztala, *jambe, jarret, talon.*
Aztalbeharria, *cheville du pied*
Aztaparrac, *griffes, serres.*
Aztia, *devin.*
Azucrea, *sucre.* — 460.

B

Bacailaba, *morue.*
Bachera, *vaisselle.*
Bada, *or, donc.*
Baguila, *juin ;* Bisc.
Bahia, *gage.*
Bahia, *crible.*
Bahicundea, *engagement.*
Bahitcea, *engager.*
Bahitcea, *enfermer le bétail.*
Bai, *oui.*
Baicen, baicic, *que, si ce n'est.*
Baitcea, *affirmer.*
Bainan, baina, *mais.*
Bainan bai, *mais oui, mais si.*
Baino, *que, en comparaison de.*
Baino lehen (ni), *plutôt que moi*
Baitezpada, *absolument.*
Baitezpadacoa, *indispensable.*
Baithan, *en, dans.*

Bai yauna, *oui, monsieur.*
Bakhan, *rare, clair-semé.*
Bakhanqui, *rarement.*
Bakharra, *unique, singulier.*
Bakhartasuna, *solitude, re-*
Bakhea, *paix.* [*traite.*
Bakhetcea, *accorder.*
Bakhotchac, *chaque, chacun.*
Bakhotchia, *impair.*
Baldin, *si, pourvu que.*
Baldosa, *carreau.*
Baliaraztea, *faire servir.*
Baliatcea, *prévaloir, servir.*
Balio, *valeur, prix.*
Baliosa, *précieux.*
Balizcaroa, *supposé.*
Balizcatcea, *supposer.*
Balsa, *boue.*
Balsamo, *baume.*
Bana, *chacun un.*
Banaca, *un à un.*
Bana-loria, *vanité, vaine gloire*
Banatan, *chacun une fois.*
Banatcea, *publier.*
Bandera, *bannière.*
Banoqueria, *vanité.*
Banoqui, *vainement.*
Baquezcoa, *paisible.*
Baquezqui, *paisiblement.*
Bara, *collier des porcs.* [*ter.*
Baragarria, *qui invite à s'arrê-*
Baratcea, *arrêter, s'arrêter.*
Baratcea, *jardin, enclos.*
Baratche baratche, *peu à peu.*
Baratchuria, *ail.*
Baratugabe, *sans cesse.*
Barazcalcea, *dîner.*
Barazcaria, *le dîner.* [*vaner.*
Barbanatcea, *s'étendre, se pa-*
Bardin, *égal, uni.*
Bardincatcea, *comparer.*
Bardincea, *égaler, unir.*
Bardincunza, *comparaison.*

Bardinqui, *également.*
Bardintasuna, *égalité.*
Barga, *seran, carde.*
Bargatcea, *serancer, carder.*
Barhia, *limaçon.*
Barkhamendua, *pardon.*
Barkhatcea, *pardonner.*
Barla, *basse-cour.*
Barna, *profond, enfoncé.*
Barnatasuna, *profondeur.*
Barnatcea, *enfoncer.* [*dans.*
Barnen, barnean, *dedans, ende-*
Barra, *ris, rire.*
Barraguitea, *rire.*
Barrayadura, *démolition.*
Barrayatcea, *démolir, défaire.*
Barrena, *intérieur, conscience.*
Barrenecoa, *interne.*
Barrenqui, *intérieurement.*
Barruca, *étable.*
Barura, *jeûne, abstinence.*
Barurcea, *jeûner.*
Baruric, *à jeun.*
Basa, *sauvage.*
Basabazterra, *hameau.*
Basagatua, *chat sauvage.*
Basahatea, *canard sauvage.*
Basanzara, *oie sauvage.*
Bastatcea, *faufiler.*
Basurdea, *sanglier.*
Bat, batec, *un, une.*
Bata, batac, *l'un, l'une.*
Batbedera, *chacun.*
Bateguitea, *unir, identifier.*
Batenzat bercea, *l'un pour l'au-*
Batere, *point du tout.* [*tre.*
Bathayatcea, *baptiser.*
Bathayoa, *baptême.*
Battasuna, *unité.*
Batzuetan, *quelquefois.*
Baya, *consentement; défaut.*
Bayaduna, *injustice.*
Bazcalekhua, *pâturage.*

Bazcatcea, *paître, repaître*.
Becembat, *autant que, qu'au-*
Bedera, *chacun*. [*tant*.
Bederazqui, *un à un*.
Bederen, *au moins, à moins*.
Bederetci, *neuf*.
Bederetcigarrena, *neuvième*.
Bedi, biz. *qu'il soit*.
Beguia, ac, *œil, yeux*.
Beguibakhoitza, *borgne*.
Beguicolpia, *coup d'œil, œillade*.
Beguiratcea, *garder, regarder*.
Beguirauzu, *gardez-vous*.
Beguithartea, *visage*.
Behacunza, *regard*.
Behagoitea, *demeurer specta-*
Beharala, *incontinent*. [*teur*.
Beharamendua, *abaissement*.
Behar bezala, *comme il faut*.
Behar bezalacoa, *honnête, loyal*
Behar da, *il faut*.
Behar dut, *j'ai besoin*. [*voir*.
Beharizaitea, *avoir besoin, de-*
Beharondocoa, *soufflet*.
Beharra, *besoin*.
Beharrarequin, *au besoin*.
Beharria, *oreille*.
Beharrietacoac, *pendans d'o-*
Beharsua, *misérable*. [*reille*.
Behatcea, *écouter, regarder*.
Behatza, *ongle, pouce*.
Behatzailea, *auditeur*.
Beheititcea, *abaisser*.
Behera, *bas, basse*.
Beheratcea, *abaisser; blâmer*.
Behertasuna, *bassesse*.
Behia, *vache*.
Behin, *une fois*.
Behinere, *jamais, une fois même*.
Behinez, *parfois, quelquefois*.
Behizaina, *vacher*.
Behorkha, *jeune cavale, pouliche*.
Behorra, *jument*.

Bekhatorea, *pécheur, pécheresse*.
Bekhatua, *péché*.
Belarra, *front*.
Belauna, *genou*.
Belaunicatcea, *s'agenouiller*.
Belaunicatce bat, *génuflexion*.
Belcea, *noircir*.
Beldurcea, *craindre*.
Beldurcundea, *crainte*.
Beldurra, *crainte, frayeur*.
Beldurrez, *de peur, de crainte*.
Beldurric gabe, *sans peur*.
Beldurtia, *craintif, timide*.
Belhaguilea, *sorcier, ère*.
Belharca, *fenaison*.
Belharcaria, *faneur*.
Belharcatcea, *faner*.
Belharmontoina, *meule de foin*
Belharra, *foin*.
Bellea, belca, belia, *corbeau*.
Belza, *noir*.
Belztasuna, *noirceur*.
Belzureguitea, *faire triste mine*
Belzuria, *mauvaise mine*.
Benedizoina, *bénédiction*.
Bera, *soi, se, même, seul*.
Berancea, *tarder, se faire tard*.
Berandua, *tardif*.
Berant, *tard*.
Berantiarra, *tardif*.
Berariaz, *à dessein, exprès*.
Berariazqui, *expressément*.
Beratasuna, *tendresse*.
Beratcea, *tremper*.
Beratua, *trempé*.
Beraz, *donc, de cela même*.
Berbera, *seul, tout seul*.
Bercea, *autre*.
Berce bat, *un autre*.
Berce hainberce, *autant*.
Bercela, *autrement*.
Bercelacoa, *différent*.
Bercenaz, *sinon*.

Berceorduz, *autrefois.*
Bercerena, *autrui, d'autrui.*
Bercerencea, *aliéner.*
Bercetan, *ailleurs.*
Berdauza, *verdier.*
Berdemboran, *en même temps.*
Berdin, *car.*
Berea, ac, *son, sa, ses.*
Berebaithan, *en soi-même.*
Berebaitaric, *par lui-même.*
Berecatcea, *caresser.*
Berech, *à part.*
Bereciqui, *en particulier.*
Berecunza, *ravissement.*
Beregainqui, *particulièrement*
Bereganatcea, *attirer à soi.*
Bereganic, *de soi-même.*
Beregogara, *à son aise.* [lière.
Bereguisa, *d'une façon particu-*
Bereguisacoa, *particulier.*
Bereguitezcoa, *particulier.*
Berehala, *promptement, d'abord.*
Bereherria, *patrie.*
Beremugan, *en son temps.*
Beretaco, *pour soi-même.*
Beretcea, *s'approprier, ravir.*
Beretzailea, *ravisseur.*
Berezcatcea, *distinguer.*
Berezgunea, *distinction.*
Bereztea, *séparer, démêler.*
Bereztimioa, *ridicule.*
Berga, *aune.*
Berhatcea, *ajouter.*
Berhatza, *le pouce.*
Beribila, *rond.*
Beribilcatcea, *s'accroupir.*
Beribilcea, *arrondir.*
Bermatcea, *cautionner.*
Bermea, *caution.*
Bermegoa, *cautionnement.*
Beroa, *chaud.*
Berotasuna, *chaleur.*
Berotcea, *se chauffer.*

Berotugabe, *sans s'échauffer.*
Berreguincea, *orner.*
Berreguindua, *orné, doué.*
Berrehun, *deux cents.*
Berria, *neuf, nouveau.*
Berri ckharlea, *porteur de nou-*
Berritan, *de nouveau.* [velles.
Berritcea, *renouveler.*
Berriz, *derechef, de nouveau.*
Berriz ere, *encore une fois.*
Berriz erorcea, *retomber.*
Berriz salcea, *revendre.*
Berrogoi, *quarante.*
Berrogoi eta hamar, *cinquante.*
Berrogoigarrena, *quarantième*
Berthutea, *vertu.*
Beruina, *vendange.*
Beruinatcea, *vendanger.*
Berza, *chaudron, chaudière.*
Berzalde, *ailleurs, d'ailleurs.*
Besarcatcea, *embrasser.*
Besta, *fête.*
Bestaburua, *solennité.*
Bestimendua, *vêtement, habit.*
Besua, *bras, coudée.*
Bethazalac, *sourcils.*
Bethea, *plein.*
Bethetasuna, *perfection.*
Bethetcea, *remplir, emplir.*
Bethi, *toujours.*
Bethicoa, *éternel.*
Bethicotz, *pour toujours.*
Beza, bitza, *qu'il ait.*
Bezain, *autant que.*
Bezainsarri, *aussitôt que.*
Bezala, *comme.*
Bezoinasqua, *fossé.*
Bi, bic, *deux.*
Bia, biac, *les deux, tous deux.*
Biahorea, *tumulte.*
Bicia, *vie.*
Bicioa, *vice.*
Biciotsua, *vicieux.*

138 VOCABULAIRE

Biciqui, *vivement.*
Bicitcea, *vivre.*
Bidea, *chemin, voie.*
Bidechca, *sentier.* [rivé?
Bide da (heldu, *n'est-il pas ar-*
Bidegabea, *injustice.*
Bideguitea, *cheminer.*
Bideranta, *voyageur.*
Bietan, *deux fois.*
Bigarrena, *deuxième, second.*
Bigarrenecoric, *deuxièmement*
Bihar, *demain.*
Biharamuna, *lendemain.*
Bihia, *blé, grain.*
Bihiteguia, *grenier à blé.*
Biholceco, *de cœur.*
Bihotcecolha, *battement du cœur.*
Bihotonezcoa, *charitable.*
Bihotza, *cœur.*
Bihotzgabe, *lâche, poltron.*
Bihotzgorra, *impitoyable.*
Bihotzmina, *chagrin, amertume.*
Bihotzoya, *courageux.*
Bihuraracitcea, *ramener.*
Bihurcea, *rendre, donner.*
Bihurcundca, *retour, gratitude*
Bikhea, *poix.*
Bilacunza, *recherche.*
Bilatcea, *chercher, rechercher.*
Bilcea, *ramasser, cueillir.*
Bilcoyeguitea, *s'approvisionner.*
Bildila, *octobre ;* Bisc.
Bildoa, *sillon.*
Bildotza, *agneau, jeune brebis.*
Bildura, *assemblage, retraite.*
Bileicia, *dépouille.*
Bileitcea, *dépouiller.*
Bilgura, *forme.*
Bilhaca, *querelle.*
Bilhacatcea, *se quereller.*
Bilhagarroa, *grive.*
Bilzapena, *saison.*
Bina, *chacun deux.*

Binaca, *deux à deux.*
Binatan, *chacun deux fois.*
Biperra, *poivre.*
Bipilcea, *peler, plumer.*
Birgina, *vierge.*
Biribilcatcea, *assembler, piller.*
Biriguinatcea, *façonner.*
Biritchia, *pair.*
Birla, *quille.*
Bisaya, *visage.*
Bista, *vue.*
Bizarguilea, *barbier.*
Bizarguitea, *raser.*
Bizornabala, *rasoir.*
Bizarra, *barbe.*
Bizarra, *libéral.*
Bizartasuna, *libéralité.*
Bizkharmakhurra, *bossu.*
Bizkharra, *dos.*
Bizkharrezurra, *colonne dorsale.*
Bizquitarthean, *cependant.*
Bobeda, *voûte.*
Bolhora, *poudre à canon.*
Borcha, *violence, forfait.*
Borchacaqui, *fortuitement.*
Borchaguna, *effort.*
Borchatcea, *contraindre, forcer.*
Borchaz, *par force.*
Borda, *métairie.*
Bordazaina, *métayer.*
Borondatea, *volonté.*
Borondatezcoa, *volontaire.*
Borondatezqui, *volontairement.*
Borondesqui, *volontiers.*
Borradura, *rature.*
Borratcea, *effacer, raturer.*
Borrokha, *lutte.*
Borrokhatcea, *lutter.*
Bortistasuna, *force, violence.*
Bortitcea, *fortifier.*
Bortitza, *fort, violent.*
Borz, *cinq.*
Borzgarrena, *cinquième.*

Botherea, *puissance.*
Botheretsua, *puissant.*
Botikha, *boutique.*
Botoina, *bouton.*
Botua, *vœu.*
Boza, *voix, air.*
Bozcariatcea, *se réjouir.*
Bozcarioa, *joie, réjouissance.*
Bozcariosa, *joyeux.*
Bozcariosqui, *joyeusement.*
Bozcariozlatcea, *se réjouir.*
Boztea, *se réjouir.*
Bufadac, *vapeurs.*
Buhadera, *soufflet.*
Buhatcea, *souffler.*
Buhurcea, *tordre, résister.*
Bulharra, *poitrine.*
Bulharrac, *poumons.*
Bulhartatcea, *allaiter.*
Buluza, *nu, nud.*
Bupuruac, *sourcils.*
Burduina, *fer.*
Burepea, *autorité.*
Burpuriac, *sourcils.*
Burra, *beurre.*
Burrasoac, *père et mère.*
Burreba, *bourreau.*
Burtinac, *rideaux.*
Burtinac (ohe, *rideaux de lit.*
Burubila, *rond.*
Burucontra, *à rebours.*
Burueguitea, *tenir tête.*
Burugogorcea, *s'opiniâtrer.*
Burugogorra, *entêté, opiniâtre.*
Burugogortasuna, *entêtement.*
Buruila, *septembre.*
Burumuina, *cervelle.*
Burupe izaitea, *prétendre.*
Bururemaitea, *se mettre en tête.*
Bururdia, *chevet, oreiller.*
Buruscaila, *charbon blanc.*
Burutaratcea, *inspirer.*
Buruyapea, *prétention.*

Buruzaguia, *chef, maître.*
Buruz buru, *tête à tête.*
Bustatcea, *mouiller.*
Bustatua, *mouillé.* — 410.

C

Çabala, etc. *Voyez* Zabala, etc.
Cacoa, *croc, crochet.*
Cacoleta, *cacolet.*
Cadira, *chaise.*
Calona, *ficelle.*
Caltea, *dégât, préjudice.*
Caltecorra, *préjudiciable.*
Caltetan, *à perte.*
Cambara, *chambre.*
Campicha, *périlleux.*
Campoa, *campagne.*
Campoan, *hors, dehors.*
Camporatcea, *décamper.*
Canibeta, *couteau de table.*
Cantaria, *chanteur.*
Cantatcea, *chanter.*
Cantorea, *chant, chanson.*
Capicheila, *grosse bûche.*
Capitua, *assemblée.*
Carastia, *cher.*
Carastiatasuna, *cherté.*
Cardinala, *chardonneret.*
Cargaduna, *commissaire.*
Caria, *moyen.*
Cario, *cher.*
Cariotcea, *enchérir.*
Carnacera, *boucher, ère.*
Carnaceria, *boucherie.*
Carrica, *rue.*
Carricatchoa, *petite rue.*
Casueguitea, *mentionner.*
Casuric, *mention.*
Causitcea, *trouver, découvrir.*
Cautera, *chaudronnier.*
Cebastea, *dompter, mortifier.*
Ceceila, *février;* Bisc.

Cecena, *taureau.*
Cedarria, *borne, limite.*
Cedarriztatcea, *borner, limiter*
Cehatcea, *frapper.*
Cein, *qui, que.*
Ceinaren, *dont, de qui.*
Ceinec, *qui.*
Cein nahi, *qui que ce soit.*
Ceinua, *cloche.*
Ceinuteguia, *clocher.*
Cekhalea, *seigle.*
Celaitcea, *aplanir, unir.*
Celaya, *plaine.*
Celuya, *ciel;* Soul.
Cembait, *quelqu'un.*
Cembaitaldiz, *quelquefois.*
Cembat, *combien.*
Cembataldiz, *combien de fois.*
Cembatenez, *(d'autant plus) que.*
Cembatetsua, *nombreux.*
Cembatgarrena, *quantième.*
Cen, ciren, *il était, ils étoient.*
Cena, *feu, défunt.*
Censadura, *correction.*
Censatcea, *corriger.*
Censuac, *arrérages.*
Cepoa, *cachot.*
Cer, cerc, *que, quoi?*
Cerbait, *quelque chose.*
Cerbitzaria, *serviteur.*
Cerbitzatcea, *servir.*
Ceren, *parce que.*
Cerencla, *parce que.*
Cergatic, *pourquoi.*
Cer guisa, *quelle espèce.*
Cer hari zare, *que faites-vous?*
Cermoldez, *comment.*
Cer muga da, *quelle heure est-il?*
Cer nahi den, *quoi qu'il en soit.*
Ceror, cerorrec, *vous-même.*
Cerra, *scie.*
Cerracatcea, *scier.*
Cerralia, *haie.*

Cerraquia, *fermeture.*
Cerratcea, *fermer, enfermer.*
Certaco, *pourquoi.*
Certan, *en quoi.*
Cerua, ec, *ciel, cieux.*
Cerucoa, *céleste.*
Cethabatcea, *sasser, tamiser.*
Cethabea, *sas, tamis.*
Chacola, *poche.*
Chahala, *veau.*
Chaharratcea, *rincer.*
Chahua, *net.*
Chahutasuna, *netteté.*
Chahutcea, *nettoyer, laver.*
Chakhurra, *chien, chienne.*
Champa, *aboiement.*
Champaz haritcea, *aboyer.*
Chankhua, *boiteux.*
Chara, *bois taillis.*
Chardia, *fourche.*
Chardisca, *fourchette.*
Charcea, *gâter, tacher.*
Chardin berria, *sardine fraîche*
Charpa, *guenille.*
Charra, *pauvre, mesquin.*
Chatharrac, *langes.*
Chea diezadazu, *expliquez-moi.*
Cheatcea, *expliquer.*
Chedadura, *détail, minutie.*
Chedatcea, *limiter.*
Chedea, *dessein, intention.*
Chedera, *lacet.*
Chehatcea, *mâcher, piler.*
Chehea, *menu.*
Chehecatcea, *rendre menu.*
Cheroqui, *en détail.*
Cherria, *pourceau.*
Chertatcea, *enter.*
Chertoa, *enté.*
Chicha, *poussin.*
Chichaina, *sangsue.*
Chicharia, *ver* de terre.
Chigorcea, *griller.*

Chikhiroa, *mouton.*
Chilincha, *clochette.*
Chilotcea, *déchirer, se trouer.*
Chilotua, *troué.*
Chimena, *réserve, retenue.*
Chiminoa, *singe.*
Chinaurria, *fourmi.*
Chingola, *ruban.*
Chipa, *ablette,* petit poisson.
Chipia, *petit.*
Chipitcea, *rapetisser.*
Chirchila, *charlatan.*
Chirchilqueria, *bagatelle.*
Chirimola, *tourbillon.*
Chiritua, *exact.*
Chirripa, *petit ruisseau.*
Chiscua, *pochette.*
Chistmista, *éclair.*
Chit, *très,* (superl.) Guipuzc.
Chitcea, *précéder.*
Chitezcoa, *intime.*
Chocha, *bûchette.*
Chochoa, *dard, lance.*
Choila, *seul.*
Choilqui, *seulement.*
Choitea, *moudre.*
Chokhoa, *coin, recoin.*
Choria, *oiseau.*
Chorrochdura, *aiguisement.*
Chorrochtea, *aiguiser.*
Chorta, *goutte.*
Chortabat (ur, *une goutte d'eau.*
Chucatcea, *essuyer.*
Chuchencea, *diriger, régler.*
Chuchencunza, *règlement.*
Chuchenguina, *directeur.*
Chumea, *petit.*
Chumeago, *plus petit.*
Chumena, *le moindre.*
Chumetasuna, *petitesse.*
Chumettoa, *fort petit.*
Churia, *blanc.*
Churitasuna, *blancheur.*

Churitcea, *blanchir.*
Churitzailea, *blanchisseuse.*
Churula, *flûte.*
Churulatcea, *jouer de la flûte.*
Chutatchiquitcea, *entretenir.*
Chutic, *debout.*
Chutingoa, *blanc d'œuf.*
Chutitcea, *être debout; dresser*
Ciguilatcea, *fixer, graver.*
Cibiquadura, *excitation.*
Cihiquatcea, *exciter.*
Cihoa, *suif.*
Cihorra, *baguette.*
Cilarbicia, *vif-argent, mercure*
Cilarguina, *orfèvre.*
Cilarra, *argent.*
Cilheguia, *permis.*
Cilheguicoa, *permission.*
Ciloa, *trou, fosse, creux.*
Cimendua, *fondement.*
Cina, *serment, jurement.*
Cincinez, *fortement, vraiment.*
Cineguitea, *jurer.*
Cinez, *tout de bon, sérieusem*
Cinkha, *hennissement.*
Cinkhatcea, *hennir.*
Cinqui, *fortement.*
Cinzarria, *sonnette.*
Cinz-eguitea, *moucher.*
Cinzurra, *gorge.*
Cion, *il le lui* (donnoit.)
Ciquina, *ordure, crasse.*
Ciquincea, *salir, flétrir.*
Ciquinsua, *crasseux.*
Ciquintasuna, *ordure, crasse.*
Ciria, *cheville, coin* pour fendre
Citoitza, *gouttière.*
Cituen, *il avoit, il eut.*
Cobarta, *nonchalant, couard.*
Cobrea, *cuivre.*
Cocota, *pepin.*
Cocoricatcea, *s'accroupir.*
Cofoina, *ruche, essaim.*

Cohaila, *cheville.*
Cohata, *soufflet.*
Çoin, ec, etc., *Voyez* Zoin, ec, etc.
Çoinata, *beau-frère.*
Colpatcea, *blesser.*
Colpea, *coup, blessure.*
Colpez, *coup, fois.*
Compuncea, *accorder.*
Comuzqui, *communément.*
Conbidatcea, *convier.*
Condaduria, *comptoir.*
Condatcea, *compter.*
Condua, *compte.*
Conquestatcea, *acquérir.*
Contracarra, *opposition.*
Contracatcea, *opposer.*
Contratcea, *appuyer.*
Copa, *gobelet, coupe.*
Cordoca, *danger.*
Cordocan da, *il est en danger.*
Cordocatcea, *branler.*
Cordubana, *maroquin.*
Cornadoa, *denier.*
Coropiloa, *nœud.*
Corralia, *bercail.*
Coskha, *coup du bélier.*
Coskhatcea, *cosser.*
Costumatcea, *former, accoutumer*
Cramesta, *logement.*
Crapeztua, *licol.*
Creatcea, *créer.*
Creatzailea, *créateur.*
Crisqueta, *loquet, ressort.*
Çu, çuc, etc. *Voyez* Zu, zuc, etc.
Cucua, *charançon, cosson.*
Cucula, *crête, sommet.*
Cuculcea, *se cacher, disparoître.*
Cucusua, *puce.*
Cuina, *berceau.*
Cunchoina, *matelas.*
Cuscuila, *bulle d'eau.*
Cusquia, *écale, coque.* — 250.

D

Da, *il est.*
Dabila, *il marche.* [*pleurs.*
Dago (nigarrez, *il est tout en*
Dafaila, *nappe.*
Dafarna, *cabaret, taverne.*
Dafarnaria, *cabaretier, ère.*
Daiteque, ditzaque, *il peut.*
Daldara, *tremblement.*
Daldaratcea, *trembler.*
Damu eguin darot, *il m'a offensé.*
Damuguitcea, *offenser.*
Damutua da, *il est offensé.*
Danzatcea, *danser.*
Daquit, *je sais.*
Dardoztatcea, *lancer, darder.*
Darot, *il me le* (donne.)
Darraitana, *celui qui suit.*
Dastatcea, *goûter, tâter.*
Dator, *il vient.*
Datorquio, *il vient vers lui.*
Debecatcea, *défendre, empêcher.*
Debeyatcea, *s'ennuyer.*
Debecatua, *défendu.*
Debrua, *diable.*
Dechidua, *défi.*
Deguit, *je fais.*
Dehadara, *alarme.*
Deithatua, *fameux.*
Deithcea, *appeler.*
Deithura, *surnom.* [*sont.*
Dela, direla, *qu'il est, qu'ils*
Delaric, *étant.*
Deliberatcea, *délibérer.*
Delicatua, *curieux, délicat.*
Dembora, *temps.*
Dembora bercan, *en même temps.*
Dembora gutiz, *en peu de temps.*
Demboratic demborara, *de temps*
Den, *qu'il soit.* [*en temps.*
Dena, direnac, *qui est, qui sont.*
Dendarea, *couturière.*

Den gutiena, *tant soit peu.*
Descansua, *tranquille.*
Descansutasuna, *tranquillité.*
Deseguitea, *défaire, détruire.*
Desiratcea, *souhaiter, désirer.*
Desircundea, *désir.*
Desohoratcea, *déshonorer.*
Desohorea, *déshonneur.*
Despeditcea, *expédier.*
Destarratcea, *bannir, exiler.*
Destarrua, *bannissement, exil.*
Detchema, *dîme, dixme.*
Deus, ez deus, *néant, rien.*
Deusere, *rien.*
Deya, *appel.*
Deyagora, *grands cris.*
Dictionarioa, *dictionnaire.*
Dildira, *tremblement.* [*dit.*
Diot, dioc, dio, *je dis, tu dis, il*
Diot, *je le lui* (donne.)
Diotzat, *je les lui* (donne.)
Diraueno, *durant.*
Dirot, diroc, *je puis, tu peux.*
Dirua, *argent.* [*l'argent.*
Diru atheratcea, *emprunter de*
Diruostea, *somme d'argent.*
Distidatcea, *briller.*
Ditharea, *dé.*
Dithia, *mamelle.*
Doa, *il va.*
Dohaina, *don, grâce.*
Dohakhabea, *malheureux.*
Dohatsua, *bienheureux.*
Dohatsuqui, *heureusement.*
Dohatsutasuna, *béatitude.*
Doidoya, *tout juste, à peine.*
Doitcea, *ajuster.*
Dolua, *deuil.*
Dolutcea, *se repentir.*
Donceila, *demoiselle.*
Dongaro, *mal.*
Dorpea, *austère, pesant.*
Dorpetasuna, *austérité, torpeur.*

Dorpetcea, *s'appesantir.*
Dorrea, *tour, clocher.*
Dostagailua, *récréation.*
Dostatcea, *se récréer.*
Dostatcecoa, *divertissant.*
Dosteta, *récréation.*
Du, ditu, *il a.*
Duda, *doute.*
Dudagabe, *sans doute.*
Dudagabecoa, *indubitable.*
Dudatcea, *douter.*
Duela, dutela, *qu'il a, qu'ils ont.*
Duelaric, *ayant.*
Duena, dutena, *qui a, qui ont.*
Durunda, *tonnerre.*
Dut, ditut, *j'ai.* — 100.

E

Ebacaldia, *coupe, coupure.*
Ebaquidura, *coupure.*
Ebaquitcea, *couper, faucher.*
Ebaquitzailea, *faucheur.*
Ebaslea, *voleur.*
Ebastea, *voler, dérober.*
Ecen, *parce que.*
Ecen eguiaz, *car en vérité.*
Ecinahituzcoa, *inépuisable.*
Ecinbercecoa, *fatal.*
Ecinbercez, *nécessairement.*
Ecingaraituzcoa, *invincible.*
Ecinhilla, *immortel.*
Ecinitzuriscoa, *inévitable.*
Ecinyassanezcoa, *insupportable.*
Edalea, *buveur.*
Edanic, *qui a bu.*
Edanza, *breuvage.*
Edarana, *abreuvé.*
Edaranaroztea, *faire abreuver*
Edaratea, *faire boire, abreuver.*
Edaria, *boisson.*
Edatea, *boire.*
Edatecoa, *breuvage.*

Edercea, *embellir.*
Ederra, *beau, belle.*
Ederlasuna, *beauté.*
Ederzailua, *embellissement.*
Edireinza, *trouvaille.*
Edireitea, *trouver.*
Edirena, *trouvé.*
Edo, *ou, ou bien.*
Egarria, *soif; altéré.*
Egarritcea, *avoir soif.*
Egoilea, *habitant.*
Egoitea, *demeurer, séjourner.*
Egoitza, *demeure, séjour.*
Egonlekhua, *demeure, domicile.*
Egon naiz, *j'ai demeuré.*
Egorcea, *envoyer, renvoyer.*
Egosia, *cuit, bouilli.*
Egosquitcea, *sucer.*
Egostea, *cuire, bouillir.*
Egoztea, *jeter, renverser.*
Egubacoitza, *samedi.*
Eguerdi, *midi.*
Eguerria, *noël.*
Egui, *trop.*
Eguia, *vrai.*
Eguiaz, *certes.*
Eguiazcoa, *certain, véritable.*
Eguiazqui, *certainement.*
Eguina, *fait, faite.*
Eguinbidea, *devoir.*
Eguincundea, *effet.*
Eguindura, *exécution.*
Eguinza, *action.*
Eguitea, *faire, agir.*
Eguitecoa, *affaire, question.*
Eguiteco den gauza, *chose à faire.*
Eguiteco ukhaitea, *avoir affaire.*
Eguiten da, *il devient.*
Eguitera, eguiterat, *à faire.*
Egun, *aujourd'hui.*
Eguna, *jour.*
Egunaz, *pendant le jour.*
Egunbatez, *un jour.*

Egunea, *date.*
Egundaino, *jamais.* [*jour.*
Egunetic, egunera, *de jour en*
Egunoroz, *toujours, chaque jour.*
Egunorozcoa, *journalier.*
Egurra, *bois à brûler.*
Ehoa, *tissu, ue.*
Ehoilea, *tisserand.*
Ehoitea, *tisser; digérer.*
Ehorcia, *enseveli.*
Ehorstea, *ensevelir.*
Ehortza, *enterrement.*
Ehun, *cent.*
Ehungarrena, *centième.*
Ehurciria, *tonnerre.*
Ekharcea, *apporter.*
Ekharria, *adonné, porté.*
Ekhia, *soleil;* Soul.
Ekhorcea, *balayer.*
Elcea, *pot, marmite.*
Elcccoa, *potage.*
Elhea, *parole, propos.*
Elhecaria, *parleur, bavard.*
Elhetsua, *parleur, bavard.*
Elheztatcea, *parler.*
Elheztazailea, *parleur.*
Elhorria, *épine.*
Eliza, *église.*
Elizachoria, *moineau.*
Elizahilleria, *cimetière.*
Elkar, *l'un, l'autre.*
Elkargana, *l'un vers l'autre.*
Elkarganatcea, *réconcilier.*
Elkarrequin, *ensemble.*
Elquitcea, *sortir.*
Emacumea, *femme, beau sexe.*
Emaguina, *sage-femme.*
Emaitea, *donner.*
Emaitza, *don, donation.*
Emaztea, *femme, épouse.*
Emaztettoa, *petite femme.*
Emaztetuoa, *grande femme.*
Emea, *doux, calme.*

BASQUE-FRANÇAIS.

Emeatcea, *calmer.*
Emendatcea, *augmenter.*
Emplegua, *emploi.*
Enea, ac, *mon, ma, mes.*
Ene aitcinean, *devant moi.*
Eneganatcea, *attirer à moi.*
Ene sgatuz, *à mes frais.*
Enequin, *avec moi.*
Ene iduria, *mon opinion.*
Ene ustez, *à ce que je crois.*
Enezat, *pour moi.*
Enganatcea, *séduire, tromper.*
Enganatu nau, *il m'a trompé.*
Enganioa, *fraude, séduction.*
Enseyatcea, *essayer, s'efforcer.*
Enseyua, *essai, effort.*
Enzunicaitea, *exaucer.*
Enzutea, *entendre, ouïr.*
Epaila, *mars ;* Bisc.
Epea, *délai.*
Epela, *tiède.*
Epelcea, *attiédir, tiédir.*
Eperra, *perdrix.*
Equin, quin, *avec.*
Era, *apparence, air.*
Erabitcea, *se servir, porter sur soi.*
Erabilcunza, *disposition.*
Erachiquitcea, *allumer.*
Eraguitea, *faire faire.*
Eraino, raino, *jusque.*
Erainza, *semence.*
Eraitea, *ensemencer, semer.*
Erakharcea, *ramener, rapporter.*
Erakhuscunza, *remontrance.*
Erakhustea, *faire voir, montrer.*
Erakhutsia, *montré, ée.*
Eramaitea, *amener, emporter.*
Erastea, *gronder.*
Erauncia, *orage.*
Eraztea, *faire.*
Erbia, *lièvre.*
Erchatcea, *contraindre.*
Erdia, *accouchée.*

Erdia, *moitié, demie.*
Erdian, *au milieu.*
Erdicala, *demi-plein.*
Erdiratcea, *fendre.*
Erdirua, *fente.*
Erdiscatcea, *partager en deux.*
Erditcea, *accoucher.*
Ere, *aussi, même.*
Erearoa, *juin.*
Eredura, *suivant, selon.*
Erguela, *enjoué, gai.*
Erguia, *génisse.*
Erhailea, *meurtrier.*
Erhaitea, *tuer.*
Erhatza, *balai.*
Erhausia, *aboiement.*
Erhausitcea, *aboyer.*
Erhautsa, *cendre.*
Erhia, *doigt.*
Erhitrebesa, *pouce.*
Erhoa, *fol, fou.*
Erhoqueria, *folie.*
Erhoqui, *follement.*
Erhotasuna, *folie.*
Erhotcea, *devenir fou.*
Eria, *malade.*
Ericorra, *maladif.*
Eritasuna, *maladie.*
Erkhaitza, *sourire.*
Erlea, *abeille, mouche à miel.*
Ermitauna, *ermite.*
Ernaria, *plaine.*
Ernea, *attentif, éveillé.*
Erneicaitea, *prendre garde.*
Erochtea, *dégager.*
Erorcea, *tomber.*
Erorcecomina, *mal caduc.*
Eroricoa, *chute.*
Eroslea, *acheteur.*
Erospena, *achat.*
Erostea, *acheter.*
Errabia, *rage.*
Errabiatcea, *enrager.*

Errainac, *reins.*
Erraitea, *dire.*
Erran nahi da, *c'est-à-dire.*
Erranquizuna, *critique.*
Erranza, *diction.*
Errea *chagrin.*
Errebelamendua, *rébellion.*
Errebelatcea, *se rebeller.*
Erreberritcea, *refaire.*
Errechqui, *aisément.*
Errechtasuna, *facilité.*
Errecibimendua, *le reçu.*
Errecibitcea, *recevoir.*
Errecibitzailea, *receveur.*
Erredola, *bouclier.*
Erreduracoa, *discrétion.*
Erreguca, *roi.*
Erreguechupita, *roitelet.*
Erreguela, *règle.*
Erreguelacoa, *régulier.*
Erreguelatcea, *régler.*
Erreguelasuna, *royauté.*
Erreguina, *reine.*
Erreguinatcea, *régner.*
Erreina, *bru, belle-fille.*
Erreligionea, *religion.*
Erremesa, *pauvre.*
Erremesia, *indigence.*
Erremestasuna, *pauvreté.*
Erremestea, *appauvrir.*
Erremusina, *aumône.*
Errencura, *vive inquiétude.*
Errendatcea, *rendre.*
Erreparua, *remède.*
Errepica, *carillon.*
Errepicatcea, *carillonner.*
Errequeritcea, *requérir.*
Errequitcea, *invoquer.*
Erresquetatcea, *racheter.*
Erresuma, *royaume.*
Erretasuna, *brûlure.*
Erretcea, *brûler, cuire.*
Erretora, *curé, recteur.*

Erretoria, *cure.*
Erreztuna, *anneau.*
Errheca, *ruisseau, canal.*
Erribera, *rivière, fleuve.*
Errimatcea, *s'appuyer.*
Erroa, *racine.* [*racines.*
Erroac eguitea, *pousser des*
Erronca, *ronflement.*
Erroncaz haritcea, *ronfler.*
Errota, *moulin, roue.*
Erruitea, *pondre.*
Errunca, *ordre, rang, ligne.*
Escalapoina, *sabot.*
Escalea, *pauvre, mendiant.*
Escarneatcea, *contrefaire.*
Escasa, *défaut.*
Escasia, *disette.*
Escastea, *manquer.*
Escatima, *dispute, différend.*
Escatimatcea, *disputer.*
Escola, *école.*
Escribatcea, *écrire.*
Escribaizailea, *écrivain.*
Escua, *main.*
Escualdunac, *les Basques.*
Escuara, *langue basque.*
Escuina, *la droite.*
Escularrua, *gant.*
Escumuturra, *poing.*
Escuta, *javelle.*
Escutatcea, *faire des javelles.*
Escutoquea, *poignée.*
Eskhinasua, *geai.*
Esleitcea, *ordonner, instituer.*
Esnea, *lait.*
Esnetsua, *qui abonde en lait.*
Espaina, *lèvre.*
Espantagarria, *épouvantable.*
Espantatcea, *s'épouvanter.*
Espanturequin, *avec admiration.*
Esperen, *sinon.*
Esposa, *époux, épouse.*
Esquerela, *degré.*

Esquergabea, *ingrat.*
Esquergabetasuna, *ingratitude.*
Esquerrona, *gratitude.*
Esquertasuna, *reconnoissance*
Estacurua, *prétexte.*
Estalcea, *couvrir, accoupler.*
Estalguia, *couverture.*
Estalgunan, *à l'abri.*
Estalinguria, *enveloppe.*
Estalpea, *protection.*
Estalpetcea, *protéger.*
Estecadura, *attachement.*
Estecatcea, *attacher.*
Esteinua, *étain.*
Estira, *question, torture.*
Eta, *et.*
Etchea, *maison, logis.*
Etchean, *chez, en la maison.*
Etchecoa, *domestique.*
Etchenegailea, *casanier.*
Etchettoa, *petite maison.*
Etchola, *cabane, échoppe.*
Ethencea, *déchirer.*
Ethorcea, *venir, arriver.*
Ethorcecoa, *avenir, futur.*
Ethorquia, *source, cause.*
Ethorquizunecoa, *avenir, futur.*
Ethor zaite laster, *venez vite.*
Etsaicoa, *hostile.*
Etsaipea, *mêlée, combat.*
Etsaiqueria, *hostilité.*
Etsaitasuna, *inimitié.*
Etsaizqui, *hostilement.*
Etsanic, *couché.*
Etsaya, *ennemi.*
Etsi, *après-demain.*
Etsimendua, *désespoir.*
Etsitcea, *désespérer.*
Etzagutcea, *connoître.*
Etzagutza, *connoissance.*
Etzaitea, *se coucher.*
Etzarcea, *mettre.*
Ez, *non, ne.*

Eza, *refus.*
Ez eman darot, *il m'a refusé.*
Ezcaratza, *aire.*
Ez choilqui, *non-seulement.*
Ezcoa, *cire.*
Ezconcea, *se marier.*
Ezcondua, *marié, ée.*
Ezconza, *mariage.*
Ez deus, *néant, rien.*
Ez deusqueria, *bagatelle.*
Ez deustasuna, *le néant.*
Ez dut acholic, *je ne me soucie*
Ezezagutua, *inconnu.* [*pas.*
Ezeztatcea, *anéantir.*
Ezgaya, *incapable.*
Ezgogoracoa, *désagréable.*
Ezorroitcea, *omettre.*
Ezorroituz, *par omission.*
Ezpala, *copeau.*
Ezpalda, *épaule.*
Ezpela, *buis.* [*l'épée.*
Ezpatan haritcea, *se battre à*
Ezporsatcea, *animer.*
Ezquencea, *offrir, présenter.*
Ezquenza, *offre.*
Ezquerra, *la gauche.*
Ezquila, *cloche, sonnette.*
Eztabada, *différend, dispute.*
Ezteyac, *noces.*
Eztia, *miel.*
Eztia, *doux.*
Eztiqui, *avec douceur.*
Eztimendua, *adoucissement.*
Eztitasuna, *douceur.*
Eztitcea, *adoucir.* — 360.

F

Faborea, *faveur.*
Faboretan, *en faveur.*
Facegatcea, *pacifier.*
Falta, *faute, manque.*

Faltaduna, *coupable, en faute.*
Faltagabea, *innocent, sans faute.*
Faltatcea, *manquer.*
Farnesio, *paralysie.*
Farnesiosa, *paralytique.*
Fedea, *foi.*
Feria, *foire.*
Fidancia, *confiance, sûreté.*
Fida naiz, *je suis sûr.*
Fincatcea, *fonder.*
Fite, *vite.*
Flacadura, *affoiblissement.*
Flacatcea, *affoiblir.*
Flacoa, *foible, impuissant.*
Flacotasuna, *foiblesse.*
Flascoa, *bouteille, flacon.*
Floca, *bouquet.*
Fonditcea, *périr.*
Forchetta, *fourchette.*
Frangancia, *fréquence, multitude*
Frangatcea, *abonder.*
Frangoqui, *abondamment.*
Francoa, *franc, libéral.*
Frescoa, *frais, fraîche.*
Friantasuna, *friandise.*
Froga, *épreuve.*
Froganza, *expérience.*
Frogatcea, *éprouver.*
Fulia, *furie, fureur.*
Fuliatsua, *furieux.*
Funsezcoa, *fondé, assuré.*
Funsgabecoa, *sans fondement.*
Funsitcea, *enfoncer.*
Funsonezcoa, *d'un bon naturel*
Furfuyatsua, *fanfaron.*
Furtsa, *housse.* — 40.

G

Gabe, *sans.*
Gabetcea, *priver.*
Gaindi, non gaindi, *où, par où ?*
Gaindia, *superflu.*

Gaincan, *sur, dessus, en haut.*
Gainecoa, *supérieur.*
Gaineguitea, *accuser.*
Gaineracoan, *au reste, au surplus.*
Gainguiroqui, *moralement.*
Gaistatcea, *devenir méchant.*
Gaistoa, *mauvais, méchant.*
Gaistoagoa, *pire, pis.*
Gaistoqueria, *méchanceté.*
Gaistoteguia, *enfer.*
Gaitasuna, *capacité, dignité.*
Gaitcerizcoa, *haine.*
Gaitcetsia, *haï.*
Gaitceztea, *haïr.*
Gaiten, *soyons.*
Gaitu, *il nous* (aime).
Gaituc, Gaitun, *tu nous* (aimes).
Gaitza, *difficile.*
Gaizbidea, *scandale.*
Gaizbidecatcea, *scandaliser.*
Gaizbidecorra, *scandaleux.*
Gaizcunza, *corruption.*
Gaizguitea, *nuire.*
Gaizqui, *mal.*
Gaizquincea, *corrompre.*
Gakhoa, *clef, clé.*
Galcea, *perdre.*
Galceguitea, *tricoter.*
Galcerdiac, *des bas.*
Galcetac, *chaussettes.*
Galcunza, *dégât.*
Galdea, *demande.*
Galdeguitea, *demandeur.*
Galdeguitea, *demander.*
Galtharpa, *panetière.*
Galzac, *culottes.*
Galzada, *pavé.*
Galzakhordac, *jarretières.*
Galzapena, *perte.*
Gana, ganat, *à, vers.*
Ganaino, *jusque.*
Gangaila, *luette.*
Ganic, *de la part.*

Ganza, *graisse, gras du ventre.*
Garabic, *aucun.*
Garbia, *pur, net, chaste.*
Garbitasuna, *pureté, netteté.*
Garbitcea, *purifier, nettoyer.*
Garda emozu, *prenez garde.*
Gardiacorra, *fidèle, discret.*
Gare, *nous sommes.*
Gargoro, *déjà.*
Garila, *juillet;* Bisc.
Garizuma, *carême.*
Garra, *flamme.*
Garraitcea, *vaincre.*
Garraitua, *vaincu.*
Garraitzailea, *vainqueur.*
Garraizpena, *victoire.*
Garratza, *rude, austère.*
Garua, *fougère;* Guipuzc.
Gasna, *fromage.*
Gatcitcea, *saler.*
Gateilua, *écuelle.*
Gathea, *chaîne.*
Gatheatcea, *enchaîner.*
Gatic, *pour.*
Gatua, *chat, chatte.*
Gatza, *sel.*
Gatzuncia, *salière.*
Gaua, gaba, *nuit.*
Gaubeila, *veille.*
Gaubeilatcea, *veiller.*
Gauherdi, *minuit.*
Gaur, *cette nuit, aujourd'hui.*
Gauza, *chose.*
Gaya, *digne, capable.*
Gayanhera, *chauve-souris.*
Gaztatcea, *dépenser.*
Gaztea, *jeune.*
Gazteguia, *saline.*
Gaztelua, *château.*
Gaztena, *châtaigne.*
Gaztenahondoa, *châtaignier.*
Gaztenamargotsa, *coque de châ-*
Gaztetasuna, *jeunesse.* *(taigne.*

Gaztetcea, *rajeunir.*
Gaztigatcea, *châtier.*
Gaztua, *dépense, frais.*
Globa, *poème.*
Globaria, *poète.*
Gloriagarria, *glorieux.*
Godaria, *chocolat;* Larram.
Gogara, *de gré à gré.*
Gogoa, *délibération, volonté.*
Gogoanbeharcea, *regretter.*
Gogoanbeharra, *regret.*
Gogoeta, *pensée.*
Gogoetatsua, *pensif.*
Gogogaiztoz, *à contre-cœur.*
Goharcea, *s'imaginer.*
Gogora erakharcea, *rappeler au*
Gogoratcea, *penser.* *(souvenir.*
Gogorcea, *durcir, endurcir.*
Gogorra, *dur, rude.*
Gogortasuna, *dureté, rudesse.*
Gogotic, *de bon gré, volontiers.*
Gogoz, *par cœur.*
Gogurria, *lâche, poltron.*
Goibelcea, *devenir noir.*
Goihera, *peu profond.*
Goiheratasuna, *peu de profondeur*
Goiliegoztea, *vomir.*
Goilitcea, *serrer, lever.*
Goiza, *matin.*
Goizdanic, *de bonne heure.*
Goiz edo berant, *tôt ou tard.*
Goiztiarra, *matineux.*
Goldenabarra, *charrue.*
Golordatcea, *récompenser.*
Golua, *gras du menton.*
Gora, *haut.*
Gorabehera, *révolution, querelle.*
Gorainciac, *complimens.*
Goratasuna, *hauteur, élévation.*
Goratcea, *hausser, élever.*
Gorayoaitea, *monter.*
Gorcea, *assourdir.*
Gordea, *caché, ée.*

Gorderic, *en secret.*
Gordetcea, *cacher, disparoître.*
Gordina, *cru, crud, choquant.*
Gordintasuna, *crudité.*
Gorenaz ere, *au pis aller.*
Gorhostua, *houx.*
Gorotza, *fumier.*
Gorotzatcea, *étendre du fumier*
Gorotzathea, *tas de fumier.*
Gorputza, *corps.*
Gorputzhila, *cadavre.*
Gorra, *sourd.*
Gorria, *rouge.*
Gorricara, *gris.*
Gorringoa, *jaune d'œuf.*
Gorritcea, *rougir.*
Gortasuna, *surdité.*
Gortea, *cour.*
Gosalcea, *dejeuner.*
Gosamena, *possession.*
Gosatcea, *posséder.*
Gosatzailea, *possesseur.*
Gosea, *faim.*
Gosetcea, *avoir faim.*
Gosetea, *famine.*
Gostatcea, *coûter.*
Gostosa, *délicieux.*
Gostua, *agrément.*
Goyea, *conversation.*
Goyean, *dessus, sur.*
Gramatica, *grammaire.*
Gramaticaria, *grammairien.*
Gu, guc, *nous.*
Gucia, *tout.*
Guciz, *extrêmement.*
Gudua, *combat.*
Guducatcea, *combattre, battre.*
Guehiago, *plus, davantage.*
Guehiena, *la plupart.*
Guehienaz ere, *tout au plus.*
Guehienic, *principalement.*
Guela, *chambre.*
Gueldi gueldia, *immobile.*

Guelditcea, *s'arrêter, rester.*
Guerecia, *cerise.*
Guerecihondoa, *cerisier.*
Guericatcea, *déguiser, cacher.*
Guerla, *guerre.*
Guero, *après.* [*plus.*
Gueroago guehiago, *de plus en*
Gueroco guero, *encore après.*
Guerer, rrec, *nous-mêmes.*
Gueroz, gueroztic, *dès, depuis que.*
Guerrena, *broche.*
Guerrenin etzarcea, *embrocher.*
Guerricoa, *ceinture.*
Guertacaria, *aventure.*
Guertatcea, *devenir, arriver.*
Guezur erraitea, *mentir.*
Guezurra, *mensonge.*
Guezurtia, *menteur.*
Guibela, *derrière, dos.*
Guibelamendua, *retard.*
Guibelatcea, *reculer, retarder*
Guibelerat, *en arrière, à reculons.*
Guicena, *gras.*
Guicencea, *engraisser.*
Guilharria, *bruyère.*
Guilicatcea, *chatouiller.*
Guilicorra, *chatouilleux.*
Guilza, *clef, clé.*
Guinen, *nous étions.*
Guinuen, *nous avions.*
Guiriqueria, *mollesse.*
Guiristinoa, *chrétien.*
Guiritcea, *être en chaleur;* jument
Guisa, *espèce, façon, guise.*
Guisa, *selon, suivant.*
Guisa da, *il est à propos.*
Guisua, *chaux.*
Guizona, *homme.*
Guizoncea, *devenir homme.*
Guizonquia, *mâle, masculin.*
Guizonttoa, *petit homme.*
Gurea, ac, *notre, nos.*
Gurena, ac, *le nôtre, les nôtres.*

Guria, *beurre*.
Gurloa, *grue*.
Guti, *peu, guère*.
Gutiago, *moins*.
Guticia, *désir*.
Guticiatcea, *désirer*.
Gutiena, *moindre*.
Gutitasuna, *le petit nombre*.
Gutitcea, *amoindrir, diminuer*.
Gutitto, *fort peu*.
Guztatcea, *gouter*. — 230.

H

Habia, *nid*.
Habil, *va, pars*.
Habila, *tu marches*.
Hachca, *charge*.
Hacheria, *renard*.
Hacia, *semence*.
Hacila, *novembre*.
Hadi, *sois*.
Haga, *perche*.
Hago (nigarrez, *tu es tout en pleurs*
Hagua, *hêtre*.
Haguina, *grosse dent*.
Haicea, *vent*.
Haiguitz, *plusieurs*.
Haindurra, *austère*.
Hainitz, *beaucoup*.
Hainitza, *pluriel*.
Hainsturac, *ciseaux*.
Hainzurcea, *bêcher, piocher*.
Hainzurra, *bêche, pioche*.
Haitcea, *venter, faire du vent*.
Haiz, hainzen, *tu es, tu étois*.
Haizcora, *hache*.
Hala, *de même, ainsi*.
Halaber, *de la même façon*.
Halabiz, *ainsi soit-il*.
Halacobat, *un certain, un tel*.
Hala nola, *comme, de même que*
Halere, *cependant*.

Halza, *aune*, arbre.
Hamabi, *douze*.
Hamabigarrena, *douzième*.
Hamaborz, *quinze*.
Hamabirur, *treize*.
Hamalaur, *quatorze*.
Hamar, *dix*.
Hamargarrena, *dixième*.
Hamarena, *dîme, dixme*.
Hamartasuna, *dixaine*.
Hamasci, *seize*.
Hamazazpi, *dix-sept*.
Hameica, *onze*.
Hameicagarrena, *onzième*.
Hambat, *tant*.
Hambatenaz, *d'autant plus*.
Hambat gaiztoago, *tant pis*.
Hambat hobe, *tant mieux*.
Han, harat, *là*.
Hancea, *enfler*.
Handia, *grand*.
Handic, *de là*.
Handisqui, *grandement*.
Handitasuna, *grandeur*.
Handitcea, *grandir*.
Hantpurutcea, *présumer*.
Hantpurutsua, *présomptueux*.
Hantua, *enflé*.
Hantura, *enflure*.
Haraguia, *chair, viande*.
Haraguicoya, *charnel*.
Haraguitsua, *charnu*.
Haratago, *au-delà*.
Harcea, *prendre*.
Harcecoa, *créance*.
Harcedirua, *créancier*.
Haren alderaco, *auprès de lui*.
Hargatic, *c'est pourquoi*.
Harguina, *maçon*.
Haria, *fil*.
Hariberehicatcea, *dévider*.
Haricatcea, *mettre en peloton*.
Haricoa, *peloton de fil*.

Harilgatcea, *dévider.*
Haritcea, *faire, travailler.*
Haritza, *chêne.*
Harpia, *grotte.*
Harra, *ver.*
Harrabotsa, *bruit, carillon.*
Harrapaca, *pillage.*
Harria, *pierre.*
Harrina, *sable.*
Harritcea, *pétrifier.*
Harroa, *creux; sommet.*
Harrobia, *carrière.*
Harroina, *colonne.*
Hartacoz, *pour cela.*
Hartaracozat, *donc, partant.*
Hartaraino, *tellement.*
Harzapena, *capture.*
Hascalcea, *déjeuner.*
Haserredura, *colère.*
Hasserretcea, *fâcher, se fâcher.*
Hasgorapena, *oraison fervente*
Hasperena, *soupir.*
Haspereneguitea, *soupirer.*
Hastancea, *dégoûter, repousser*
Hastapena, *commencement.*
Hastea, *commencer.*
Hastugarria, *haïssable.*
Hator, *tu viens.*
Hatorquio, *tu viens à lui.*
Hatsa, *haleine.*
Hatsharcea, *respirer.*
Hatza, *démangeaison.*
Hau, hunec, *celui-ci.*
Hauc, *ceux-ci.*
Haucia, *procès.*
Haurckhochpea, *fausse couche*
Haurminac, *douleurs de l'enfante-*
Haurqueria, *enfantillage.* (ment.
Haurra, *enfant.*
Haurreguitea, *faire un enfant.*
Hauscorra, *cassant, fragile.*
Haustea, *rompre, briser.*
Haut, hau, *je t'*(aime), *il t'*(aime).

Hauta, *choix, préférence.*
Hautatcea, *choisir.*
Hautatcecoa, *préférable.*
Hautsa, *cendre.*
Hazcarra, *vigoureux.*
Hazcartasuna, *vigueur.*
Hazcunza, *habitude.*
Hazgarria, *nourriture.*
Hazguitea, *gratter.*
Haztea, *nourrir.*
Hec, heyec, *ils, elles.*
Helcitcea, *dompter.*
Hedadura, *étendue.*
Hedatcea, *étendre, tendre.*
Hegala, *aile.*
Hegalcolpea, *vol d'oiseau.*
Hegaldatcea, *voler, s'élever.*
Hegatsa, *plume.*
Hegatza, *toit.*
Heguia, *colline.*
Helcea, *arriver.*
Heldura, *cri au secours.*
Helgaitza, *fièvre.*
Hemen, hemendic, *ici, d'ici.*
Hemeretci, *dix-neuf.*
Hemezorci, *dix-huit.*
Hequien, a, ac, *leur, leurs.*
Herabe izaitea, *répugner.*
Herabetasuna, *répugnance.*
Heraquitcea, *bouillir.*
Herbala, *foible.*
Herbaltasuna, *foiblesse.*
Herchatcea, *exhorter, presser.*
Herecha, *trace, vestige.*
Herena, *le tiers.*
Herenegun, *avant-hier.*
Heriotcea, *mort, décès.*
Heronca, *rang, ordre, ligne.*
Heror, rrec, *toi-même.*
Herotsa, *bruit.*
Herotseguitea, *faire du bruit.*
Herrautsa, *poussière, poudre.*
Herra, *aversion.*

Herratcea, *s'égarer.*
Herrecatcea, *jeter çà et là.*
Herrestatcea, *traîner.*
Herreta, *cruche.*
Herria, *paroisse, contrée.*
Herritarra, *citoyen.*
Hersatcea, *rétrécir, presser.*
Hersia, *étroit.*
Hersua, *peine, angoisse.*
Hesia, *haie vive.*
Hestura, *extrémité.*
Heya, *si.*
Heyagora, *cri de souffrance.*
Hezkhurra, *gland.*
Heztea, *dompter.*
Heztula, *toux.*
Heztulcea, *tousser.*
Hezurra, *os.*
Hi, hic, *tu, te, toi.*
Higualamendua, *conformité.*
Higualatcea, *conformer.*
Higuidura, *mouvement.*
Higuincea, *dégoûter, haïr.*
Higuinqueria, *aversion.*
Higuinza, *dégoût.*
Higuitcea, *ébranler.*
Higuitua, *ému.*
Hilcea, *mourir; tuer.*
Hilabethea, *mois.*
Hilarguia, *lune.*
Hil da (hura, *il est mort.*
Hil du (harc, *il a tué.*
Hion, *je le lui* (donnois).
Hirea, ac, *ton, ta, tes.*
Hiretcea, *attirer à toi.*
Hiretcea, *fougère.*
Hiria, *ville, cité.*
Hirotcea, *pourrir.*
Hirricatcea, *grincer.*
Hirriscua, *danger, risque.*
Hirriscuzcoa, *dangereux.*
Hirua, *matière pourrie.*
Hirur, *trois.*

Hirurcacoa, *trident.*
Hiruretan, *trois fois.*
Hirurgarrena, *troisième.*
Hirurgarrenecoric, *troisièmement*
Hirur hogoi, *soixante.* [et dix.
Hirur hogoi eta hamar, *soixante*
Hirurna, *chacun trois.*
Hirurnaca, *trois à trois.*
Hirurnatan, *chacun trois fois.*
Hirurtasuna, *trinité.*
Hitza, *mot, parole.*
Hitzait, *tu me* (parles).
Hitzayo, *tu lui* (parles).
Hitzemaitea, *promettre.*
Hizcunza, *langue, langage.*
Hizmina, *injure.*
Hizteguia, *recueil de mots.*
Hoa, *tu vas.*
Hobarrotsa, *bruit qui court.*
Hobea, ena, *meilleur, le meilleur*
Hobenduna, *coupable.*
Hobequi, *mieux.*
Hobia, *tombeau.*
Hogoi, *vingt.*
Hogoi eta hamar, *trente.*
Hogoigarrena, *vingtième.*
Hoguena, *crime, faute.*
Hoguendurua, *coupable.*
Hondoa, *fond, profondeur.*
Hondoan, *près, auprès.*
Hondoatcea, *plonger, enfoncer*
Hordia, *ivre.*
Hordiqueria, *ivresse.*
Horditcea, *s'enivrer.*
Hori, horrec, *celui-là.*
Horia, *jaune.*
Horiec, *ceux-là.*
Horitcea, *jaunir.*
Horlatan, *ainsi.*
Horrelaco, *comme cela.*
Horrengainean, *là-dessus.*
Horrengatic, *pour cela.*
Hortaracoz, *pour cela, ainsi.*

11

Hortaraino, *jusque là.*
Hortic heldu da, *de là vient.*
Horzac, *les dents.*
Hostoa, *feuille.*
Hotza, *froid, froide.*
Hozguna, *fraîcheur.*
Huen, *tu avois.*
Huilatcea, *heurter du museau.*
Huilena, *près, proche.*
Huilencea, *s'approcher.*
Huna, horra, *voici, voilà.*
Hunat, *ici.*
Hunatago, *en-deçà.*
Huncla erraiteco, *pour ainsi dire.*
Hungarri, *fumier.*
Hungarritcea, *fumer.*
Hunquitcea, *toucher, flétrir.*
Huntaric, *de ceci.*
Hunza, *hibou.*
Hunzhostoa, *lierre.*
Hura, harc, *il, elle.*
Hurbil, *près, auprès.*
Hurbila, *prochain.*
Hurbilcea, *s'apprcher.*
Hurcia, *noisetier.*
Hurra, *noisette.*
Hurrana, *extrémité.*
Hurren, *presque.*
Hursa, *planche.*
Husa, *fréquent.*
Hustadarra, *arc-en-ciel.*
Hustea, *vider.*
Hustia, *sifflet.*
Hustulatcea, *siffler.*
Hutsa, *vide, faute.*
Hutseguitea, *manquer.* — 280

I

Ibaya, *rivière, ruisseau.*
Ibilcatcea, *se promener.*
Ibilcea, *marcher.*
Ibilcunza, *promenade, exercice.*

Ibildauna, *vagabond.*
Icena, *nom.*
Icendatcea, *nommer, dénommer.*
Icengoitea, *surnom.*
Icercea, *suer.*
Icerdia, *sueur.*
Ichilcea, *se taire.*
Ichilic, *en silence.*
Ichilicacoa, *secret.*
Ichiltasuna, *silence.*
Ichotza, *gelée blanche.*
Ichurascoa, *apparent.*
Ichurcea, *répandre, verser.*
Icialdura, *crainte.*
Icitcea, *étourdir, étonner.*
Icuzdura, *lavement.*
Icuztea, *laver.*
Idequidura, *ouverture.*
Idequitcea, *ouvrir, ôter, enlever.*
Idia, *bœuf.*
Idorcea, *sécher.*
Idorra, *sec, aride.*
Idortea, *sécheresse.*
Iduria, *figure, opinion, apparence*
Iduricatcea, *imiter.*
Iduricoa, *semblable, ressemblant.*
Iduricorqui, *opiniâtrément.*
Iduricorra, *opiniâtre.*
Iduricortasuna, *opiniâtreté.*
Iduritcea, *sembler, ressembler*
Ifernua, *enfer.*
Igaitea, *monter.*
Igana, *monté, ée.*
Igandea, *dimanche.*
Igaraitea, *passer, aller au delà*
Igorcea, *envoyer.*
Igorria, *envoyé, ée.*
Iguela, *grenouille.*
Iguelsoa, *plâtre.*
Iguericatcea, *nager.*
Igundaino, *jamais.*
Iguriquia, *attendu.*
Iguriquigabecoa, *inattendu.*

Iguriquitcea, *espérer, attendre*
Iguzquia, *soleil.*
Ihanguinquitea, *contrefaire.*
Ihara, *moulin.*
Iharabarria, *meule.*
Iharazaina, *meunier.*
Ihardestea, *répondre, céder.*
Iharduquistea, *disputer.*
Iharraustea, *secouer.*
Ihaunstea, *être en chaleur;* truie.
Ihautiria, *carnaval.*
Ihesa, *fuite.*
Ihesguitea, *fuir, s'enfuir.*
Iheslekhua, *asile.*
Ihia, *jonc.*
Ihicia, *chasse, gibier.*
Ihinza, *rosée.*
Ihiztaria, *chasseur.*
Ihiztatcea, *chasser.*
Ikharagarria, *épouvantable.*
Ikharatcea, *trembler, branler.*
Ikharatua, *ébranlé, ée.*
Ikharcea, *examiner.*
Ikhascorra, *studieux.*
Ikhaslea, *étudiant.*
Ikhastea, *apprendre.*
Ikhuscarria, *spectacle.*
Ikhuscatcea, *visiter.*
Ikhuscunza, *vue, spectacle.*
Ikhusgarria, *visible.*
Ikhustea, *voir.*
Ilbalza, *janvier;* Bisc.
Ildoa, *sillon.*
Ilea, *laine, poil, cheveu.*
Ilharberibila, *pois.*
Ilharguia, *lune.*
Ilharra, *haricot, pois.*
Ilhumbeac, *ténèbres.*
Ilhun, *obscur, noir.*
Ilhuncea, *obscurcir, noircir.*
Ilhuntasuna, *obscurité.*
Ilhurria, *source, cause.*
Ilkhitcea, *sortir, venir, prévenir.*

Iloba, *neveu.*
Ilobasoa, *petit-fils.*
Imincea, *placer.*
Imitatcea, *imiter.*
Imprimatcea, *imprimer.*
Inbencea, *imposer.*
Inbenia, *imposé, ée.*
Inbidia, *envie.*
Inciria, *gémissement.*
Incirizharitcea, *gémir.*
Indarra, *force, vigueur.*
Indarsua, *fort, vigoureux.*
Indazu hori, *donnez-moi cela.*
Indioiloa, *dindon, dinde.*
Induria, *injure.*
Inguina, *ingénieux.*
Inguratcea, *entourer, environner.*
Ingurua, *circonférence.*
Inguruna, *environ.*
Inharra, *étincelle.*
Ino, eno, *tant que.*
Inspiratcea, *inspirer.*
Inzaurcia, *noyer,* arbre.
Inzauristera, *amande de la noix.*
Inzaurra, *noix.*
Iparra, *vend du nord.*
Ipurdia, *cul.*
Irabacia, *gain; gagné.*
Irabazosa, *lucratif.*
Irabaztea, *gagner.*
Iracoitzailea, *batteur.*
Iracoiztea, *battre le blé.*
Iragaitea, *passer.*
Iragaitza, *passage.*
Iragana, *passé.* [*s'évanouir.*
Iragancorra, *passager, sujet à*
Iraila, *septembre;* Bisc.
Irakhascunza, *instruction.*
Irakhastea, *enseigner.*
Irakhurcea, *lire.*
Irakhurzailea, *lecteur.* [*cher.*
Iratchaquitcea, *attribuer, atta-*
Iratzarcea, *s'éveiller.*

Iratzarria, *éveillé, vigilant.*
Irauldea, *tourner.*
Iraunguitcea, *éteindre.*
Iraunguitua, *éteint.*
Iraupena, *durée, persévérance*
Iraurcea, *étendre la litière.*
Irautea, *durer, persévérer.*
Irautecoa, *constant, durable.*
Irazquitcea, *ourdir.*
Ireichtea, *traire.*
Ireztea, *avaler.*
Irestea, *peigner.*
Irina, *farine, poudre.*
Irindatua, *poudré, ée.*
Irinigaraitea, *tamiser la farine.*
Irintatcea, *enfariner.*
Irria, *rire, ris.*
Irriguitea, *rire.*
Irrinciria, *hennissement.*
Irritsa, *ambition.*
Irritsua, *rieur.*
Ispichoina, *pari, gageure.*
Ispichoinatcea, *parier, gager.*
Ispichoinatua, *parié, gagé.*
Ispilinga, *épingle.*
Ispiuna, *espion.*
Istudiatcea, *étudier.*
Istuna, *canal.*
Itcea, *clou.*
Itchindia, *tison.*
Itchura, *figure, mine, teint.*
Itchuracharcea, *pâlir.*
Itchuracharra, *pâle.*
Itchurapena, *vision, suspicion.*
Itchurcea, *verser, répandre.*
Ithoa, *noyé, ée.*
Ithona, *fumier des étables.*
Ithotcea, *noyer, étouffer.*
Ithurburua, *source, centre.*
Ithurria, *fontaine.*
Itsasua, *mer.*
Itsasuz, *par mer.*
Itsua, *aveugle.*

Itsuanharitcea, *agir en aveugle*
Itsumandocan, *à colin maillard.*
Itsuntasuna, *aveuglement.*
Itsusia, *laid.*
Itsusqueria, *abomination.*
Itsustasuna, *laideur.*
Itsustea, *enlaidir.*
Itsutcea, *aveugler.*
Itsutuqui, *éperdûment.*
Itzac, itzan, *aie.*
Itzaina, *bouvier, charretier.*
Itzala, *ombre.*
Itzatcea, *clouer, enclouer.*
Itzotza, *gelée.*
Itzozguitea, *geler.*
Itzularaztea, *tourner, converser.*
Itzulcea, *retourner, traduire.*
Itzul hadi, *reviens, retourne.*
Itzulia, *tour, détour.*
Itzulicaria, *rondeur.*
Itzulicatcea, *remuer, bouleverser.*
Itzulingurua, *circonférence.*
Itzurcea, *échapper.*
Iz, *sois.*
Izaba, *tante.*
Izaitea, *être, avoir.*
Izaiten da (hura, *il est.*
Izaiten du (harc, *il a.*
Izana, *été, eu.*
Izandaite, *peut-être.*
Izanza, *situation.*
Izarra, *étoile.*
Izorra, *grosse, enceinte.*
Izorraldia, *grossesse.*
Izorratcea, *devenir enceinte.*
Izpiritua, *esprit.*
Izquerra, *la main gauche.*
Izquerratza, *gaucher.*
Izquila, *cloche.*
Izquiladorrea, *clocher.*
Izquilayoitea, *sonner la cloche.*
Izterbeguia, *ennemi.*
Izterra, *cuisse.*

Izurria, *contagion*. — 220.

J

Jaincoa   ⎫   ⎧Yaincoa
Jatea   ⎬ *Voyez*   ⎨Yatea
Jauna, etc.⎭   ⎩Yauna, etc

KH

Khaba, *creux*.
Khadrila, *quadrille, brigade*.
Khantian, *près, auprès*.
Khaparra, *ronce*.
Khaparstoya, *buisson*.
Kharastasuna, *amertume*.
Kharastea, *rendre amer*.
Kharatsa, *amer*.
Kharcea, *se souvenir*.
Kharra, *zèle, ardeur*.
Kharraca, *lime*.
Kharracatcea, *limer, gratter*.
Kharrafa, *bouteille, carafe*.
Kharrakhazatia, *râcleur*.
Kharrascatcea, *craquer*.
Kharremaitea, *s'embrâser*.
Kharreyatcea, *rapporter*.
Kharrontatcea, *geler*.
Kharrua, *gelée, glace*.
Kharsua, *ardent*.
Khasaca, *veste, casaque*.
Khasatcea, *dissiper*.
Khasotria, *rejeton*.
Khea, *fumée*.
Khechacundea, *inquiétude*.
Khechagarria, *fâcheux*.
Khechatcea, *s'inquiéter, se fâcher*.
Khechua, *inquiet, fâché*.
Khedarria, *suie*.
Kheetatcea, *enfumer*.
Khebila, *claie, barrière*.
Kheinua, *signe, grimace*.
Khelderra, *fiel*.

Khencea, *effacer, chasser*.
Kherestoa, *châtreur*.
Kheretatcea, *châtrer*.
Kheritzatcea, *dissimuler*.
Khilica, *impatient*.
Khilicadura, *excitation*.
Khiloa, *quenouille*.
Khitanza, *quittance*.
Khochoa, *mâle*.
Khocotsa, *menton*.
Khorbua, *crêche*.
Khordocatcea, *branler, remuer*.
Khoroa, *couronne*.
Khoroatcea, *combler, couronner*.
Khunkhura, *bossu*.
Khunkhurcea, *se courber*.
Khuratcea, *panser*.
Khurritcea, *couler, s'écouler*.
Khurutcea, *croix*.
Khurutcificatcea, *crucifier*.
Khutsatcea, *infecter, flétrir*.
Khuya, *citrouille*. — 55.

L

Labaldia, *fournée*.
Labea, *four*.
Labecatcea, *mettre au four*.
Labina, *fée*.
Laboranza, *labourage*.
Laboraria, *laboureur*.
Laburcunza, *abréviation*.
Laburcea, *abréger, accourcir*.
Laburra, *court, bref*.
Laburtasuna, *brièveté*.
Laburzqui, *brièvement*.
Lachatcea, *délivrer, détacher*.
Lachoa, *libre, lâche*.
Lachoan da, *il est en liberté*.
Laguna, *compagnon*.
Laguncea, *accompagner, aider*
Lagunza, *aide, secours*.
Lagunzailea, *protecteur*.

Laidoa, *déshonneur*.
Laidoztatcea, *déshonorer*.
Laidoztatua, *déshonoré*.
Lainoa, *simple*.
Lainoqui, *simplement*.
Lainotasuna, *simplicité*.
Lakhetcea, *se plaire*.
Lakhoa, *pressoir*.
Lama, *flamme*.
Lamputza, *émoussé*.
Lampuztea, *émousser*.
Lana, *travail, labeur*.
Landa lucia, *longue lande*, l'An-
Landan, *après*. [dalousie.
Landarea, *plante*.
Landatcea, *planter*.
Lancea, *hacher*.
Landerac, *chenets, landiers*.
Languiadura, *langueur*.
Languilea, *ouvrier*. [*mens*.
Lanhabesac, *ustensiles, instru-*
Lanhoa, *brouillard*.
Lanzadera, *navette*.
Lanzaroa, *occupation*.
Lapa, *lie de vin*.
Laparra, *ronce*.
Larania, *orange*.
Laratza, *crémaillère*.
Largatcea, *élargir, abandonner*.
Largoa, *large, ample*.
Largotasuna, *largeur, libéralité*.
Larra, *ronce* ; Guipuzc.
Larrua, *cuir, peau*.
Larrutcea, *écorcher*.
Larumbata, *samedi*.
Laster, *tôt, bientôt, d'abord*.
Lastercatcea, *courir*.
Lastercatzailea, *coureur*.
Lastereguitea, *hâter, se hâter*.
Lasterra, *prompt*.
Lasterrago, *plutôt*.
Lastertasuna, *promptitude*.
Lastoa, *paille*.

Lastometa, *monceau de paille*.
Lastozacua, *paillasse*.
Latza, *rude, raboteux*.
Laudagarria, *louable*.
Laudamendua, *approbation*.
Laudatcea, *louer, approuver*.
Laudorioa, *louange*.
Lauquantoindua, *carré*.
Laur, *quatre*.
Laurdena, *quart, pinte*. [tre.
Laurdencatcea, *partager en qua-*
Lauretan, *quatre fois*.
Laurgarrena, *quatrième*.
Laurgarrenecoric, *quatrièmem*¹.
Laur hogoi, *quatre-vingts*.
Laur hogoi eta hamar, *quatre-*
Laurna, *chacun quatre*. [vingt-dix
Laurnaca, *quatre à quatre*.
Laurnatan, *chacun quatre fois*
Lausengaria, *flatteur*.
Lausengatcea, *flatter*.
Lausengatzailea, *flatteur*.
Lausengua, *flatterie*.
Layecoa, *laïque*.
Lazcea, *devenir rude*.
Lazdura, *horreur, dégoût*.
Lazgarria, *horrible, dégoûtant*
Legorra, *gravier*.
Leguea, *loi*.
Lehen, *avant, auparavant*.
Lehena, *aîné, ée*.
Lehenago, *jadis, autrefois*.
Lehenagocoa, *antérieur*.
Lehenbailehen, *au plutôt*.
Lehenbician, *au commencement*.
Lehenbicicoa, *premier*.
Lehenbicicoric, *premièrement*.
Lehenbidea, *original*.
Lehencatcea, *préférer*.
Lehencunza, *préférence*.
Lehengusua, *cousin germain*.
Lehenic, *d'abord*.
Lehentasuna, *antiquité, aînesse*.

Lehercea, *écraser, crever.*
Lehia, *hâte, désir.*
Lehiarequin, *avec impatience.*
Lehiatcea, *se hâter.*
Lehiatsua, *prompt, empressé.*
Lehiaz, *à la hâte.*
Lehoina, *lion.*
Leihoa, *fenêtre.*
Leina, *lisse, poli.*
Leincea, *lisser, polir.*
Leinua, *race, lignée.*
Leizarra, *frêne.*
Lekhat, *sauf, excepté.*
Lekhayoa, *laquais.*
Lekhoabat, *une lieue.*
Lekhua, *lieu, endroit.*
Lekhuan, *au lieu.*
Lekhucea, *témoin.*
Lekhucotasuna, *témoignage.*
Lekhusaldatcea, *transporter.*
Lelotsua, *fameux.*
Lemania, *levain.*
Lepoa, *col ou cou.*
Lerdena, *droit.*
Lerradura, *glissade.*
Lerratcea, *glisser.*
Lerroa, *ligne, rang.*
Lerrocatcea, *ranger.*
Lerro lerro, *de suite.*
Lerroqua, *alignement.*
Letherina, *procession.*
Letra, *lettre.*
Letraquindea, *grammaire.*
Letraquindarra, *grammairien*
Leyorra, *abri.*
Libranza, *délivrance.*
Libratcea, *délivrer.*
Liburuteguia, *bibliothèque.*
Lihoa, *lin.*
Lilia, *fleur.*
Lilitcea, *fleurir.*
Liluratcea, *séduire.*
Lima, *lime.*

Limatcea, *limer.*
Limburcca, *tenter.*
Limburia, *glissant.*
Limburtasuna, *tentation.*
Linia, *linge.* [*instant.*
Lipar baten buruan, *dans un*
Liparra, *instant.*
Litchuba, *laitue.*
Liligatcea, *plaider.*
Lizuna, *impudique.*
Lizuntasuna, *impudicité.*
Loa, *sommeil.*
Locarria, *lien.*
Loguitea, *dormir.*
Lohazna, *assoupissement.*
Lohia, *boue, ordure.*
Lohiciloa, *bourbier.*
Lohiqueria, *impureté.*
Lohistatcea, *éclabousser.*
Lohitcea, *souiller.*
Lohitsua, *boueux.*
Lokharcea, *s'endormir, dormir.*
Lokhartua, *endormi.*
Lokhumba, *sommeil.*
Loralcea, *fleurir.*
Lorea, *fleur.*
Loria, *gloire.*
Loriatcea, *se glorifier.*
Loscoa, *petit étang.*
Lotasila, *Décembre;* Bisc.
Lotcea, *lier.*
Lothura, *liasse.*
Lothutcea, *panser.*
Lotsa, *pudeur.*
Lozgarria, *effroyable.*
Lucea, *lucia, long.*
Lucea da, *il est long.*
Lucecunza, *longitude.*
Lucetasuna, *longueur.*
Luisa, *écu.*
Lukhainca, *saucisse.*
Lukhuranza, *avarice, usure.*
Lukhuraria, *avare, usurier.*

Luma, *plume.*
Lurcea, *se convertir en terre.*
Lurlana, *agriculture, labourage.*
Lurplauna, *terrasse.*
Lurra, *terre.*
Lurrecoa, *terrestre.*
Lurzola, *sol.*
Luzamendua, *retard.*
Luzatcea, *prolonger, différer.*
Luzatugabe, *sans délai.* — 200.

M

Madaria, *poire.*
Madarihondoa, *poirier.*
Maguina, *fourreau, gaîne.*
Mahaina, *table.*
Mahastia, *vigne.*
Mahastizaina, *vigneron.*
Mahatsa, *raisin.* [*raisin.*
Mahatsmolkhoa, *grappe de*
Mahuma, *cauchemar.*
Mailac, *degrés d'escalier.*
Mailarrac, *haricots.*
Mailegatcea, *emprunter.*
Mailua, *marteau, maillet.*
Mailucatcea, *s'enrouer.*
Maina, *industrie, génie.*
Mainada, *famille.*
Mainatcea, *baigner.*
Maingua, *boiteux.*
Maingutcea, *boiter.*
Mainhua, *bain.*
Maithagarria, *aimable.*
Maithatcea, *aimer.*
Maithea, *cher, chéri.*
Maithe dut, *j'aime.*
Maiz, *souvent.*
Makhalcea, *meurtrir, estropier*
Makhaldua, *estropié.*
Makhila, *bâton.*
Makhilaca, *à coups de bâton.*
Makhilacaria, *bâtoniste.*

Makhurca, *à tort.*
Makhurcea, *détourner, dérégler.*
Makhurdura, *dérèglement.*
Makhurra, *inégal, différent.*
Makhurtasuna, *différence, iné-*
Malda, *abri.* [*galité.*
Maldan, *à l'abri.*
Mamia, *mie de pain.*
Manacunza, *ordonnance.*
Manamendua, *commandement*
Manatcea, *commander.*
Manatua, *ordre, message.*
Manatzailea, *précepteur.*
Manayamendua, *gouvernement.*
Manayatcea, *gouverner.*
Mandazaina, *muletier.*
Mandoa, *mulet.*
Mansoa, *doux, apprivoisé.*
Mansotasuna, *douceur, bonhomie.*
Mansotcea, *apprivoiser.*
Manua, *ordre.*
Manuguina, *humble.*
Manuz, *par ordre.*
Marchoa, *mars.*
Marchoilarra, *huppe.*
Mardoa, *mol, mou.*
Mardotasuna, *mollesse.*
Mardotcea, *amollir.*
Marfondia, *rhume.*
Marfonditcea, *s'enrhumer.*
Marfonditua, *enrhumé.*
Margotsa, *coque de châtaigne.*
Maraca, *bêlement.*
Maranta, *rhume.*
Marrasca, *cri d'alarme.*
Marroa, *bélier.*
Marrusquatcea, *frotter.*
Mathela, *joue.*
Mayasturua, *charpentier.*
Mayatza, *mai.*
Mayestatea, *majesté.*
Medioz, *moyennant.*
Mcharcea, *étrécir, rétrécir.*

Meharra, *étroit.*
Mehatcea, *maigrir, amincir.*
Mehatchatcea, *menacer.*
Mehatchua, *menace.*
Mehea, *maigre, mince.*
Mehetasuna, *maigreur.*
Meilatcea, *entreprendre.*
Menayatcea, *ménager.*
Mendea, *siècle.*
Mendecaria, *vindicatif.*
Mendecoste, *pentecôte.*
Mendia, *montagne, colline.*
Mendikarra, *montagnard.*
Menean, *à même.*
Mengua, *raison. [avez vous?*
Mengua duzu (cer, *quel intérêt*
Mentura, *fortune, hasard.*
Menturascoa, *incertain.*
Menturatcea, *hasarder.*
Mentur z. *peut-être.*
Merechimendua, *mérite.*
Merechitcea, *mériter.*
Merkhatua, *marché.*
Merkhatu eguna, *jour de marché.*
Mesfidancea, *méfiance.*
Meta, *masse.*
Meza, *messe.*
Meza nausia, *grand'messe.*
Mezua, *avis, avertissement.*
Mezutcea, *avertir.*
Midicua, *médecin.*
Milraurcea, *égrener.*
Mihia, *langue.*
Mihinera, *osier.*
Mihisea, *linceul.*
Mila, *mille.*
Milagro, *miracle.*
Mina, *aigre; douleur.*
Mina, *pépin.*
Mindegaia, *pépinière.*
Minagrea, *vinaigre.*
Mingarria, *pénible.*
Minqui, *avec douleur.*

Mintasuna, *aigreur.*
Minzaira, *langue, langage.*
Minzaraztea, *faire parler.*
Minzatcea, *parler.*
Minzatzailea, *parleur, orateur*
Miragarria, *admirable.*
Miraila, *miroir.*
Mi anharcea, *viser.*
Mirchica, *pêche, fruit.*
Mirchicahondoa, *pêcher,* arbre.
Mirua, *milan.*
Miserac, *lunettes.*
Misquina, *niais, mesquin.*
Mizpira, *nèfle.*
Mizpiratcia, *néflier.*
Mochtasuna, *brièveté.*
Mococa, *raisonnement.*
Mokhoa, *bec, pointe.*
Mokhoduna, *pointu.*
Mola, *amas, meule.*
Moldatcea, *mouler, façonner.*
Moldea, *moule, forme.*
Moldegaitza, *étourdi.*
Moldegaiztasuna, *étourderie.*
Molkhoa, *grappe.*
Molsa, *bourse.*
Moneda, *monnaie.*
Montoina, *monceau.*
Montoinatcea, *amonceler.*
Monzchorratcea, *ébranler.*
Morteroa, *mortier.*
Mortificatcea, *mortifier.*
Mothel, *bredouilleur.*
Mothelcea, *bredouiller.*
Mothoa, *coiffure* de femme.
Motzorra, *tronc.*
Mucurua, *comble.*
Mudanza, *changement.*
Mudatcea, *déguiser,* changer.
Muga, *heure, temps.*
Muga onez, *de bonne heure.*
Mugarra, *limite, borne.*
Mugaz, *de bonne heure.*

Muguidac, *grimaces.*
Muina, *cervelle.*
Mukhunasa, *mouchoir.*
Mukhuquencea, *moucher.*
Mulzatcea, *accoupler.*
Mulzoa, *amas.*
Mundua, *monde.*
Munduarequin, *avec le monde.*
Munduherria, *univers.*
Mundupea, *commerce du monde.*
Mundurucatcea, *chiffonner.*
Mundutarra, *mondain, profane.*
Murkhuila, *quenouille.*
Murritcea, *tonnre.*
Murriztua, *tondu.*
Murrua, *mur.*
Murrueguilea, *maçon.*
Musqueta, *musc.*
Musquila, *rejeton.*
Mustarda, *moutarde.*
Musua, *face, baiser.*
Musuema tea, *donner un baiser.*
Musuz muzu, *face à face.*
Muthiria, *rude, violent.*
Mutila, *valet, garçon.*
Mutilquia, *garçon, enfant mâle.*
Mutua, *muet.*
Muturra, *face.*
Mututasuna, *mutité.*
Mututcea, *devenir muet.*
Muyana, *trésor.* — 190.

N

Nabaditcea, *remarquer.*
Nabala, *couteau de poche.*
Nabarmena, *incivil.*
Nabarmentasuna, *incivilité.*
Nabila, *je marche.* [*pleurs.*
Nago (nigarez, *je suis tout en*
Naguia, *paresseux.*
Naguitasuna, *paresse.*
Naguitcea, *se relâcher.*

Nabasigabea, *sans se troubler.*
Nabasmendua, *rébellion, révolte.*
Nabaspilatcea, *embrouiller.*
Nabaspilatzailea, *brouillon.*
Nahasqueria, *confusion, trouble.*
Nahasta, *rapport.* [*teur.*
Nahastaria, *rapporteur, impos-*
Nahistea, *mêler, brouiller.*
Nahastecatcea, *mélanger.*
Nahastua, *mélangé.*
Nahia, *vouloir, désir.*
Nahicaria, *agréable.*
Nahicundea, *envie, désir.*
Nahi eta ez, *absolument.*
Nahigabea, *déplaisir.*
Nahi ukhailea, *avoir fantaisie.*
Nahiz, *soit, ou, quoique.*
Nahizaitea, *vouloir.*
Naincen, *j'étois.*
Naiteque, *je puis.*
Naiz, *je suis.*
Narrayotasuna, *incommodité.*
Narrayotcea, *incommoder.*
Narrayotua, *incommodé.*
Nator, *je viens.*
Natorquio, *je viens vers lui.*
Naturaleza, *nature.*
Naturazgoragoa, *surnaturel.*
Nau, *il m'(aime.)*
Nauc, naun, *tu m'(aimes.)*
Nausia, *maître.*
Nausicara, *en maître.*
Nausitasuna, *autorité, supériorité*
Nausitcea, *maîtriser, s'emparer.*
Naza, *canal de moulin.*
Negua, *hiver.*
Neholaere, *en aucune manière*
Nehor, nehorez, *personne, nul*
Neitcea, *achever.*
Nekhatcea, *travailler, peiner.*
Nekhatua, *souffrant.*
Nekhea, *travail, peine.*
Nekhez, *à peine, avec peine.*

Nekhezcoa, *pénible*.
Nerea, ac, *mien, miens*. [*place*.
Nere toquian naiz, *je suis à ma*
Neror, rrec, *moi-même*.
Nescatila, *fille, jeune fille*.
Nescatoa, *servante*.
Neurcea, *mesurer*.
Neurria, *mesure*.
Neurritcea, *mesurer*.
Neurtua, *modéré*.
Ni, nic, *je, me, moi*.
Niabara, *brun*.
Niaflatcea, *manger avec goût*.
Niaucatcea, *miauler*.
Nigargarria, *déplorable*.
Nigarguitcea, *pleurer, gémir*.
Nigarrez dago, *il est tout en pleurs*
Nihoiz, *jamais*.
Nimia, *petit*.
Nion, *je le lui* (donnois.)
Nitaz, *par moi*.
Nitzaic, *je te* (parle.)
Nitzayo, *je lui* (parle.)
Nitzazu, zue, *je vous* (parle.)
Noa, *je vais*.
Noiz, *quand*.
Noizbait, *enfin, à la fin*.
Noiz eta ere, *sitôt que, lorsque*.
Noizezguero, *depuis quand*.
Noiz heldu du, *quand est-il ar-*
Noizic behin, *quelquefois*. [*rivé?*
Nola, *comme, comment*.
Nolacoa, *quel, comment*.
Nolacoa den, *ce qu'il est*.
Nola nahizcoa, *quel qu'il soit*.
Nolazbait, *déjà*.
Nolaz baitere, *bien que, quoique*.
Non, nun, *où*, (*tellement*) *que*.
Nondic, *d'où*.
Non ez, *à moins que*.
Non ez da, *s'il n'est pas*.
Nor, norc, *qui?*
Noraraino, *jusqu'où*.

Norbait, *quelqu'un*.
Norc-ere, *quiconque, quelconque*.
Norhabea, *enfant*.
Nortea, *nord*.
Nun, non, *où*. — 100.

O

Obeditcea, *obéir*.
Obeta, *sérénade*.
Obra, *œuvre, ouvrage*.
Obraria, *ouvrier*.
Obratcea, *opérer*.
Ocena, *clair, sonore*.
Ocenqui, *clairement*.
Odola, *sang*.
Odoldagarria, *sanglant*.
Odoldatcea, *ensanglanter*.
Odolezcoa, *sanglant*.
Odolguia, *boudin*.
Odol opila, *masse du sang*.
Oficialea, *artisan*.
Oguena, *tort, injustice*.
Ogueneguitcea, *faire tort*.
Oguenemaitcea, *accuser*.
Ogensua, *coupable*.
Oguia, *pain*.
Oguiachala, *croûte de pain*.
Oguibihia, *froment*.
Oguiburua, *épi de froment*.
Oguimamia, *mie de pain*.
Ohancea, *nid*.
Oharcea, *s'apercevoir*.
Oharsuna, *souvenir, mémoire*
Oharzailea, *qui a de la mémoire*.
Ohatcea, *s'aliter, se percher*.
Ohea, *lit*.
Ohecerua, *ciel de lit*.
Ohekhoa, *berceau*.
Ohezurra, *bois de lit*.
Ohicena, *feu, défunt*. [*faire*.
Ohi du (eguiten, *il a coutume de*
Ohiezbezalacoa, *extraordinaire*.

Ohitcea, *s'accoutumer.*
Ogitua, *accoutumé, ée.*
Obitza, *usage.*
Ohoi̇̀oa, *vol, larcin.*
Ohoina, *voleur.* [leurs.
Ohoinesta'gui, *repaire de vo-*
Ohorateca, *honorer.*
Oho.ca, *honneur.*
Oihala, *toile, tissu.*
Oihana, *forêt.*
Oihua, *cri d'appel.*
Oihuanza, *voix.*
Oihugaitea, *crier, appeler.*
Oilanta, *poulette.*
Oilara, *coq.*
Odiscoa, *poulet.*
Oiloa, *poule.*
Oiloteguia, *volière.*
Oina, *pied.*
Oin-cea, *douleur.*
Okhelaicea, *trancher.*
Okhelia, *viande.*
Okh.rcea, *rendre tortu.*
Okherqueria, *ruse, artifice.*
Okherra, *borgne.*
Okhertasuna, *courbure.*
Okhina, *boulanger.*
Oldea, *dessein, fantaisie.*
Olha, *cabane, forge.*
Olioa, *huile*
Oloa, *avoine.*
Omen, *on dit que.*
Omena, *réputation.*
Omench, *à moins.* [mort
Omen da-hil, *on dit qu'il est*
On, ona, onac, *bon, bonne.*
On fegun, *bon jour.*
On Igua, *bonne nuit.*
Oncarria, *utile.*
Oncea, *murir*
Ondicoa, *danger, péril.*
Ondicogogorra, *misère.*
Ondicozcoa, *dangereux.*

Ondoan, *après, enfin.*
Ondocoa, *suivant, qui suit.*
Ondorea, *suite, conséquence.*
Ondore tcea, *résulter, s'e suivre.*
Oneguitea, *garantir.*
O jestea, *agréer.* [*supporter.*
Onets dirot tecen, *je ne puis*
Onez on, *de gré à gré.*
Ongarria, *fumier.*
Ongui, *bien*
Onguia, *accommodement.*
Onguieguina, *bienfait.*
O guiqui, *bonnement.*
Ongui'zailea, *conciliateur.*
Onhacunza, *fatigue, ennui.*
Onharcea, *accepter.*
Onhatcea, *se fatiguer.*
Onhatua, *fatigué.*
Onsa, *bien.*
Onsaqui, *bonnement.*
Onsatcea, *accommoder.*
Ontasuna, *bien, bonté.*
Ontasun aguerric, *biens-fonds*
Ontasuncorra, *intéressé, avare*
Onta-un-ua, *opulent.*
Onthua, *mûr.*
Opia, *masse, gâteau.*
Ora, *chien.*
Orai, *à cette heure, maintenant*
Orai-arteraino, *jusqu'à présent*
Oraidanic, *des à-présent.*
Oraino, *encore*
Orceguna, *jeudi.*
Orcirailea, *vendredi.*
Ordaina *réciproque.*
Ordainca, *réciproquement.*
Ordainez, *réciproquement.*
Ordea, *mais.*
Ordena, *ordre; sacr.*
Ordenua, *testament.*
Ordochia, *mâle, masculin.*
Ordongua *brave.*
Ordua, *heure, circonstance.*

BASQUE-FRANÇAIS 165

Orduan, *alors, lors.*
Orduberean, *au même instant.*
Oreina, *cerf.*
Orena, *heure.*
Orga, *charrette.*
Orgaguilea, *charron.*
Orginac, *orgues.*
Orhacea, *pétrir.*
Orhea, *pâte.*
Orkhaldua, *qui est en chaleur.*
Orkheya, *forme.*
Oro, *tout.*
Orobat, *aussi, même chose.*
Orochtian, *tant il.*
Orotacoa, *souverain.*
Orratza, *aiguille.*
Orraztara, *aiguillée.*
Orrecea, *peigne.*
Orreztatcea, *peigner.*
Orroa, *beuglement.*
Orroaz haritcea, *beugler, meugler.*
Orroitcea, *se souvenir.*
Orroitzapena, *le souvenir.*
Osagarria, *santé.*
Osasuna, *santé.*
Osatcea, *châtrer.*
Oskhia, *soulier.*
Oskhzola, *semelle de soulier.*
Osoa, *entier.*
Osoba, *oncle.*
Oso-emaitea, *abandonner.*
Osoqui, *entièrement.*
Ospetsua, *fameux.*
Ostalera, *hôtelier, cabaretier.*
Ostarguia, *clair, azuré.*
Ostarua, *mai; Bisc.*
Ostatcea, *loger à l'auberge.*
Ostatua, *hôtellerie, cabaret.*
Ostea, *multitude.*
Ostegana, *jeudi; Bisc.*
Osticatcea, *fouler.*
Osticoa, *coup de pied.*
Ostirala, *vendredi; Bisc.*

Ostocatcea, *effeuiller.*
Otharra, *plant de genêts.*
Otharrea, *panier, corbeille.*
Othea, *genêt épineux.*
Othe da (heldu, *est-ce qu'il est arrivé?*
Othoi, *de grâce.*
Othoitza, *prière.*
Othoiztea, *prier.*
Otsaila, *février.*
Otsoa, *loup.*
Oyala, *drap.*
Oyana, *forêt, haute futaie.*
Oyarzuna, *écho.*
Ozca, *entaille.*
Ozcatcea, *entailler.*
Ozpina, *foudre.* — 180.

P

Pacegatcea, *appaiser.*
Pagamendua, *paiement.*
Paganoa, *payen.*
Pagatcea, *payer.*
Pagatzailea, *payeur.*
Pagoa, *hêtre.*
Pairabidea, *patience.*
Pairacorra, *patient.*
Pairacunza, *passion, souffrance.*
Pairatcea, *souffrir, patir.*
Paldoa, *pieu.*
Pampacaria, *qui se bat.*
Pampacatcea, *se battre.*
Panerua, *chaudière.*
Papagaya, *perroquet.*
Papera, *papier.*
Paperihara, *papetier.*
Parabisua, *paradis.*
Parada, *commodité, occasion.*
Paratcea, *exposer, s'exposer.*
Parela, *parpi, pente.*
Parta, *boue.*
Partalea, *participant.*
Partetic, *à l'égard de.*

Patua, *contrat, pacte.*
Pausatasuna, *modestie.*
Pausatua, *honnête, modeste.*
Pausaturic, *posé, perché.*
Pausua, *pause, repos.*
Pazco, *p-hazco, pâques.*
Peca, *sot, idiot.*
Pecada, *bécasse.*
Pecardina, *bécassine.*
Pedechadura, *rapiècetage.*
Pedechatcea, *rapiècer, rapiéceter.*
Pedechua, *pièce.*
Pegarra, *cruche, péga.*
Pencea, *gazon.*
Pendura, *inclination, penchant.*
Pensatcea, *inventer.*
Pergamioa, *parchemin.*
Perechatcea, *accueillir avec*
Perestua, *laborieux.* [*respect.*]
Perrcca, *guenille.*
Perreta, *pourceau mâle.*
Pesquiza, *espérance.*
Petarra, *montagne, colline.*
Pian, *dessous.*
Piaya, *voyage.*
Piayatcea, *voyager.*
Picoa, *figue.*
Picohondoa, *figuier.*
Pinoa, *pin.*
Pintatcea, *peindre.*
Pipita, *pepin.*
Pirola, *pilule.*
Pisatcea, *peser.*
Piscorra, *gaillard.*
Pisua, *poids, pesanteur.*
Pitcherra, *pot à l'eau.*
Piztea, *rallumer, ressusciter.*
Piztua, *ressuscité.*
Plamua, *page d'un livre.*
Pochelatcea, *occuper.*
Pochelatua, *occupé.*
Pocoadura, *corruption.*
Pompatsua, *superbe.*

Pompoila, *onde.*
Pontatic, *des que.*
Poroganza, *preuve.*
Porogatcea, *prouver.*
Porroscatcea, *déchirer.*
Potchoa, *chien, chienne.*
Predicalquia, *chaire.*
Predicaria, *prédicateur.*
Predicatcea, *prêcher.*
Premia, *nécessité, besoin.*
Premiatcea, *presser, solliciter.*
Prestamua, *prêt.*
Primadera, *printemps.*
Primanza, *héritage.*
Primogoa, *primogéniture.*
Primua, *héritier.*
Probetchua, *profit.*
Progotchitcea, *profiter.*
Progotchosa, *utile.*
Progotchua, *profit.*
Pulita, *joli, poli.*
Pulitasuna, *propreté, politesse.*
Pulumpatcea, *plonger, prolonger.*
Punsua, *boudeur.*
Punsutcea, *bouder, se piquer.*
Purpuratcea, *peupler.*
Purupilatcea, *plier.*
Putchitcea, *fournir.*
Putza, *souffle.*
Putzuzoina, *paquet.*
Puzca, *pièce.*
Puzcabat, *un peu.*
Puztcea, *souffler.* — 100.

Q

Quaratsa, } Voy. { Kharatsa
Quencea, } { Khencea
Quiloa, etc. } { Khiloa, etc.

R

Reguea } Voy. { Erreguea
Resuma, etc } { Erresuma, etc.

S

Sabela, *estomac.* [*mandise.*
Sabeldarrayatasuna, *gour-*
Sabelkhoya, *gourmand.*
Sabicoa, *sureau.*
Sagardoya, *verger.*
Sagarhondoa, *pommier.*
Sagarnoa, *cidre.*
Sagarra, *pomme.*
Sagua, *souris, rat.* [*ter.*
Sahescalcea, *s'appuyer, s'acco-*
Sahetsa, *côté.*
Saindua, *saint.*
Sainduqui, *saintement.*
Saindutasuna, *sainteté.*
Sakhaila, *massacre.*
Sakhailatcea, *massacrer.*
Sakhela, *poche.*
Salbamendua, *salut.*
Salbatzailea, *sauveur.*
Salbo, *sauf, excepté.*
Salboina, *savon.*
Salcea, *vendre.*
Salda, *bouillon.*
Saldua, *vendu.*
Saliga, *saule.*
Salpena, *vente.*
Salsa, *sauce.*
Samura, *tendre.*
Sangra, *saignée.*
Sangratcea, *saigner.*
Saniacorra, *inconstant.*
Saniacundea, *inconstance.*
Saquatsac, *reins.*
Sarbidea, *entrée.*
Sarcea, *entrer.*
Sarcunza, *entrée.*
Sardea, *fourche.*
Sardesca, *fourchette.*
Sarea, *filet, piège.*
Sarga, *branchage.*

Saristatcea, *récompenser.*
Sarla, *serrure.*
Sarlagina, *serrurier.*
Sarrasquitcea, *massacrer.*
Sarri, *tantôt.*
Sasquia, *corbeille.*
Sasta, *nombre.*
Sathorra, *taupe.*
Satsutcea, *lacher, gâter.*
Satsutua, *gâté.*
Sayela, *voile.*
Secula, *perpétuité.*
Seculan, *jamais, à jamais.*
Seculacoa, *perpétuel.*
Seda, *soie.*
Segada, *piège.*
Seguida, *suite.*
Seguidan, *ensuite.*
Seguitcea, *suivre.*
Seguramendua, *assurance.*
Seguratcea, *assurer.*
Sehia, *domestique.*
Sei, *six.*
Seigarrena, *sixième.*
Seinalatcea, *signaler.*
Seinalea, *signe, signal.*
Seindagala, *victoire.*
Seituetan haritcea, *jouer aux*
Selarua, *salle.* [*6 quilles.*
Selauria, *étage.*
Semea, *fils.*
Sendatcea, *guérir.*
Senditcea, *sentir.*
Sendoa, *fort, stable.*
Senharra, *mari, époux.*
Senticorra, *rancunier.*
Senticunza, *sens, sentiment.*
Sesca, *roseau.*
Sethiatcea, *assiéger.*
Sethioa, *siège* d'une ville.
Simista, *éclair.*
Sinhetsbera, *crédule.*
Sinhetsberatasuna, *crédulité.*

Sinhetsgorra, *incrédule.*
Sinhetsgortasuna, *incrédulité.*
Sinhestea, *croire, ajouter foi.*
Sinhestea, *foi, croyance.*
Sinhetsia, *cru, que l'on croit.*
Soa, *vue.*
Sobaya, *grenier à foin.*
Soberamendua, *épargne.*
Soberatcea, *épargner.*
Soberbia, *orgueil.*
Sobra, *trop.*
Sobrania, *excès.*
Soca, *corde.*
Socagilea, *cordier.*
Socaguina, *cordier.*
Soguitea, *regarder, voir.*
Soinquidea, *compagnon.*
Solasa, *conversation, propos.*
Solaseguitea, *converser.*
Sorbalda, *épaule.*
Sorcea, *naître.*
Sorguina, *sorcier, ère.*
Sorherria, *patrie.*
Sorthua, *né, née.*
Sos bat, *un sol.*
Sua, *feu*
Suberria, *feu de joie.*
Sudurra, *nez*
Suetakharra, *ferveur, ardeur.*
Sugarra, *ardent, impatient.*
Suguea, *serpent.*
Suhalama, *incendie.*
Suhurcea, *prendre feu.*
Suharra, *violent.*
Suhartua, *enflammé.*
Suhia, *gendre*
Sukhaldea, *cuisine.*
Sukharra, *fièvre.*
Sonsitcea, *confondre.*
Supilha, *pelle à feu.*
Superetra, *foyer, âtre.*
Superra, *fier, orgueilleux.*
Supertasuna, *fierté.*

Surrautsa, *tabac;* Larram.
Sutondoa, *foyer, âtre.*
Sutondocho oa, *coin du feu.*
Sutumpa, *canon;* Larr.—130.

T

Tabala, *tambour.*
Tabalatcea, *tambouriner.*
Tacada, *tranchée.*
T co, *pour, de.*
Talendua, *inclination.*
Tantoa, *jeton*
Tapa, *bouchon.*
Tarritatcea, *exciter.*
Taula, *planche.*
Taulanda, *plancher.*
Taz, *par.*
Tazgarria, *horrible.*
Tcharcea, *s'impatienter.*
Tchartasuna, *impatience.*
Tcea, *gousse.*
Teguia, *hutte, abri; magasin*
Teila, *tuile.*
Teilatua, *toit.*
Tela, *toile.*
Tentamendua, *tentation.*
T rrepanqui, *subitement.*
Thara, *chagrin.*
Tharcea, *se chagriner.*
Thebekhatcea, *défendre.*
Thebekhatua, *défendu.*
Theina, *malpropre, sale.*
Theinqueria, *saleté.*
Theitcea, *salir.*
Thema, *secte.*
Thematcea, *soutenir, s'obstiner.*
Thematua, *sectaire.*
Therrestatcea, *traîner.*
Thilia, *mamelle.*
Thilitcea, *allaiter.*
Thipia, *petit.*
Thipitcea, *apetisser, rapetisser.*

Thua, *salive.*
Thu eguitea, *cracher.*
Tiesoa, *ferme, résolu.*
Tiesotasuna, *fermeté, résolution.*
Tiesotcea, *devenir fort.*
Tindatcea, *teindre.*
Tindatzailea, *teinturier.*
Tindua, *encre, teinture.*
Tinkhatcea, *garrotter, presser.*
Tinqui, *fortement, ferme.*
Tinquitasuna, *fermeté.*
Tipula, *oignon.*
Tipusqui, *subitement.*
Tirrina, *terrine, pot de chambre.*
Toliatcea, *tourmenter.*
Tontoa *stupide.*
Topatcea, *accepter, approuver.*
Toquia, *place, endroit.*
Tornatcea, *tourner.*
Tornua, *tour.*
Trabatcea, *empêcher.*
Trebatcea, *accoutumer.*
Trebatua, *accoutumé.*
Tratua, *commerce.*
Tratubidea, *marchandise.*
Tratularia, *marchand.*
Trebea, *familier.*
Trebesia, *adversité.*
Tregu, *empêchement.*
Tren uatcea, *trancher, terminer.*
Tricatcea, *s'amuser; arrêter.*
Trufa, *raillerie, moquerie.*
Trufa queria, *moquerie, raillerie.*
Trufaria, *railleur.*
Trufatcea, *se moquer, railler.*
Tuhunta, *trompette.*
Tulubioa, *déluge.*
Tumatcea, *heurter de la tête.*
Turnatcea, *rembourser.* — 75

U

Ubea, *gué.*

Ucurrea, *peste.*
Uda, *l'été.*
Udaberria, *printemps.*
Udarea, *poire.*
Udazquena, *automne.*
Uguriquitcea, *attendre.*
Uhala, *ceinture.*
Uheldoa, *déluge.*
Uhoiloa, *poule d'eau.*
Uhuria, *hurlement.*
Uhuri eguitea, *hurler.*
Ukhaitea, *avoir, posséder.*
Ukharaya, *poing.*
Ukhatcea, *nier, renier.*
Ukhoa, *abnégation.*
Ukho-eguitea, *renoncer.*
Ukhua, *violence.*
Ukhumilaca, *coup de poing.*
Ukhumilacaldia, *à coups de poing.*
Ukhuztea, *laver.*
Ulia, *mouche.*
Ulhaina, *milan.*
Ulichoria, *oiseau mouche.*
Umea, *enfant, créature.*
Umerria, *agneau.*
Umezurcea, *orphelin.*
Uncia, *vaisseau.*
Ungui, *bien.*
Unguia, *bienfait.*
Ungui-eguitea, *bienfaiteur.*
Unguratcea, *entourer, environner.*
Ungurean, *autour, alentour.*
Ungurua, *tour, tournée.*
Unhatcea, *se lasser, s'ennuyer.*
Unhatugabe, *avec persévérance.*
Upulurda, *casaquin.*
Uquitcea, *frapper.*
Ura, *eau.*
Urcaya, *éternuement.*
Urcayeguitea, *éternuer.*
Urcea, *fondre.*
Urchaincha, *écureuil.*
Urchorta bat, *une goutte d'eau*

Urcinzguitea, *éternuer*.
Urcoroilac, *étrennes*.
Urcoroilatcea, *étrenner*.
Urdaiztatcea, *larder*.
Urdaya, *lard*.
Urdea, *cochon, porc*.
Urdea (basa, *sanglier*.
Urdendeguin, *bourbier, souille*
Urdezaina, *porcher*.
Uregosia, *tisane*.
Uria, *pluie*.
Uriguitea, *pleuvoir*.
Urina, *graisse*.
Uritsua, *pluvieux*.
Urkhabea, *potence*.
Urkha cea, *pendre, accrocher*.
Urkhaua, *pendu*.
Urlia, ac, *un tel*.
Urra cea, *détruire, déchirer*.
Urratsa, *marche*.
Urrats bat, *un pas*.
Urrea, *or*, métal.
Urre mia, *mine d'or*.
Urria, *octobre*.
Urrica, *regret, remords*. [nous
Urrical naquizu, *ayez pitié de*
Urricalzatpena, *compassion*.
Urricha, *femelle, féminin*.
Urrina, *odeur*.
Urrincea, *puer*.
Urrintatcea, *flairer*.
Urriquitcea, *se repentir*.
Urritasuna, *pusillanimité*.
Urrun, *loin*.
Urruncea, *éloigner*.
Urrundic, *de loin*.
Urrundua, *éloigné*.
Urruntasuna, *éloignement*.
Ururic, *gratuitement*.
Ursoa, *pigeon, palombe*.
Urtarila, *janvier*.
Urthea, *an, année*.
Urtheca, *annuellement*.

Urthecoa, *annuel*.
Urthorez, *annuellement*.
Urthua, *fondu*.
Urtustea, *déchausser*.
Urulea, *fileuse*.
Urutea, *filer*.
Urzapala, *biset*.
Usaina, *odeur*.
Usaincea, *puer*.
Usoa, *pigeon, colombe*.
Usoleguia, *pigeonnier, colom-*
Ustaila, *saison*. [bier.
Ustaya, *cercle*.
Ustea, *croyance, espérance*.
Ustegabean narcea, *surprendre*.
Ustegabecoa, *inopiné*.
Uste izaitea, *croire, espérer*.
Ustelcea, *pourrir*.
Usteldua, *pourri*.
Ustez, *croyant*.
Uzcundea, *abandon*.
Uzcurdu a, *pliûre*.
Uzcurqueria, *résistance*.
Uzkherra, *pet*.
Uzkhua, *le cul*.
Uzkhumachelac, *les fesses*.
Uztaila, *juillet*.
Uzt rcea, *mettre sous le joug*.
Uztarria, *joug*.
Uztea, *délaisser, abandonner*.
Uzterra, *tendre*.
Uzura, *ride*.
Uzurcea, *rider*. — 120.

V

Vicia   } *Voy.* { Bicia
Vista, etc. } { Bisla, etc.

VOCABULAIRE

FRANÇAIS - BASQUE

AVERTISSEMENT

Larramendi a composé un Dictionnaire où tous les mots espagnols, rangés par ordre alphabétique, sont expliqués en basque et en latin; mais il n'a point donné la partie essentielle pour les étrangers (et même pour les Basques), je veux dire un Dictionnaire où l'on puisse chercher la signification d'un mot basque. Par exemple, en cherchant *grito* dans son Dictionnaire espagnol-basque, on trouvera toutes les manières d'expliquer en basque ce mot espagnol; mais, si je veux savoir ce que signifient *oihua, marrasca, heyagora, heldura*, son Dictionnaire m'est tout-à-fait inutile. S'il eût donné la contre-partie, on auroit pu apprendre, en cherchant successivement ces quatre mots basques, que *oihua* est simplement un *cri* d'appel, *marrasca* un *cri* perçant et alarmant, *heyagora* un *cri* qui annonce des souffrances aiguës, et *heldura* un *cri* pour appeler au secours.

J'ai donc cru que mes deux vocabulaires ne seroient pas sans quelque utilité; et c'est ce qui m'a déterminé à entreprendre cette double tâche, aussi pénible que fastidieuse. Dans le basque-français, outre les mots labourtains, j'ai inséré plusieurs centaines de mots souletains, tels que : *ekhia* soleil, *arguizaguia* lune, *celuya* ciel, *zuhaina* arbre, etc.; mais, dans le français-basque, j'ai tâché de n'employer que des mots usités dans le dialecte labourtain, qui est le basque classique des Français; on n'en trouvera donc qu'un très petit nombre, qui soient étrangers à ce dialecte. Telle est la raison pour laquelle le Vocabulaire basque-français se compose de 3700 mots, tandis que le français-basque n'en contient que 3000.

Ces deux Vocabulaires paroîtront peut-être *cortitos* (un peu courts). J'avoue qu'on auroit pu les étendre sans beaucoup de peine; 1° en multipliant les dialectes; 2° en introduisant une multitude de termes étrangers, tels que : *abandonatcea, accusatcea, affligitcea*, etc.; mais je me contenterai de répondre avec Martial :

Edita ne brevibus pereat mihi charta libellis,
Dicatur potiùs :   I. 46.

AVERTISSEMENT

Et d'ailleurs, quand ces deux vocabulaires seroient d'une étendue décuple, centuple même, pourroient-ils suffire pour renfermer tous les mots d'une langue qui, selon Astarloa (Apol. pag. 57), peut faire usage de *quatro mil ciento veinte y seis millones, quinientas sesenta y quatro mil novecientas veinte y nueve voces monosilabas, disilabas y trisilabas? pues en este cálculo no entran voces de mayor número de silabas.*

On voit que, dans ce nombre de 4, 126, 564, 929 mots basques, ne sont pas compris les mots de quatre, cinq, six syllabes et au-delà. Or, s'il est vrai que la langue basque puisse former des mots de 20 syllabes, tel que celui qui fait le triomphe de l'abbé d'Iharce de Bidassouet, et que j'ai rapporté dans ma Grammaire (pag. 42), il faut convenir que l'entreprise d'un tel Dictionnaire ne sauroit entrer dans le domaine du temps. En effet, Astarloa n'ayant pu élaborer que 10,000 racines en dix ans, adoptons cette proportion, et nous verrons que, pour achever son grand œuvre, il lui auroit encore fallu plus de quatre millions d'années. — Voyez ma Grammaire, pag. 24.

Cette réflexion a inspiré à un Basque, auquel j'ai déjà payé le tribut de mon estime et de ma gratitude, une fort jolie épigramme en vers basques, que l'on trouvera à la fin de ce volume, et dont je vais donner ici, par avance, une imitation en vers français.

> Astarloa, sur un vaste fourneau,
> Onques n'en vis de tel en nos usines,
> Alambiquoit, en creusant son cerveau,
> Du biscayen les fécondes racines.
>
> Quatre milliards, sans parler des millions,
> Quelle besogne !..... Il en tenoit dix mille,
> Lorsque la mort, camarde peu civile,
> Vint arrêter ses opérations !
>
> Pour compléter ce grand œuvre chimique,
> Depuis dix ans rien ne coule à souhait;
> De nos souffleurs l'effort est chimérique,
> Chacun pâlit, même B........ !
>
> Quand la trompette, au milieu des ruines,
> Fera sortir les morts de leurs tombeaux,
> Astarloa, volant à ses fourneaux,
> Achèvera d'éplucher ses racines.

VOCABULAIRE
FRANÇAIS-BASQUE

A

Abaisser, *apalcea.*
Abandon, *uzcundea.*
Abandonné, *uzcia.*
Abandonner, *uztea.*
Abeille, *erlea.*
Ablette, *chipa.*
Abondamment, *frangoqui.*
Abondance, *franganzia.*
Abonder, *frangatcea.*
Abréger, *laburcea.*
Abreuver, *edaratea.*
Abréviation, *laburcunza.*
Abri, *leyorra, malda.*
Abri (à l', *estalgunan, atherian*
Absence, *ausencia.*
Absinthe, *acencioa.* [*eta ez.*
Absolument, *baitezpada, nahi*
Accepter, *onharcea, topatcea.*
Accommodement, *onguia.*
Accommoder, *onsatcea, alogatcea.*
Accompagner, *laguncea.*
Accorder, *bakhetcea.*
Accouchement, *erditzapena.*
Accoucher, *erditcea.*
Accoupler, *mulzatcea.*
Accourcir, *laburcea.*
Accoutumé, *trebatua, ohitua.*
Accoutumer, *trebatcea.*
Accuser, *gaineguitea.*
Achat, *erospena.*
Acheter, *erostea.*

Acheteur, *erostea.*
Achèvement, *akhabanza.*
Achever, *neitcea, akhabatcea.*
Acquérir, *conquestatcea.*
Acte, *patua.*
Action, *eguinza.*
Admirable, *admiragarria.*
Adolescence, *gaztetasuna.*
Adolescent, *gaztea.*
Adoucir, *eztitcea.*
Adoucissement, *eztimendua.*
Adresse, *ancea, maina.*
Adroit, *abudoa, anzosa.*
Affaire, *eguitecoa.*
Affamé, *gosetea.*
Affliction, *atsekhabea.*
Affliger, *atsekhabeztatcea.*
Affoiblir, *herbalcea.*
Affoiblissement, *flaquadura.*
Affront, *atsckhabea, nahigabea*
Age, *adina.*
Agenouiller (s', *belauricatcea.*
Agir, *eguitea.*
Agiter, *menayatcea.*
Agneau, *bildotsa, umerria.* [*ria.*
Agréable, *nahicaria, agradagar-*
Agrément, *agradamendua.*
Agréer, *onestea, agradatcea.*
Aider, *languncea.*
Aïeul, *aitasoa.*
Aïeule, *amasoa.*

Aigle, *arranoa*.
Aigre, *mina*.
Aigreur, *mintasuna*.
Aiguille, *orratza*.
Aiguillée, *orratzaza, zunza*.
Aiguisement, *chorrochdura*.
Aiguiser, *chorrochtea*.
Ail, *baratchuria*.
Aile, *hegaia*.
Ailleurs, *bercetan, berzalde*.
Aimer, *maithatcea*.
Aîné, ée, *lehena*.
Ainesse, *lehentasuna*.
Ainsi, *hala*.
Air, *airea ; boza*.
Aise, *errech, gogocara*.
Aisément, *errechqui, aisequi*.
Ajouter, *berhatcea*.
Alarme, *dehadara*.
Aliéner, *bercerencea, salcea*.
Alignement, *lerroqua*.
Alize, *azpila*.
Aller, *yoaitea*.
Allumer, *errachiquitcea, piztea*.
Allonger, *luzatcea*.
Alors, *orduan*.
Amaigrir, *mehatcea, sekhatcea*.
Amas, *mola, montoina, mulzoa*.
Amasser, *montoinatcea, bilcea*.
Ambition, *irritsa, nahicundea*.
Ame, *arima*.
Amener, *eramaitea*.
Amer, *kharatsa*.
Amertume, *kharastasuna*.
Ami, ie, *adisquidea, oncritcia*.
Amitié, *adisquidetasuna*.
Amoindrir, *gutitcea*.
Amour, *amodioa, nahicundea*.
Amoureusement, *amodiosqui*.
Amoureux, *amodiosa, amodio-*
Ample, *largoa, asea*. [*tsua*.
Amplement, *hedatuqui*.
Ampoule (fiole), *ampola*.

Ancien, *zaharra, adinsua*.
Anciennement, *haraincina*.
Ane, *astoa, astua*.
Anéantir, *ezeztatcea*.
Animer, *alimatcea, esporsatcea*.
Anneau, *erreztuna*.
Année, an, *urthea*.
Annoncer, *adiaraztea*.
Annuel, *urthecoa*.
Annuellement, *urtheca, urthorez*
Antérieur, *lehenagocoa*.
Antiquité, *lehentasuna*.
Août, *abostua, abostoa*.
Apercevoir (s'), *oharcea*.
Appareil, *lanabesa*.
Apparemment, *aperenciaz*.
Apparence, *guisa, era*.
Appauvrir, *erremestea*.
Appel, *deya*.
Appeler, *deitcea*.
Appesantissement, *hildura*.
Appétit, *yanbidea, gosea*.
Apporter, *ekharcea*.
Apprendre, *ikhastea*.
Apprêter, *apaincea*.
Approbation, *laudamendua*.
Approprier (s'), *yabetcea*.
Approuver, *laudatcea*.
Appuyer, *errimatcea, contratcea*.
Après, *ondoan*.
Après-demain, *etci*.
Araignée, *ainharba*.
Arbre, *zuhatsa, arbola*.
Arc-en-ciel, *hustadarra*.
Archevêque, *arzapezpicua*.
Argent, *cilarra, dirua*.
Argent (vif, *cilarbicia*.
Aride, *idorra*.
Armée, *yendeostea*.
Arrérages, *intresac, censuac*.
Arrêter, *gueldilcea, baratcea*.
Arriver, *ethorcea, ycitea*.
Arrogant, *furfuyatsua*.

Arroser, *arragatcea*.
Art, *artea*.
Assemblage, *bildura*.
Assemblée, *capitoa*, *capitua*.
Assembler, *biribilcatcea*.
Asseoir (s', *yarcea*.
Assez, *asqui*.
Assidu, *yarriquia*.
Assiéger, *sethiatcea*.
Assurance, *seguramendua*.
Assurer, *seguratcea*.
Asyle, *iheslekhua*.
Attachement, *estequadura*.
Attacher, *estequatcea*.
Attaquer, *acometatcea*.
Attendre, *iguriquitcea*.
Attentif, *arthosa*.
Attention, *artha*.
Attiédir, *epelcea*.
Attrister, *tristatcea*.
Aucun, *batere*, *garabic*.
Audace, *ausarcia*.
Audacieusement, *ausarqui*.
Audacieux, *ausarta*.
Auditeur, *aditzailea*.
Aujourd'hui, *egun*, *gaur*.
Aumône, *erremusina*, *amoina*.
Aune (arbre), *halza*.
Aune (mesure), *berga*.
Auparavant, *lehenago*.
Auprès, *hondoan*.
Aussi, *orobat*, *ere*.
Austère, *dorpea*, *haindurra*.
Austérité, *dorpetasuna*.
Autant, *berechainberce*.
Autel, *aldarea*.
Automne, *udazquena*.
Autorité, *nausitasuna*, *burupea*.
Autre, *berrea*.
Autrefois, *berceorduz*.
Autrui, *bercerena*.
Avaler, *irestea*.
Avancement, *aitcinamendua*.

Avancer, *aitcinatcea*.
Avant, *lehen*, *aitcinean*.
Avant-hier, *herenegun*.
Avare, *lukhuraria*, *yaramana*.
Avarice, *lukhuranza*.
Avec, *quin*. [*hire-quin*.
Avec moi, avec toi, *ene-quin*,
Aventure, *guertacaria*.
Avertir, *mezutcea*, *abilsatcea*.
Avertissement, *mezua*, *abisua*
Aveugle, *itsua*.
Aveuglement, *itsuntasuna*.
Aveugler, *itsutcea*.
Avis, *mezua*, *abisua*.
Avoine, *oloa*.
Avoir, *ukhaitea*, *izaitea*.
Avouer, *atroyatcea*.
Avril, *apirila*.
Ayant, *duelaric*, 3ᵉ pers. — 210.

B

Bagatelle, *chirchilqueria*.
Baguette, *cihorra*.
Baigner, *mainatcea*.
Bain, *mainhua*.
Baiser, *musu*, *emaitea*.
Baiser (un, *musua*, *pota*.
Baisser, *apalcea*.
Balai, *yatsa*.
Balance, *harahuna*.
Banc, *alquia*, *alkhia*.
Bannière, *bandera*.
Bannir, *destarratcea*.
Bannissement, *destarrua*.
Banquet, *yatequeta*.
Baptême, *bathayoa*.
Baptiser, *bathayatcea*.
Barbe, *bizarra*.
Barbier, *bizarguilea*.
Bas (des, *galcerdiac*.
Bas, basse, *behera*.
Basque (langue, *escuara*.

Basques (les, *Escualdunac.*
Bassesse, *behertasuna.*
Bâtard, *bastarta.*
Bâton, *makhila.*
Bâton (à coups de, *makhilaca.*
Battre, *guducatcea, eragoztea.*
Béatitude, *dohatsutasuna.*
Beau, belle, *ederra.*
Beaucoup, *hainitz, asco.*
Beau-fils (gendre), *suhia.*
Beau-frère, *coinata.*
Beau-père, *aitaguinarreba.*
Beauté, *edertasuna.*
Bec, *mokhoa.*
Bécasse, *pecada.*
Bécassine, *pecardina.*
Bêche, *hainzurra.*
Bêcher, *hainzurcea.*
Belette, *andereigerra.*
Belle-fille (bru), *erreina.*
Belle-mère, *amaguinarreba.*
Belle-mère (marâtre), *amaizuna.*
Béni, *benedicatua.*
Bercail, *arthaldea.*
Berceau, *ohekhoa.*
Berger, *arzaina.*
Bergerie, *arditeguia.*
Besaces, *alporchac.*
Besoin, *behar.*
Besoin (j'ai, *behar dut.*
Bestiaux, *abereac.*
Bétail, *aberea.*
Bête, *abrea, atcienda.*
Bêtise, *abrequeria.*
Beurre, *burra, guria.*
Biberon, *edalea.*
Bibliothèque, *liburuteguia.*
Bien, *ongui, onsa.*
Bien, biens, *ontasuna, ac.*
Bientôt, *laster.*
Biffer, *borratcea.*
Bisaïeul, eule, *arbasoa.*
Blaireau, *akhua.*

Blâmer, *beheratcea.*
Blanc, blanche, *churia.*
Blanc d'œuf, *churingoa.*
Blancheur, *churitasuna.*
Blanchir, *churitcea.*
Blanchisseuse, *churitzailea.*
Blasphème, *arnegatcea.*
Blasphémer, *arnegua.*
Blasphémateur, *arneguatzailea.*
Bled, ou blé, *bihia.*
Bled, froment, *oguibihia.*
Bled, maïs, *arthoa.*
Blesser, *colpatcea.*
Blessure, *colpea, zauria.*
Bœuf, *idia.*
Boire, *edatea.*
Bois, *zura.*
Bois à brûler, *egurra.*
Bois de haute futaie, *oihana, [oyana.*
Boisseau, *gaicerua.*
Bois taillis, *chara.*
Boîte, boëte, *copa.*
Boiter, *maingutcea.*
Boiteux, *maingua.*
Bon, *ona.*
Bon (assez, *onchcoa.*
Bon (fort, *on ona.*
Bon (tout de, *cinez.*
Bon (trop, *oneguia.*
Bon (un peu trop, *oncheguia.*
Bon et grand, *ontuoa.*
Bon et petit, *onchoa.*
Bonheur, *zori ona.*
Bonnement, *onguiqui, onsaqui.*
Bonnet, *poneta, chanoa.*
Bonté, *ontasuna.*
Borgne, *okherra.*
Borne, *cedarria.*
Borner, *cedarriztatcea.*
Bossu, *bizkharmakhurra.*
Bouc, *akherra.*
Bouche, *ahoa.*
Bouchée, *ahotara.*

Boucher, *tapatcea*. [*guina.*
Boucher, ère, *carnacera, hara-*
Boucherie, *carnaceria, hara-*
Bouchon, *tapa.* [*guiteguia.*
Boudin, *odolguia.*
Boue, *parta, balsa.*
Bouilli, *egosia.*
Bouillir, *egostea.*
Bouillon, *salda.*
Boulanger, ère, *okhina.*
Boule, *bola.*
Bouquet, *floca.*
Bourbier, *urdenteguia.*
Bourreau, *burreba.*
Bourse, *molsa.*
Bout, *punta.*
Bouteille, *flascoa, kharrafa.*
Boutique, *botikha, bodiga.*
Bouton, *botoina.*
Bouvier, *itzaina.*
Boyau, *tripa.*
Branche d'arbre, *zuhatz adarra.*
Branlement, *higuialdura.*
Branler, *higuitcea, cordocatcea.*
Bras, *besua, besoa.*
Brave, *ordongua, fechoa.*
Brebis, *ardia.*
Bref, brève, *laburra, motcha.*
Breuvage, *edanza.*
Brièvement, *laburzqui.*
Brièveté, *laburtasuna, moch-*
Brigade, *khadrila.* [*tasuna.*
Briller, *distidatcea.*
Brique, *adarailua.*
Briser, *haustea.*
Broche, *guerrena.*
Brouillard, *lanhoa.*
Brouiller, *nahastea.*
Bru, *erreina.*
Brûler, *erretcea.*
Brûlure, *erretasuna.*
Bruyère, *guilharria.*
Buis, *ezpela.* — 150.

C

Cabane, *etchola.*
Cabaret, *ostatua, dafarna.*
Cabaretier, ère, *dafarnaria.*
Cacher, *gordetcea.*
Cachot, *cepoa.*
Cacolet, *cacoleta.*
Cadavre, *gorputzhila.*
Canal, *istuna.*
Canard, *ahatea.*
Canon, *sutumpa.*
Cantique, *cantua.*
Capable, *gaya.*
Capacité, *gaitasuna.*
Capitaine, *aitcindaria.*
Caprice, *burcoitasuna.*
Capricieux, *burcoitsua.*
Captif, *esclaboa.*
Captivité, *esclabotasuna.*
Capture, *harzapena, lanzuya.*
Carillon, *errepica, harrabotsa.*
Carillonner, *errepicatcea.*
Carnaval, *ihautiria.*
Carrière, *harrobia.*
Casser, *porrocastea.*
Caution, *bermea.*
Cautionnement, *bermegoa.*
Cautionner, *bermatcea.*
Ceci, cela, *hau, hori.*
Ceinture, *guerricoa, uhala.*
Céleste, *cerucoa.*
Celui-ci, *hau, hunec.*
Celui-là, *hori, horrec.*
Cendre, *hautsa.*
Cent, *ehun.*
Centième, *ehungarrena.*
Centre, *ithurburua.*
Cependant, *bizquitartean.*
Cerf, *orcina.*
Cerise, *gucrecia.*
Cerisier, *guerecihondoa.*
Certain, *eguiazcoa; halacoa.*

Certainement, *eguiazqui.*
Certes, *eguiaz.*
Certes, (oui, *bai eguiaz.*
Certitude, *seguranza.*
Cervelle, *burumuina.*
Cesser, *baratcea.*
C'est-à-dire, *erran nahi da.*
Chacun, *bakhotchac.*
Chacun deux, *bina.*
Chacun deux fois, *binatan.*
Chacun quatre, *laurna.*
Chacun quatre fois, *laurnatan.*
Chacun trois, *hirurna.*
Chacun trois fois, *hirurnatan.*
Chacun un, *bana.*
Chacun une fois, *banatan.*
Chagrin, *errea, sutsua.*
Chaine, *gathea.*
Chair, *haraguia.*
Chaire, *predicalkhia.*
Chaise, *cadira.*
Chambre, *guela, cambara.*
Changement, *aldakhunza.*
Changer, *aldatcea.*
Chardonneret, *cardinala.*
Charlatan, *chirchila.*
Charnel, *haraguicoya.*
Charnu, *haraguitsua.*
Charpenterie, *zurlana.*
Charpentier, *zurguina.*
Charron, *orgaguilea.*
Charrue, *goldenabarra.*
Chasse, *ihicia.*
Chasser, *ihiztatcea.*
Chasseur, *ihiztaria.*
Chaste, *garbia.*
Chasteté, *garbitasuna.*
Chat, *gatua.*
Châtaigne, *gaztena.*
Châtaignier, *gaztenahondoa.*
Château, *gaztelua, yaureguia.*
Châtier, *gaztigatcea.*
Châtiment, *gastigua.*

Chaud, *beroa.*
Chaudière, *perza, panierua.*
Chaudronnier, *cautera.*
Chauffer (se, *berotcea.*
Chaussettes, *galcetac.*
Chaussure, *oinetacoa.*
Chauve-souris, *gayanaera.*
Chaux, *guisua.*
Chef, *buruzaguia.*
Chemin, *bidea.*
Chemise (de femme) *mantharra*
Chemise (d'homme), *athorra.*
Chêne, *haritza.*
Cher, *cario, carastia.*
Cher, chéri, *maithea, onetsia.*
Chercher, *bilatcea.*
Chère (bonne, *yate ona.*
Cherté, *carastiatasuna.*
Cheval, *zamaria, zaldia.*
Chevalier, *zamalduna.*
Chevet, *bururdia.*
Cheveux, *ileac, biloac.*
Chien, *chakhurra, potcha, ora.*
Chocolat, *goadria.*
Chute, *eroricoa.*
Cidre, *sagarnoa.*
Ciel, *cerua.*
Ciel de lit, *ohecerua.*
Cimetière, *elizahileria.*
Cinq, *borz.*
Cinquante, *berrogoi eta hamar.*
Cinquième, *borzgarrena.*
Circonférence, *itzulingurua.*
Cire, *ezcoa.*
Ciseaux, *hainsturac.*
Cité (ville), *hiria.*
Citrouille, *khuya.*
Clair, *ocena, arguia.*
Clef *ou* clé, *gakhoa, guilza.*
Cloche, *izquila.*
Clocher, *izquiladorrea.*
Clochette, *chilincha.*
Clou, *itcea.*

Cœur, *bihotza*.
Cœur (par, *gogoz*.
Col *ou* cou, *lepoa*.
Colin maillard (à, *itsumandocan*
Colline, *mendia, biscarra*.
Combat, *gudua*.
Combattre, *guducatcea*.
Combien, *cembat*.
Combien de fois, *cembat aldiz*.
Comble, *mucurua*.
Commandement, *manamendua*.
Commander, *manatcea*.
Comme, *nola ; bezala*.
Comme moi, *ni bezala*.
Commencement, *hastapena*.
Commencer, *hastea*.
Comment, *nola, cer moldez*.
Commerce, *tratua, haremana*.
Commis, *bereordoina*.
Commissaire, *cargaduna*.
Commission, *mandatua*.
Commun, *arraua*.
Compagnon, *soinquidea*.
Comparaison, *bardincunza*.
Comparer, *bardincatcea*.
Comparoître, *aguercea*.
Comparution, *aguerdura*.
Compensation, *zorrotcicua*.
Complaisance, *yauscortasuna*.
Complaisant, *amutsua, yauscorra*
Composer, *antolatcea*.
Composition, *antolamendua*.
Compte, *condua*.
Compter, *condatcea*.
Conduire, *guidatcea*.
Conformément, *higualqui*.
Conformer, *higualatcea*.
Conformité, *higualamendua*.
Confusion, *ahalguea, ahalque-*
Consentement, *baya*. [*ria*.
Content, *boza, aleguera*.
Content (j'en suis, *atseguin dut*.
Contrefaire, *ihanquinguitea*.

Conversation, *solasa, aharanza*.
Corbeau, *belea, belia*.
Corbeille, *sasquia*.
Corde, *soca*.
Cordier, *socaguina*.
Corne, *adarra*.
Corps, *gorputza*.
Correction, *censadura*.
Corriger, *censatcea*.
Corrompre, *gaizquincea*.
Corruption, *gaizcunza*.
Côté, *sahetsa*.
Coucher, *etzaitea*.
Coudée, *besoa, besua*.
Coudre, *yostea*.
Coup, *golpea*.
Coupable, *hoguendurua*.
Couper, *ebaquitcea, picatcea*.
Coupure, *ebaquidura*.
Cour, *gortea*.
Courage, *alimua*.
Courageux, *alimutsua*.
Court, *laburra, motcha*.
Cousin germain, *lehengusua*.
Couteau (de poche), *nabala*.
Couteau (de table), *canibeta*.
Coûter, *gostatcea*.
Coutume, *hazdura, bereguitea*
Couturière, *yostea*.
Couverture, *estalguia*.
Couvrir, *estalcea*.
Crachat, *thua*.
Cracher, *thuguitea*.
Craindre, *beldurcea*.
Crainte, *beldura, beldurtasuna*
Craintif, *beldurtia*.
Crapaud, *apoa, ap-hoa*.
Crasse, *ciquina*.
Crasseux, *ciquinsua, satsua*.
Créance, *harcecoa*.
Créancier, *harcedurua*.
Crédit, *mailegua*.
Crédule, *sinhetsbera*.

Crédulité, *sinheisbertasuna*.
Crémaillère, *laratza*.
Creux, *ciloa, khaba*.
Crever, *leherguitea, lehercea*.
Cri (au secours), *heldura*.
Cri (d'alarme), *marrasca*.
Cri (d'appel), *oihua*.
Cri (de souffrance), *heyagora*.
Crier, *oihuguitea*.
Crime, *hoguena*. [*duna*.
Criminel, *hoguendurua, falta-*
Cristal ou crystal, *bridioa*.
Critique, *erranquizuna*.
Croire, *sinhestea, uste izaitea*.
Croix, *khurutcea*.
Croupe, *hankha*.
Croupe (en, *hankhetan*.
Croute du pain, *ogui achala*.
Cru ou crud, *gordina*.
Cruauté, *bihotzgortasuna*.
Cruche, *pegarra*.
Crudité, *gordintasuna*.
Cruel, *bihotzgorra*.
Cruellement, *bihotzgorqui*.
Cueillir, *bilcea*.
Cuir, *larrua*.
Cuire, *egostea*.
Cuisine, *sukhaldea*.
Cuisse, *izterra*.
Cuivre, *cobrea*.
Cul, *ipurdia*.
Culotte, *galzac*.
Cure, *erretoria*.
Curé, *erretora*.
Curer, *garbitcea*.
Curieux, *birriguina*.
Curiosité, *birriguintasuna* -250.

D

Dame, demoiselle, *andrea*.
Danger, *cordoca, perila*.
Danger (il est en, *cordocan da*.
Danser, *danzatcea*.
Danseur, *danzaria*.
Dard, *chochoa, dardoa*.
Date, *egunca, data*.
Davantage, *guehiago*.
Dé, *ditharea*.
Débiteur, *zordurua*.
Debout, *chutic*.
Débris, *hautsidura*.
Deça (en, *hunatago*.
Décamper, *camporatcea, izten-*
Décéder, *hilcea*. [*cea*.
Décembre, *abendoa, abendua*.
Décès, *heriotcea*.
Décharger, *arincea, hustea*.
Déchausser, *urtustea*.
Déchirer, *arratcea, ethencea*.
Décider, *trenquatcea*.
Dedans (en, *barrenean*.
Dedans (le *barrena*.
Défaire, *deseguitea, barrayatcea*.
Défaut, *escasa, baya*.
Défi, *dechidua*.
Dégager, *erochtea*.
Dégât, *caltea, galcunza*.
Dégoût, *higuinza*.
Dégoûter, *higuincea, hastancea*.
Déguiser, *mudatcea*.
Degrés, *esquerelac, mailac*.
Dehors, *campoan*.
Déjà, *yadan, gargoro, angoro*.
Déjà fait (il a, *eguin du, yadanic*.
Déjeûner, *hascalcea, gosalcea*.
Delà (au, *haratago, handic*.
Délai, *epea*.
Délibération, *gogoa*.
Délibérer, *gogo harcea*.
Délicieux, *gostosa, zaporetsua*.
Déluge, *uheldoa, tulubioa*.
Demain, *bihar*.
Demande, *galdea, esquea*. [*cea*.
Demander, *galdeguitea, galdat-*
Demeure, *egoitza, egonlekhua*.

FRANÇAIS-BASQUE 187

Demeurer, *egoitea.*
Demi (un et, *bat eterdi.*
Demie, *erdia.*
Demi-plein, *erdicala.*
Démolir, *barrayatcea.*
Démolition, *barrayadura.*
Dénommer, *icendatcea.*
Dents, *horzac.*
Dépense, *gaztua.*
Dépenser, *gaztatcea.*
Déplaisir, *nahigabea.*
Dépouiller, *buluztea.*
Depuis, *gueroztic.*
Depuis quand, *noizezguero.*
Derechef, *berriz.*
Dérèglement, *makhurdura.*
Dérégler, *makhurcea.*
Dernier, *azquena, hondarra.*
Dernière fois (la, *azquenaldian.*
Dernièrement, *azquenecoric.*
Dérober, *ebastea, arrobatcea.*
Derrière, *atcea, guibela, uzquia.*
Désagréable, *higuingarria.*
Désagréablement *higuingarriqui*
Dès à présent, *oraidanic.*
Descendre, *yaustea.*
Descente, *yauscunza.*
Désespérer, *etsitcea.*
Désespoir, *etsimendua.*
Déshonneur, *laidoa.*
Déshonorer, *laidoztatcea.*
Désir, *guticia, hantoca.*
Désirer, *guticiatcea, hantocatcea.*
Désormais, *hemendic aitcina.*
Dessein, *gogoa, chedea, oldea.*
Dessein (à, *berariaz.*
Dessous, *azpian, pian.*
Dessus, *gainean, goyean.*
Détail (en, *cheroqui, hedatuqui.*
Détour, *itzulia.*
Détruire, *bilaquatcea.*
Dette, *zorra.*
Deuil, *dolua.*

Deux, *bi, bic, bia, biac.*
Deux à deux, *binaca.*
Deux cents, *berrehun.*
Deux fois, *bietan.*
Deuxième, *bigarrena.*
Deuxièmement, *bigarrenecoric.*
Devant, *aitcinean.*
Devant (ci-, *lehen, aitcin huntan.*
Devenir, *eguitea.*
Devient (il, *eguiten da.*
Dévider, *haritgatcea.*
Devin, *aztia.*
Deviner, *asmatcea, pensatcea.*
Devoir, *zor izaitea, behar izaitea.*
Diable, *debrua.*
Diction, *erranza.*
Dictionnaire, *hizteguia.*
Dieu, *Yaincoa.*
Différence, *nakhurtasuna.*
Différend, *escatima, eztabada.*
Différer, *luzatcea.*
Difficile, *gaitza.*
Difficulté, *trebesia.*
Digérer, *ehoitea.*
Digne, *gaya.*
Digne (je ne suis pas, *ez naiz gai.*
Dignité, *gaitasuna.*
Diligent, *yarriquia, yoancara.*
Dimanche, *igandea.*
Dîme, *detchema, hamarrena.*
Diminuer, *gutitcea.*
Diminution, *gutimendua.*
Dîner, *barazcalcea.*
Dîner (le, *barazcaria.*
Diocèse, *apezpicutasuna.*
Dire, *erraitea.*
Directeur, *chuchenguina.*
Diriger, *chuchencea.*
Discerner, *bereztea.*
Discours, *solasa, goyea, haroa.*
Disette, *escasa, ez-zatpena.*
Disparoître, *gordetcea, cuculcea.*
Disposer, *ekarcea, etzarcea.*

Disposition, *erabilcunza.*
Dispute, *escatima.* [*quitcea.*
Disputer, *escatimatcea, ihardu-*
Dissimuler, *kheritzatcea.*
Distinguer, *berezcatcea.*
Divinité, *yaincotasuna.*
Diviser, *zathitcea.*
Division, *escatima, nahasda.*
Dix, *hamar.*
Dix-huit, *hemezorci.*
Dixième, *hamargarrena*
Dix-neuf, *hemeretci.*
Dix-sept, *hamazazpi.*
Dizaine, *hamartasuna.*
Doigt, *erhia.*
Domestique, *sehia.*
Domicile, *egonlekhua.*
Dommage, *bidegabea.*
Dompter, *heztea, cebatcea.*
Don, donation, *emaitza.*
Donc, *beraz, bada.*
Donner, *emaitea.*
Donnez-moi cela, *indazu hori.*
Dont, de qui, *ceinaren, ceinen.*
Dorénavant, *hemendic goiti.*
Dormir, *loguitea, lokharcea.*
Doubler, *horratcea.*
Doucement, *eztiqui.*
Douceur, *eztitasuna, emetasuna.*
Douleur, *oinacea, pairacaria.*
Douter, *dudatcea.*
Doux, *eztia, emea, mansoa.*
Douze, *hamabi.*
Douzième, *hamabigarrena.*
Drap, *oyala.*
Droit, droite, *zucena, lerdena.*
Droite (main, *escu escuina.*
Droiture, *zucentasuna.*
Dur, *gogorra.*
Durant, *diraueno.*
Durcir, *gogorcea.*
Durer, *irautea.*
Dureté, *gogortasuna.* — 175.

E

Eau, *ura.*
Eau-de-vie, *agorienta.*
Écart (à l', *beregain, berech.*
Écarter, *aldaratcea.*
Échapper, *itzurcea.*
Échauffement, *berocundea.*
Échauffer, *berotcea.*
Échelle, *zurubia.*
Écho, *oyarzuna.*
Éclair, *simista, chistmista.*
Éclairer, *arguitcea.*
École, *escola.*
Écolier, *escolauna.*
Écorce, *azala.*
Écorcher, *larrutcea.*
Écouter, *aditcea, enzutea.*
Écrire, *escribatcea.*
Écritoire, *escribonia.*
Écriture, *escribua.*
Écrivain, *escribatzailea.*
Écu, *luisa.*
Écuelle, *gateilua.*
Écureuil, *urchaincha.*
Écurie, *zamalteguia.*
Effacer, *khencea, arrayatcea.*
Effet, *eguincundea.*
Efforcer (s', *bermatcea.*
Effort, *enseyua.*
Effronté, *ahalquegabea.*
Égal, *bardina.*
Égaler, *bardincea.*
Égalité, *bardintasuna.*
Égarement, *errebelamendua.*
Égarer (s', *errebelatcea.*
Église, *eliza.*
Égorger, *ithotcea.*
Égratigner, *haztaparkhatcea.*
Égrener, *mihaurcea.*
Élargir, *zabalcea.*

Élargissement, *zabaldura*.
Élection, *hautacunza*.
Élévation, *alchadura*.
Élever, *alchatcea, goratcea*.
Elle, *hura, harc*.
Éloigné, *urrundua*.
Éloignement, *urruntasuna*.
Éloigner, *urruncea*.
Embellir, *edercea*.
Embellissement, *ederzailua*.
Emmaigrir, *mehatcea, sekhatcea*.
Émouvoir, *higuitcea*.
Emparer (s', *nausitcea*.
Empêchement, *debekhua*. [*cea*
Empêcher, *debekhatcea, trabat-*
Empêchez-le, *bara ezazu*.
Emporter, *eramaitea*.
Emprisonner, *presoharcea*.
Emprunter, *atheratcea, maile-*
En, *baithan*. [*gatcea*]
Enchaîner, *gatheatcea*.
Enchérir, *cariotcea, goratcea*.
Enclouer, *itzatcea*.
Encore, *oraino, ere*.
Encre, *tindua*. [*cea*.
Endormir (s', *loguitea, lokhar-*
Endurer, *yasaitea, egarcea*.
Enfance, *haurtasuna*.
Enfant, *haurra, norhabea*.
Enfer, *ifernua, gaiztoteguia*.
Enfermer, *cerratcea*.
Enfin, *azquenean*.
Enfler, *hancea*.
Enflure, *hantura*.
Enfoncement, *barnadura*.
Enfoncer, *barnatcea*.
Enfuir (s', *ihesguitea*.
Engagement, *bahicundea*.
Engager, *bahitcea*.
Engraisser, *guicencea*.
Enhardir (s', *ausartatcea*.
Enivrer (s', *horditcea*.
Ennemi, *etsaya, izterbeguia*.

Enrhumé, *marfonditua*.
Enrhumer (s', *marfonditcea*.
Enrichir (s', *aberastea*.
Enrouer (s', *mailucatcea*.
Enseigner, *irakhastea*.
Ensemble, *elkarrequin*.
Ensemencer, *eraitea*.
Ensevelir, *ehorstoa*.
Ensuite, *seguidan*.
Enté, *chertoa*.
Entendement, *adimendua*.
Entendre, *aditcea, enzutea*.
Enter, *chertatcea*.
Enterrer, *ehorstea*.
Entourer, *inguratcea*.
Entre, *arthean*.
Entrée, *sarcunza, sarbidea*.
Entreprendre, *meilatcea*.
Entrer, *sarcea*.
Enveloppe, *estalingurua*.
Envers, *aldera, alderat*.
Envie, *imbidia, nahicundea*.
Envieilli, *zahartua*.
Envieux, *bekhaiztia*.
Environ, *inguruna*.
Environner, *inguratcea*.
Envoyer, *igorcea, bidalcea*.
Épais, *lodia, ordongoa*.
Épargne, *soberamendua*.
Épargner, *soberatcea*.
Épaule, *sorbalda*.
Épine, *elhorria*.
Épingle, *ispilinga, isquilimba*.
Épouser, *esposatcea*.
Époux, épouse, *esposa*.
Éprouver, *frogatcea, porogatcea*.
Ermite, *ermitauna*.
Espèce, *guisa*.
Espérance, *ustea, pesquiza*.
Espérer, *uste izaitea, iguriquit-*
Esprit, *izpiritua*. [*cea.*
Essayer, *enseyatcea*.
Essuyer, *chucatcea*.

Estimer, *estimatcea*.
Estomac, *sabela*.
Estropié, *dainatua, makhaldua*.
Estropier, *dainatcea*.
Étable, *establia*.
Étage, *selarua*.
Étain, *esteinua*.
Étant, *delaric*, 3.ᵉ pers.
État, *heina, estatua*.
État (en son, *bere heinean*.
Été, *uda*.
Été (être), *izana*.
Éteindre, *iraunguitcea*.
Éteint, *iraunguia*.
Étendre, *hedatcea*.
Éternel, *bethicoa*.
Éternellement, *eternalqui*.
Éternuer, *urcinzguitea*.
Étincelle, *inharra, pinda*.
Étoile, *izarra*.
Étonné, *lastimatcea*.
Étonnement, *lastima*.
Étonner, *lastimatcea, harritcea*.
Étouffer, *ithotcea*.
Étoupe, *istupa*.
Étourdi, *moldegaitza, zoroa*.
Étourderie, *moldegaiztasuna*.
Étranger, *arrotza*.
Être, *izaitea*.
Étrécir, *meharcea*.
Étrécissement, *mehardura*.
Étreindre, *hersitcea*.
Étrenner, *urcoroilatcea*.
Étrennes, *urcoroilac, emaitzac*.
Étroit, *meharra, herchia*.
Étudiant, *ikhaslea*.
Étudier, *estudiatcea*.
Éveillé, *iratzaria, ernea*.
Éveiller, *iratzarcea*.
Éventer, *haitzatcea*.
Évêque, *apezpicua*.
Éviter, *urruncea*.
Exact, *chirritua, zorroza*.

Exactement, *chirrituqui, zorrozqui*.
Exalter, *alchatcea, goratcea*.
Examiner, *ikharcea, haztatcea*.
Exaucer, *aditcea, enzutea*.
Excellent, *zaporetsua*.
Excepté, *lekhat, salbo*.
Excitation, *cihiquadura*.
Exciter, *cihiquatcea*.
Exécuter, *obratan emaitea*.
Exécution, *eguindura*.
Exemple, *etsemplua*.
Exempter, *etsantatcea*.
Exercer, *ibilcatcea*.
Exercice, *ibilcunza*.
Exil, *destarrua*.
Exiler, *destarratcea*.
Expédier, *despeditcea*.
Expérience, *froganza*.
Expliquer, *chehatcea*.
Expliquez-moi, *cheha diez adazu*
Exposer, *paratcea*.
Exprès, *berariaz*.
Exprès (fait, *berariarzecoa*.
Expressément, *berariazqui*.
Expression, *erranza*.
Extraordinaire, *ohi ez bezalacoa*.
Extrémité, *hurrana*. — 195.

F

Façade, *aitcinaldea*.
Face, *musua, mutura, aitcina*.
Face à face, *musuz musu*.
Fâcher, se fâcher, *haserretcea*
Fâcheux, *haserrecorra*.
Facile, *eguincara, errecha*.
Façon, *guisa, era, ara*.
Façon d'agir(sa, *bereeguinara*
Façonner, *birriguinatcea*.
Façon (sans, *pestaric gabe*.
Fallir, *akhitcea*.

Faim, *gosea*.
Fainéant, *alferra*.
Faire, *eguitea*.
Faire apprendre, *irakhastea*.
Faire boire, *edaratea*.
Faire faire, *eraguitea*.
Faisable, *eguingarria*.
Fait, faite, *eguina*.
Fameux, *deithatua*, *lelotsua*.
Familier, *trebea*, *ausarta*.
Famille, *mainada*.
Famine, *gosetea*.
Fané, ée, *histua*.
Fanfaron, *furfuyatsua*.
Fantaisie, *oldea*.
Fantaisie (selon ma, *ene oldea-*
Fardeau, *carga*. [*ren arabera*.
Farine, *irina*.
Farouche, *hezgaitza*.
Fat, *tontoa*.
Fatigue, *onhadura*, *onhacunza*
Fatigué, ée, *onhatua*.
Fatiguer, *onhatcea*.
Faute, *hoguena*, *falta*.
Faveur, *aldea*, *faborea*.
Favorisé (il m'a, *estali nau*.
Favoriser, *aldetcea*, *estatcea*.
Femelle, *urricha*.
Féminin, *urricha*.
Femme, *emaztea*.
Femme (grande, *emaztetuoa*.
Femme (petite, *emaztettoa*.
Femme (sage-, *emaguina*.
Fenêtre, *leihoa*.
Fer, *burduina*.
Ferme, *tinquia*, *tiesoa*.
Ferme (il est, *tinqui da*.
Ferme (bail), *afarma*.
Fermer, *cerratcea*.
Fermeté, *tinquitasuna*. [*guia*.
Fermeture, *cerraquia*, *cerrate-*
Fesses, *uzkhumachelac*.
Festin, *gombidanza*.

Fête, *besta*, *pezta*, *eguzaria*.
Feu, *sua*.
Feu de joie, *suberria*.
Feu (défunt), *cena*, *ohicena*.
Feuille, *hostoa*, *hostua*.
Feuille de papier, *plamua*.
Feuilles (pousser des, *hostatcea*
Feuillu, *hostotsua*.
Février, *otsaila*.
Ficelle, *calona*.
Fidèle, *arthatsua*, *leyala*.
Fidèle (discret), *gardiacorra*.
Fidélité, *bihurcundea*.
Fiel, *khelderra*.
Fier (se, *fidatcea*, *atrebitcea*.
Fier, *superra*.
Fièrement, *superqui*.
Fierté, *supertasuna*.
Fièvre, *sukharra*.
Figue, *picoa*.
Figuier, *picohondoa*.
Figure, *itchura*, *iduria*.
Fil, *haria*.
Fille, *alaba*.
Fils, *semea*.
Fils (petit, *ilobasoa*.
Fin, *akhabanza*.
Fin (rusé), *amarrutsua*.
Finement, *amarruqui*.
Finesse, *yokhotria*.
Finir, *akhitcea*, *akhabatcea*.
Fiole, *ampola*.
Flacon, *flascoa*.
Flamme, *garra*, *lama*.
Flatter, *lausengatcea*, *palacatcea*
Flatterie, *lausengua*, *palaqua*
Flatteur, *lausengarria*.
Fleur, *lorea*, *lilia*.
Fleurir, *loratcea*, *lilitcea*.
Fleuve, *ibaya*.
Flûte, *churula*.
Foi, *sinhestea*, *fedea*.
Foi (à la bonne, *hala hustez*.

Foible, *herbala, flacoa.*
Foiblement, *herbalqui.*
Foiblesse, *herbaltasuna.*
Foin, *belharra.*
Foire, *feria.*
Fois, *aldiz, colpez.*
Fois (une, *behin, aldibatez.*
Fol ou fou, *erhoa, zoroa.*
Folie, *erhotasuna, erhoqueria.*
Follement, *erhoqui.*
Fond, *hondoa.*
Fond (jusqu'au, *hondoraino.*
Fondement, *cimendua.*
Fonder, *fincatcea.*
Fondre, *urcea.*
Fonds (biens-, *ontasun agueriac.*
Fontaine, *ithurria.*
Force, *indarra, borcha.*
Force (par, *borchaca, borchaz*
Forcer, *borchatcea.*
Forêt, *oihana, oyana.*
Forfait, *borcha.*
Forge, *olha.*
Forgeron, *arotsa.*
Forme, *bilgura, orkheya.*
Fort, *bortitza, hazcarra.*
Fortement, *bortizqui, tinqui.*
Fortifier, *bortitcea.*
Fortune, *zoria, mentura.*
Fortune (bonne, *zori ona.*
Fortune (mauvaise, *zori gaitza.*
Fosse, *cilou, cilhoa.*
Fossé, *bezoinasqua.*
Fou, *erhoa, zoroa.*
Fou (devenir, *erhotcea.*
Foudre, *ozpina.*
Fouet, *azotea.*
Fouetter, *azotatcea.*
Fougère, *hiretcea.*
Four, *labea.*
Fourche, *sardea.*
Fourchette, *sardesca.*
Fourmi, *chinaurria.*

Fournée, *labaldia.*
Fournir, *putchitcea.*
Fourreau, *maguina.*
Foyer, *supareta.*
Fraîche (sardine, *sardin berria.*
Fraîcheur, *hozguna.*
Frais, *berria, frescoa.*
Frais (dépens), *gaztuac.*
Frais (à mes, *ene gaztuz.*
Fraises, *arragac.*
Frapper, *cehatcea.*
Frapper à la porte, *athea yoitea.*
Fraude, *enganioa.*
Frayeur, *beldurra.*
Frêne, *leizarra.*
Fréquenter, *antatcea.*
Frère, *anaya.*
Frère et sœur, *aurhideac.*
Friche, *luralferra.*
Froid, *hotza.*
Froid (il fait, *hotz hari da.*
Froideur, *hoztasuna.*
Fromage, *gasna.*
Froment, *oguibihia.*
Front, *belarra.*
Frontière, *muga.*
Frotter, *marrusquatcea.*
Fugitif, *iheslaria.*
Fuir, *ihesguitea.*
Fuite, *ihesa.*
Fumée, *khea.*
Fumier, *ongarria.*
Fureur, *fulia.*
Furieusement, *fuliosqui.*
Furieux, *fuliatsua.*
Fuseau, *ardatza.*
Fusée, *ardaztara.*
Fusil, *alkhabuza.*
Futaie (haute, *oyana, oihana.*
Futur, *ethorcecoa.* — 180.

G

Gage, *bahia*.
Gager, *ispichoinatcea*.
Gageure, *ispichoina*.
Gagner, *irabastca*.
Gai, gaillard, *poza, piscora*.
Gain, *irabacia*.
Gaîté, *alegrencia, bozquia*.
Galant, *senhargucya*.
Gants, *escularruac*.
Garant, *bermea*.
Garantir, *oneguitea*.
Garçon, *mutilquia, mutila*.
Garde, gardien, *zaina*.
Garder, *zaincea*.
Garnir, *hornitcea*.
Garnison, *hornimendua*.
Garrotter, *tinquatcea*.
Gâter, *charcea, satsucea*.
Gauche (main, *escu ezquerra*
Geai, *eskhinasua*.
Gelée, *itzotza*.
Geler, *itzozguitea*.
Gendre, *suhia*.
Généreux, *ekharguina, bizarra*.
Génie, *maina, ancea*.
Genou, *belauna*.
Gens, *yendeac*.
Gentilhomme, *aitorensemea*.
Geôlier, *gazteluzaina*.
Gestes, *hiquidurac*.
Glace, *horma*.
Gland, *hezkhurra*.
Glisser, *lerratcea*.
Gloire, *loria*.
Gorge, *cinzurra*.
Gourmand, *sabelkhoya, saya*.
Gourmandise, *sabeldarrayo-
Goût, *zaporea*. [*tasuna*.
Goûter, *dastatcea*.
Goutte d'eau, *ur chorta*.
Gouttière, *citoitza*.
Gouverner, *manayatcea*.
Grâce, *dohaina, gracia*.
Grâce (de, *othoi*.
Grain, *bihia, hacia*.
Graisse, *urina, ganza*.
Grammaire, *letraquindea*.
Grammairien, *letraquindarra*.
Grand, *handia*.
Grandeur, *handitasuna*.
Grande femme, *emaztetuoa*.
Gras, *guicena*.
Gratter, *hazguitea, kharracatcea*
Gratuitement, *dohainic, urruric*.
Graver, *bernutzatcea*.
Gravier, *legorra*.
Gré (de bon, *gogotic*.
Gré à gré (de, *gogara onez on*.
Grêle, *harria, babazuza*.
Grenade, *milagrana*.
Grenier, *bihiteguia*.
Grenouille, *iguela*.
Griller, *chigorcea*.
Grimaces, *kheinuac, muguidac*.
Grincer les dents, *horzac hir-
Gris, *gorricara*. [*riquatcea*.
Grive, *bilagarroa*.
Gronder, *erastea*.
Gros, grosse, *lodia, izorra*.
Grossesse, *izorraldia*.
Grotte, *harpia*.
Grue, *gurloa*.
Guère, guères, *guti*.
Guérir, *sendatcea*.
Guerre, *guerla*. — 75.

H

Habillement, *aldarria, yaunz-
Habiller, *beztitcea*. [*quia*.
Habit, *aldarria*.
Habiter, *bicitcea, habitatcea*.
» Hache, *haizcora*.

» Hacher, *cheatcea, lancea.*
» Haine, *gaitcerizcoa.*
» Haï, ie, *gaitcesia.*
» Haïr, *gaitceztea.*
Haleine, *hatsa.*
» Hardes, *hautuac, trastuac.*
» Hardi, *ausarta.*
» Hardiesse, *ausarcia.*
» Hardiment, *ausarqui.*
» Haricots, *mailarrac.*
» Hasard, *mentura.*
» Hasard (par, *menturaz.*
» Hasarder, *menturatcea.*
» Hâte, *lehia.*
» Hâte, (à la, *lehiaz, lehiaca.*
» Hâter (se, *lehiatcea.*
» Hausser, *goratcea.*
» Haut, *gora.*
» Haut (en, *goran, gainean.*
» Haute-futaie, *oihana, oyana.*
» Hauteur, *goratasuna.*
Herbe, *belharra.*
Héritage, *primanza.*
Héritier, *primua.*
Hermite, *ermitauna.*
Hêtre, *hagua, pagoa.*
Heure, *muga, orena, ordua.*
Heure (à cette, *orai.*
Heure (de bonne, *muga onez.*
Heure est-il (quelle, *cer muga-*
Heureusement, *dohatsuqui.* [da?
Heureux, *dohatsua.*
Hibou, *hunza.*
Hier, *atso.*
Hier (avant, *herenegun.*
Hirondelle, *ainhara.*
Histoire, *condera, istorioa.*
Hiver, *negua.*
Homme, *guizona.*
Homme (grand, *guizontuoa.*
Homme (petit, *guizonttoa.*
Honnête, *onestea, pausatua.*
Honnêteté, *onestasuna.*

Honneur, *ohorea.*
Honorer, *ohoratcea.*
» Honte, *ahalguea.*
» Honte (par, *ahalguez.*
» Honteusement, *ahalguetia.*
» Honteux, *ahalguequi.*
Hôpital, *ospitalia.*
Horloge, *erloya.*
Horloger, *erloyaguina.*
Horreur, *higuinza.*
Horrible, *higuingarria*
» Hors, dehors, *campoan.*
Hôte, *ostalera.*
Hôtellerie, *ostatua, dafarna.*
Hôtesse, *dafarnaria.*
» Housse, *furtsa.*
» Houx, *gorhostua.*
Huile, *alioa.*
Huit, *zorci.*
Huit (dix-, *hemezorci.*
Huitième, *zorcigarrena.*
Humble, *manuguina, ethorcorra.*
Humeur, *omorea.*
Humeur (bonne, *omore ona.*
Humeur (mauvaise, *omore gaiz-*
Humiliation, *behartasuna.* [toa.
Humilier, *beheratcea.* — 75.

I

Ici, *hemen, hunat.*
Ici (d', *hemendic, hemengo.*
Ici (par, *hemen, gaindi.*
Idole, *yainco falsua.*
Il, elle, *hura, harc.*
Il est juste, *zucen da.*
Il est mort, *hura hil da.*
Illustre, *arguia.*
Image, *iduria, imagina.*
Imiter, *iduricatcea, imitatcea.*
Immobile, *harritua, gueldi guel-*
Immortel, *ezinhila.* [dia.

Impair, *bakhotchia.*
Imparfait, *ezcatsua.*
Impatiemment, *leyarequin.*
Impatience, *sugartasuna.*
Impatient, *sugarra*, *khilica.*
Implorer, *galdatcea.*
Importance, *beharra, premia.*
Imposé, *imbehia, etzarria.*
Imposer, *imbencea,*
Impossible, *ezina.*
Imposteur, *nahastaria.*
Imposture, *guezurra.*
Imprévu, *ustegabecoa.*
Imprimer, *imprimatcea.*
Imprimeur, *imprimatzailea.*
Imprudent, *aintsikhabea.*
Impudicité, *lizuntasuna.*
Impudique, *lizuna, likhitsa.*
Impuissant, *ahalgabea, flacoa.*
Incapable, *ezindua.*
Incapacité, *ezindura.*
Incertain, *menturacoa.*
Incertitude, *mentura.*
Incivil, *nabarmena.*
Incivilité, *nabarmentasuna.*
Inclination, *pendura, talendua.*
Incommodé, *narrayotua.*
Incommoder, *narrayotcea.*
Incommodité, *narrayotasuna.*
Inconnu, *ez etzagutua.*
Inconstance, *saniacundea.*
Inconstant, *saniacorra.*
Incontinent, *beharala, fite.*
Incrédule, *sinhetsgorra.*
Incrédulité, *sinhetsgortasuna.*
Incroyable, *ezin sinhetsia.*
Indigence, *erremestasuna.*
Indigent, *erremesa, beharsua.*
Indiquer, *esleitcea.*
Industrie, *ancea, maina.*
Industrieux, *anzosa.*
Inégal, *makhurra.* [*catcea.*
Inégal (être, *makhurcea, zayar-*

Inégalité, *makhurtasuna.*
Infecter, *khutsatcea.*
Infection, *khutsua.*
Inférieur, *azpicoa, beheragocoa.*
Infirme, *eria.*
Informer, *informatcea.*
Ingénieux, *inguina.*
Ingrat, *esquergabea.*
Ingratitude, *esquergabetasuna.*
Inimitié, *etsaitasuna.*
Injure, *induria, inyurioa.*
Injuste, *bayaduna.*
Injustice, *bidegabea.*
Innocent, *faltagabea.*
Inopiné, *ustegabecoa.*
Inopinément, *ustegabequi.*
Inquiet, *khechua.*
Inquiéter (s', *khechatcea.*
Inquiétude, *khechacundea.*
Inspirer, *burutaratcea.*
Instant, *liparra.* [*buruan.*
Instant (dans un, *lipar baten*
Instituer, *ezleitcea.*
Instruction, *irakhascunza.*
Instruments, *lanabesa.*
Insupportable, *higuingarria.*
Intention, *chedea, gogoa.*
Interdire, *interditcea.* [*tua.*
Intéressé, *yaramana ; hunqui-*
Intérêt, *intresa, censua.*
Interne, *barrenecoa.*
Interprète, *adiarazlea.*
Interpréter, *adiaraztea.*
Interroger, *cherkhatcea.*
Interrompre, *nahastea.*
Intime, *chitezcoa.*
Intime ami, *chitezco adisquidea.*
Introduire, *sarraraztea.*
Inutile, *ez deusa.*
Inventaire, *ibantorioa.*
Inventer, *pensatcea.*
Invention, *imincionea.*
Inviter, *combidatcea.*

Ivre, *hordia.*
Ivresse, *hordiqueria.* — 100.

J

Jadis, *lehenago, berce orduz.*
Jalousie, *bekhaizcoa, yelosia.*
Jaloux, *bekhaiztia, yelosa.*
Jamais, *seculan, egundaino.*
Jambe, *azpia, aztala.*
Janvier, *urtarila.*
Jardin, *baratcea.*
Jardinier, *baratcezaina.*
Jarret, *aztala.*
Jarretières, *locarriac.*
Jaune, *horia.*
Jaune d'œuf, *gorringoa.*
Jaunir, *horitcea.*
Jet de pierre, *harri ucaldia.*
Jeter, *aurdiquitcea, egoztea.*
Jetons, *tantoac.*
Jeu, *yokhoa.*
Jeu des bergers, *arzain-yokhoa.*
Jeudi, *orceguna.*
Jeun (à, *baruric.*
Jeune, *gaztea.*
Jeûne, *barura.*
Jeûner, *barurcea.*
Jeunesse, *gaztetasuna, gazteria.*
Joie, *bozcarioa.*
Joindre, *yuntatcea.*
Joli, *pulita.*
Jonc, *ihia.*
Joue, *mathela.*
Jouer, *yokhatcea.*
Joug, *uztarria.*
Jouir, *gozatcea.*
Jouissance, *gozamena.*
Jour, *eguna.*
Journalier (un, *languilea.*
Jours (tous les, *egun guciez.*
Joyeux, *bozcarioza.*

Juif, *yudua.*
Juger, *yuyatcea.*
Juillet, *uztaila.*
Juin, *ercaroa.*
Jument, *behorra, behorkha.*
Jurement, *cina.*
Jurer, *cineguitea.*
Jusque, *raino, ganaino.*
Jusqu'à la maison, *etcheraino*
Jusques à moi, *niganaino.*
Juste, *zucena, yustua.*
Justice, *zucentasuna.*
Justifier, *bithoretcea.* — 50.

K

Cette lettre ne commence que des mots grecs, tels que : kilogramme, kilomètre, etc.

L

Labeur, *lana, nekhea.*
Laborieux, *nekharia.*
Labourage, *lurlana, laboranza.*
Laboureur, *laboraria.*
Lacet, *segada.*
Lâche, *ainsikhabea, lachoa.*
Lâcheté, *ainsikhabetasuna.*
Laid, *itsusia.*
Laideur, *itsusitasuna.*
Laine, *ilea.*
Laïque, *nekhazalea, arrontera.*
Laisser, *uztea.*
Lait, *esnea.*
Laitue, *litchuba.*
Lamentation, *auhendamendua.*
Lamenter (se, *auhendatcea.*
Lampe, *arguizaguia.*
Lance, *dardoa, chochoa.*

FRANÇAIS-BASQUE

Lancette, *chista.*
Langage, *hiscainza, minzaira.*
Langue, *mihia.*
Lanterne, *gabarguia.*
Lard, *urdaya, chingarra.*
Large, *zabala.*
Larron, *ohoina, ebaslea.*
Lasser, *onhatcea, aitcea.*
Lassitude, *onhadura, ahidura.*
Laver, *icuztea, chahutcea.*
Lecteur, *irakhurzailea.*
Lecture, *irakhurcunza.*
Léger, *arina, achita.*
Légèrement, *arinqui, achiqui*
Légèreté, *arintasuna.* [*coa.*
Légitime, *eguiazcoa, zucenbidez-*
Lendemain, *biharamuna.*
Lent, *hurria, astia.*
Lentement, *hurriqui, astiqui*
Lenteur, *astitasuna.*
Lettre, *letra, gutuna.*
Levain, *lemania, hargarria.*
Lever, *andatcea, alchatcea.*
Lever (se, *yaiquitcea.*
Lever du soleil, *iguzqui athe-*
Lèvre, *espaina.* [*ratcea.*
Lévrier, *faldaraca.*
Lexique, *hizteguia.*
Liaison, *yuntada.*
Liasse de papiers, *paper lothura.*
Libéral, *emancorra, bizarra.*
Libéralité, *largotasuna.*
Liberté, *escudencia, atrebencia.*
Liberté (il est en, *lachoan da.*
Libre, *lachoa.*
Licou, *crapeztua.*
Lie, *liga, lapa.*
Lien, *lokharria.*
Lier, *lotcea, tinquatcea.*
Lierre, *hunzhostoa.*
Lieue, *lekhua, toquia.*
Lieu de dire(au, *erran behar*
Lieue, *lekhoa.* [*lekhuan.*

Lièvre, *erbia.*
Ligne, *lerroa, arraya.*
Lignée, *leinua.*
Limaçon, *barhia.*
Lime, *kharraca, lima.*
Limer, *kharacatcea.*
Limite, *cedarria.* [*datcea.*
Limiter, *cedarristatcea, che-*
Lin, *lihoa, lihua.*
Linceul, *mihisea.*
Lion, *lehoina.*
Lire, *irakhurcea.*
Lit, *ohea, etzanza.*
Litière, *anda, litera.*
Loge, *etchola, gordeteguia.*
Logement, *egonlekhua, cramesta*
Loger, *ostatatcea.*
Logis, *etchea.*
Logis (en mon, *ene etchean.*
Loi, *leguea.*
Loin, *urrun.*
Loisir, *astia.*
Long, *lucea, lucia.*
Longitude, *lucecunza.*
Longueur, *lucetasuna.*
Loquet, *crisqueta.*
Lors, alors, *orduan.*
Louable, *laudagarria.*
Louange, *laudorioa.*
Louer, *laudatcea.*
Loup, *otsoa.*
Lucratif, *irabazosa.*
Lucre, *irabacia.*
Luire, *arguitcea.*
Luisant, *arguitsua.*
Lumière, *arguia.*
Lundi, *astelehena.*
Lune, *ilharguia, hilarguia.*
Lunettes, *miserac.* — 100.

M

Mâcher, *cheatcea.*

Mâçon, *harguina.*
Mâçonner, *asantatcea.*
Mâçonnerie, *harguinza.*
Mai, *mayatza.*
Maigre, *mehea.*
Maigreur, *mehetasuna.*
Main, *escua.*
Main droite, *escu escuina.*
Main gauche, *escu esquerra.*
Maintenant, *orai, escuen artean.*
Maïs, *bainan, ordea.*
Maïs, *arthoa.*
Maison, *etchea.*
Maître, *nausia.*
Maître de maison, *etcheço yauna.*
Maîtresse, *emaztegueya.*
Maîtresse de maison, *etcheco*
Maîtriser, *nauzitcea.* [*andrea.*
Mal, *gaizqui, dongaro.*
Malade, *cria.*
Malade (tomber, *eritcea.*
Maladie, *eritasuna.*
Maladif, *ericorra, herbala.*
Maladroit, *astrugaitza.*
Mâle, *ordotcha.*
Mâle (enfant, *mutilquia.*
Malgré, *borchaca.*
Malheur, *zorigaitza.*
Malheureux, *dohakhabea.*
Malice, *amarrua.*
Malicieux, *amarrutsua.*
Mamelle, *dithia.*
Mander, *idiaraztea.*
Manger, *yatea.*
Manger avec excès, *chiflatcea.*
Manger avec goût, *niaflatcea.*
Manière, *guisa, era.*
Manque, *hutsa.*
Manquer, *husguitea.*
Marâtre, *amaizuna.*
Marchand, *tratularia.*
Marche, *urratsa.*
Marcher, *ibilcea.*

Mardi, *astehartia.*
Marelles (jeu, *arzain-yokhua.*
Mari, *senharra.*
Mariage, *esconza.*
Marier (se, *ezconcea.*
Marque, *sinalea, zagutcunza.*
Marquer, *sinalatcea, chedatcea.*
Marraine, *amabitchia.*
Marron, *gaztaina.*
Marroquin, *cordubana.*
Mars, *marchoa.*
Marteau, *mailua.*
Masculin, *ordotcha.*
Massacre, *sakhaila.* [*quitcea.*
Massacrer, *sakhailatcea, sarra-*
Masse, *meta, opila.*
Masse du sang, *odol, opila.*
Matelas, *cunchoina.*
Matière, *zornea, materia.*
Matin, *goiza.*
Matin (demain, *bihar goicean.*
Matineux, *goiztiarra.*
Mauvais, *gaistoa.*
Médecin, *midicua.*
Médecine, *edaria, purga.*
Médiateur, *bithartecoa.*
Médiocre, *erditsucoa.*
Méfiance, *fidagaiztasuna.*
Méfiant, *fidagaitza, iduricorra.*
Méfier (se, *beldurcea.*
Meilleur, *hobea, hobena.*
Mélancolie, *languiadura.*
Mélange, *nahasteca.*
Mélanger, *nahastecatcea.*
Mêler, *nahastea.*
Membre, *alderdia.*
Même, *bera, ere.*
Menace, *mehatchua.*
Menacer, *mehatchatcea.*
Ménager, *menayatcea, beguirat-*
Mener, *eramaitea.* [*cea.*
Mensonge, *guezurra.*
Mentionner, *casu eguitea.*

Mentir, *guezur erraitea.*
Menton, *khocotsa.*
Menu, *chehea.*
Menuisier, *benocera.*
Mépris, *arbuyoa.*
Mépriser, *arbuyatcea.*
Mer, *itsasua.*
Mercredi, *azteazquena.*
Mercure, *cilarbicia.*
Mère, *ama.*
Mère (grand', *amasoa.*
Mère (père et, *burrasoac.*
Mériter, *merechitcea.*
Merle, *zozua.*
Merveille, *espantua.*
Merveilleux, *espantutsua.*
Message, *mezua.*
Messager, *berriquetaria.*
Messe, *meza.*
Messe (grand', *meza nausia.*
Mesure, *neurria, izaria.*
Mesurer, *neurcea, izarcea.*
Mettre, *etzarcea.*
Meule, *iharaharria.*
Meunier, *iharazaina.*
Midi, *eguerdi.*
Mie de pain, *ogui mamia.*
Miel, *eztia.*
Mien, *enea.*
Mieux, *hobequi.*
Milan, *ulhaina.*
Milieu, *erdia.*
Mille, *mila, milla.*
Millet, *arthochehea.*
Mine, *itchura.*
Mine (bonne, *itchura ona.*
Mineur, *haur chumea.*
Minuit, *gauherdi.*
Miroir, *miraila.*
Misérable, *beharsua.*
Misère, *escasa, ez-ceria.*
Mitoyen, *erdicoa.*
Modération, *eztimendua.*

Modérer, *eztitcea, ematcea.*
Modeste, *pausatua.*
Modestie, *pausatasuna.*
Moi, je, me, *ni, nic.*
Moindre (le, *gutiena.*
Moineau, *elizachoria.*
Moins, *gutiago.*
Moins (à, *ezperen, bederen.*
Mois. *hilabethea.*
Moitié, *erdia.*
Mollesse, *guritasuna.*
Mon, ma, *enea.*
Monnaie, *moneda, chehea.*
Montagnard, *menditarra.*
Montagne, *mendia, petarra.*
Monter, *igaitea.*
Moquer (se, *trufatcea.*
Morceau, *pusca, pochia.*
Mort, *heriotcea, hila.*
Mortel, *hilquizuna.*
Mortifier, *hildumatcea.*
Morue, *bacailaba.*
Mot, *hitza, solasa.*
Motif, *arrazoina, almutea.*
Mou, molle, *guria.*
Mouche, *ulia.* [*quencea.*
Moucher, *cinz-eguitea, mukhu-*
Mouchoir, *moconasa.*
Moudre, *ehotcea.*
Mouiller, *bustitcea.*
Moulin, *ihara, errota.*
Mourir, *hilcea.*
Mouton, *chiquiroa.*
Mouvement, *higuidura.*
Mouvoir, *higuitcea.*
Moyen, *guisa, bidea, caria.*
Moyen(il n'y a pas, *ez da guisaric*
Moyennant, *medioz, cariaz.*
Muet, *mutua.*
Mulet, *mandoa.*
Muletier, *mandazaina.*
Multiplier, *frangatcea, hainiztea.*
Mur, muraille, *asantua, pareta.*

Mûr, *onthua.*
Mûrir, *oncea.* — 175.

N

Nager, *iguericatcea.*
Naissance, *sorcunza, ethorquia.*
Naître, *sorcea, yayotcea.*
Nape, *dafaila.*
Natal (pays, *sorlekhua, sorteguia*
Nation, *yendaquia.*
Nature, *etorquia, naturaleza.*
Naturel, *ethorcunza, hazcunza.*
Naturellement, *berebidez, bere-*
Navire, *uncia.* [*guitez.*
Né, *sorthua, yayoa.*
Néanmoins, *halere.*
Néant, *ez deus.*
Nécessairement, *premiazqui.*
Nécessité, *premia.*
Nèfle, *mizpira.*
Négliger, *ainsikhabetcea.*
Négoce, *hartuemana.*
Négociant, *tratularia.*
Neige, *elhurra.*
Net, *garbia, chahua.*
Netteté, *chahutasuna.*
Nettoyer, *garbitcea, chahutcea.*
Neuf, *bederetci.*
Neuf (dix-, *hemeretci.*
Neuf, neuve, *berria.*
Neuvième, *bederetcigarrena.*
Neutre, *bateretacoa.*
Neuveu, *iloba.*
Nez, *sudurra.*
Niaiserie, *ez deusqueria.*
Nid, *ohancea.*
Nier, *ukhatcea.*
Noblesse (la, *yende handia.*
Noces, *ezteyac.*
Noël, *eguerria.*
Nœud, *coropila.*
Noir, *belza.*

Noirceur, *belztasuna.*
Noircir, *belztea.*
Noisette, *hurra.*
Noix, *helzaurra.*
Nom, *icena, deithura.*
Nombre, *ostea, sastea.*
Nommer, *icendatcea, deithcea.*
Non, ne, *ez.*
Nonante, *laur hogoi eta hamar.*
Nonchalant, *corbata.*
Nonobstant, *nahiz, halere.*
Nord, *nortea.*
Notre, nos, *gurea, ac.*
Nourrice, *unhidea.*
Nourrir, *haztea.*
Nouveau, *berria.*
Nouvelliste, *berriquetaria.*
Novembre, *hacila.*
Novice, *froganzacoa.*
Noyer (arbre), *helzaurhondoa.*
Noyer (se, *ithotcea.*
Nu, nud, *buluza.*
Nudité, *buluztasuna.*
Nuire, *gaizguitea.*
Nuisible, *gaizgarria.*
Nuit, *gaba.*
Nul, *nehor, batere.* — 65.

O

Obéi (il lui a, *yautsi zayo.*
Obéir, *yaustea, obeditcea.*
Obéissance, *ethordura.*
Obligation, *zorra, eguinbidea.*
Obligé (bien, *esquerric hainitz*
Obligé (forcé), *erchatua.*
Obliger (forcer), *erchatcea.*
Obscur, *ilhuna.*
Obscurcir, *ilhuncea.*
Obscurité, *ilhuntasuna.*
Observer, *artha emaitea.*
Obstacle, *estecua.*
Obstiner, *estecatcea.*

Obtenir, *ardietcea*.
Obtention, *ardiezcunza*.
Occasion, *parada, aurguina*.
Occupation, *lanzaroa*.
Occupé (il est, *pochelatua da*.
Occuper, *pochelatcea*.
Octante, *laur hogoi*.
Octobre, *urria*.
Odeur, *usaina, urrina*.
Odieux, *higuingarria*.
OEil, *beguia*.
OEillade, *begui cualdia*.
OEuf, *arrolcea*.
OEuf (blanc d', *churingoa*.
OEuf (jaune d', *gorringoa*.
Offensé (il est, *damutua da*.
Offensé (il m'a, *damueguindarot*.
Offenser, *damuguitea*.
Officier, *guerlaguizona*.
Offrande, *olata*.
Offrez-lui, *esquein diozozu*.
Offrir, *esqueincea*.
Oie, *anzara*.
Oignon, *tipula*.
Oiseau, *choria*.
Oiseau mouche, *ulichoria*.
Oisif, *alferra*.
Oisiveté, *alfertasuna*.
Ombrageux, *iduricorra*.
Ombre, *itzala*.
Omettre, *ez orroitcea*.
Omission (par, *ez orroituz*.
Oncle, *osoba*.
Onde, *pompoila*.
On dit, *erraiten dute, omen*.
On fait, *eguiten dute*.
Ongle, *behatza*.
Onguent, *balsamua*.
Onze, *hameica*.
Onzième, *hameicagarrena*.
Opiner, *asmatcea*.
Opiniâtre, *iduricorra*.
Opiniâtrement, *iduricorqui*.
Opiniâtreté, *iduricortasuna*.
Opinion, *iduria*.
Opposer, *contracatcea*.
Opposition, *contracarra*.
Opulent, *ontasunsua*.
Or, donc, *bada, beraz*.
Or (métal), *urrea*.
Or (mine d', *urre mia*.
Orage, *eraunsia*.
Orange, *larania*.
Ordinaire, *ardura*.
Ordinairement, *arduraqui*.
Ordonnance, *manacunza*.
Ordonner, *esleitcea*.
Ordre, *manua, mezua*.
Ordure, *cinquintasuna*.
Oreille, *beharria*.
Orfèvre, *cilarguina*.
Orge, *garagarra*.
Orgueil, *soberbioa*.
Orgueilleux, *soberbiosa*.
Orgues, *org'nac*.
Orient, *iguzqui atheratcea*.
Original, *lehembidea*.
Origine, *ethorbidea*.
Orphelin, *umezurza*.
Ortie, *asuna*.
Os, *hezurra*.
Oser, *ausartatcea, atrebitcea*.
Oter, *khencea, edequitcea*.
Où, *non, nun*.
Ou, ou bien, *edo, ala, nahiz*.
Ouailles, *ardiac*.
Oublier, *ahanztea*.
Oublieux, *ahanzcorra*.
Oui, *bai, baita*.
Ouïr, *aditcea, enzutea*.
Ours, *harzac*.
Outre, *berzalde*.
Outre (en, *hortaz berzalde*.
Ouverture, *idequidura*.
Ouvrage, *lana, obra*.
Ouvrier, *languilea, obraria*.

14

Ouvrir, *idequitcea*.— 100.

P

Pacification, *bakhecunza*.
Pacifier, *facegatcea, bakhetcea*.
Pacte, *patua*.
Page (d'un livre), *plamua*.
Paiement, *pagamendua*.
Pillard, *emzkhoya, andrekhoya*.
Paillasse, *lastozazua*.
Paille, *lastoa*.
Pain, *oguia*.
Pain de maïs, *arthoa*.
Pair, impair, *biritchia, bakhot-*
Paisible, *bakhezcoa*. [*chia*.
Paître, *bazcatcea*.
Paix, *bakhea, baquea*.
Pâle, *itchuracharra*.
Palefrenier, *trastuquetaria*.
Pâlir. *itchuracharcea*.
Pampre, *ayena*
Panier, *zarea, otharrea*.
Panser, *kharatcea*.
Pape, *aita saindua*.
Papetier, *paperihara*.
Papier, *papera*.
Pâques, *pazco*.
Paquet, *putzuzoina*.
Par, *taz, az, z*.
Paradis, *parabisua*.
Paralysie, *farnesia*.
Paralytique, *farnesioa*.
Parce que, *ceren*.
Parchemin, *pergamioa*.
Pardon, *barkhamendua*.
Pardonner, *barkhatcea*.
Pareil, *guisaberecoa*.
Pareillement, *guisaberean, hala-*
Parent, *ahaidea*. [*ber*.
Parenté, *ahaidetasuna*.
Parer, *edergailatcea*.
Paresse, *naguitasuna*.

Paresseux, *naguia*.
Parfait, *onztatua, complitua*.
Par ici, *hemen gaindi*.
Pari, *ispichoina*.
Parier, *ispichoinatcea*.
Parité, *bardintasuna*.
Parler, *minzatcea, solastatcea*.
Parmi, *arthean*.
Parmi nous, *gure arthean*.
Par moi, par toi, *nitaz, hitaz*.
Paroi, *pareta*.
Paroisse, *herria*.
Paroissien, *herritarra*.
Parole, *hitza, solasa*.
Parrain, *aitabitchia*.
Part, *zathia*.
Part (à, *berech, beregain*.
Part (de la, *ganic*.
Part (d'une, *alde batetaric*.
Partage, *zathica*.
Partager, *zathitcea, puzcatcea*
Partant, *hartaracotzat*.
Partial, *aldecorra*.
Particulier, *bereguitezcoa*.
Particulièrement, *beregainqui*
Parti (il est, *abiatu da*.
Partie (une, *aldi bat*.
Partir, *abiatcea*.
Partir (il va, *abian da*.
Parure, *edergailua*.
Pas, point, *ez, ez-cez*.
Pas (un, *urhats bat*.
Passage, *iragaitza*.
Passager, *iragancorra*.
Passe-port, *libranza*.
Passer, *iragaitea*.
Passion, *pairacunza*.
Pasteur, *arzaina*.
Patience, *pairabidea*.
Patient, *pairacorra*.
Patrie, *bercherria, sorherria*.
Patron, *icenquidea, patroina*.
Patte, *haztaparra*.

FRANÇAIS-BASQUE 203

Pâturage, *bazcalekhua*.
Pâturer, *bazcalcea*.
Paupière, *bekhoscoa*.
Pauvre, *erremesa, landerra*
Pauvre (mendiant), *escalea*.
Pauvreté, *erremestasuna*.
Pavé, *galzada*.
Payen, *paganoa*.
Payer, *pagatcea*.
Pays, *probencia*.
Paysans, *yendecheheac*.
Peau, *achala, larrua*.
Péché, *bekhatua*.
Pêche (fruit), *mirchica*.
Pêcher, *bekhatuguitea*.
Pêcher, *mirchica hondoa*.
Pêcher (du poisson), *arranzatcea*
Pêcheur, *bekhatorea*.
Pêcheur, *arranzailea*.
Peigne, *orrecea*.
Peigner, *orreztatcea*.
Peindre, *pintatcea*.
Peine, *nekhea*.
Peine (à, *nekhez*.
Peler (une pomme), *churitcea*.
Pèlerin, *beilaria*.
Pèlerinage, *beila, erromeria*.
Pelle, *palha*.
Pelle à feu, *supalha*.
Penchant (son, *bere muguida*.
Pencher, *abiatcea*.
Pendans d'oreille, *beharrietaco-*
Pendant, *arthean, diraueno*. [ac.
Pendre (accrocher), *urkhatcea*
Pénible, *nekhezcoa*.
Pensée, *gogoeta*.
Penser, *gogoratcea*.
Pensif, *gogoetatsua*.
Pente, *ikhea, aldatsa*.
Pentecôte, *mendecoste*.
Pepin, *pipita, mina*.
Pépinière, *mindeguia*.
Perce (en, *dutchulo*.

Percer, *chilatcea*.
Perdre, *galcea*.
Perdrix, perdreau, *eperra*.
Père, *aita*.
Père et mère, *burrasoac*.
Perfection, *bethetasuna*.
Perfidie, *fede gaistocoa*.
Péril, *mentura*.
Périlleux, *campicha, galcorra*.
Périr, *funditcea*.
Permettre, *lacho uztea*.
Permis, *haizua, cilheguia*. [*coa*.
Permission, *haizugoa, cilhegui-*
Permission (j'ai la, *cilhegui naiz*.
Permutation, *biscambia*.
Permuter, *biscambiatcea*.
Pernicieux, *galgarria*.
Perpétuel, *seculacoa*.
Perpétuité, *secula, bethia*.
Perpétuité (à, *seculan*.
Perroquet, *papagaya*.
Persécution, *nahigabea*.
Persévérance, *iraupena*.
Persévérer, *irautea*.
Personne, *nehor ; yendea*.
Personne (il n'y a, *ez dayenderic*.
Persuader, *sinhets eraguitea*.
Persuasion, *ustea*.
Persuasion (dans sa, *bere ustea*.
Perte, *galzapena*.
Pesant, *pisua*.
Peser, *pisatcea*.
Petit, *chipia, chumea*.
Petit (fort, *chumettoa*.
Petite femme, *emaztettoa*.
Petitesse, *chumetasuna*.
Petit-fils, *ilobasoa*.
Petit homme, *guizonttoa*.
Petits (les, *chumeac*.
Petits pas (à, *baratche, emequi*.
Peu, *guti*.
Peu (fort, *gutti, guttitto*.
Peu (un, *guti bat, puzca bat*.

Peu à peu, *guti gutica*.
Peuple, *yendaya*.
Peupler, *yendeztutcea, purpu-*
Peur, *beldurra.* [*ratcea.*
Peur (il a, *beldur du, ici da.*
Peureux, *beldurcia, icia.*
Peut-être, *izandaite, balitzate*
Pièce, *pedechua, puzca.*
Pied, *zangoa, oina.*
Pied (coup de, *osticoa.*
Piège, *arthea, sarea.*
Pierre, *harria.*
Pierreux, *harritsua.*
Pieu, *paldoa.*
Pieux, *yuyusa.*
Pigeon, *usoa.*
Pilier, *harroina.*
Pillage, *harrapaca.*
Piller, *biribilcatcea.*
Pilule, *pirola.*
Pin, *pinoa,*
Pinte, *laurdena.*
Pioche, *hainzurra.*
Piocher, *hainzurcea.*
Pire, pis, *gaistoago.*
Pis aller (au, *gorenaz ere.*
Pistole, *hurrea.*
Pitié, *urricalzatpena.*
Place, *toquia, plaza.*
Place (faites, *eguin ezazu lekhu.*
Placé (bien, *ongui etzarria.*
Placer, *etzarcea, imincea.*
Plaideur, *haucilaria.*
Plaie, *zauria.*
Plaindre, *arranguratcea*
Plaine, *celaya, ordoquia.*
Plainte, *arrangura.*
Plaintif, *arranguratia.*
Plaire, *gustatcea.*
Plaisir, *gostua, nahia, atseguina.*
Plaisir (à votre, *zure nahitara.*
Plait pas (il ne me, *ez zait gusta-*
Planche, *taula.* [*teen.*

Planter, *landatcea.*
Plat, *aspita, plata.*
Plâtre, *iguelsoa.*
Plein, *bethea.* [*cea.*
Pleurer, *nigarguitea, parracat-*
Pleut (il, *uria hari da.*
Pleuvoir, *uriguitea.*
Pliage, *uzcurdura, cimurdura*
Plier, *purupilatcea.*
Plomb, *beruna.* [*datcea.*
Plonger, *pulumpatcea, bulhun-*
Pluie, *uria.*
Plume, *hegatsa, luma.*
Plumer (une poule), *bipiltcea.*
Plus, *guehiago, hainitzago.*
Plus (tout au, *guehienaz ere.*
Plus grand, *handiago.*
Plusieurs, *asco, hainitz.*
Plus petit, *chumeago.*
Plus tard (au, *ahalic berandurna.*
Plutôt (au, *ahalic lasterrena.*
Poche, *saquela.*
Pochette, *chiscua.*
Poème, *globa.*
Poêle, *globaria.*
Poids, *pisua.*
Poignée, *ahurtara.*
Poil, *ilea.*
Poing, *ukharaya, escumuturra.*
Poing (à coups de, *ukhumilaca.*
Poing (coup de, *ukhumitacaldia.*
Point, *pontua.*
Point, pas, *garabic, batere.*
Pointe, *mokhoa.*
Pointu, *mokhoduna.*
Poire, *madaria, udarea.*
Poirier, *madarihondoa.*
Pois, *ilharra.*
Poison, *pozoina.*
Poisson, *arraina.*
Poitrine, *bulharra.*
Poivre, *biperra.*
Poix, *bikhea.*

Pomme, *sagarra.*
Pommier, *sagarhondoa.*
Pont, *zubia.*
Porc, *urdea.*
Portail, *athelada.*
Porte, *athea.*
Portée (à la, *aurguinan, menean.*
Porte-faix, *athehaga.*
Porter, *ekharcea, eramaitea.*
Porteur, *ekharzailea, eramailea.*
Portier, *athezaina.*
Portion, *zathia, puzca.*
Posséder, *gozatcea.*
Possesseur, *gozatzailea.*
Possession, *gozamena.*
Possible, *ahala, dina.* [*dina.*
Possible (son, *bere ahala, bere*
Pot à bouillon, *elcea, lapicoa*
Potage, *elcecoa.*
Pot à l'eau, *pitcherra.*
Pot de chambre, *tirrina.*
Potence, *urkhabea.*
Pou, *zorria.*
Pouce, *erhitrebesa.*
Poudre, *herrautsa, irina.*
Poudre à canon, *bolbora.*
Poudrer, *irindatcea.*
Poulain, *zaldinoa.*
Poule, *oiloa.*
Poule d'eau, *uhoiloa.*
Poulet, *oilascoa.*
Pouliche, *behorkha.*
Poulie, *boleya.*
Pouls, *folsua.*
Poumons, *bulharrac.*
Pour, *zat, gatic.*
Pourquoi, *cergatic, certaco.*
Pourquoi (c'est, *hargatic, hala-*
Pour rien, *ez deuszat.* [*tan.*
Pourrir, *ustelcea.*
Pourriture, *usteldura.*
Poursuite, *bulgacundea.*
Poursuivre, *bulgatcea.*

Pourvoir, *hornitcea.*
Pousser, *bulgatcea*
Poussière, *herrautsa.*
Pouvoir, *ahalizaitea.*
Pouvoir (son, *bere ahala.*
Pré, prairie, *sorhoa, pencea.*
Précédent, *aitcinecoa.*
Précéder, *chitcea.*
Précepte, *manamendua.*
Précepteur, *nausia, manatzailea.*
Prêcher, *predicatcea.*
Précieux, *baliosa.*
Précipice, *lecea, errequa.*
Précipiter, *lehiatcea.*
Prédicateur, *predicaria.*
Préférence, *lehencunza.*
Préférer, *lehencatcea.*
Préjudice, *caltea, bidegabea.*
Premier, *lehenbicicoa.*
Premièrement, *lehenbicicoric.*
Prendre, *harcea.*
Préparation, *apaindura.*
Préparer, *apaincea, onsatcea.*
Près, auprès, *hurbil, ondoan.*
Près (à peu, *gutigora behera.*
Près de partir, *abian.*
Présence, *aitcina, aurrea.*
Présence (en, *aitcinean, aurrean*
Présent (un, *emaitza bat.*
Présentement, *orayetan.*
Présenter, *esqueincea.*
Presque, *hurren, casic.*
Presque fini (il a, *akhabatu hur-*
Presser (se, *lehiatcea.* [*ren da.*
Presser (froisser), *zapatcea.*
Pressoir, *dolharca.*
Prêt, prête, *chuchendua.*
Prétendre, *burupe izaitea.*
Prétends pas (je ne, *ez dut buruy*
Prétention, *buruyapea.* [*aperic*
Prétexte, *estacurua, atciquia.*
Prétexte (sous, *aleguia.*
Prêtre, *apeza, ap-heza.*

Prêtre (grand, apezhandia.
Prêtrise, apeztasuna.
Preuve, poroganza.
Prévaloir (se, baliatcea.
Prier, othoiztea.
Prière, othoitza.
Primogéniture, primugoa.
Principal, buruzaguia.
Principalement, bereciqui, bere-
Printemps, udaberria. [gainqui.
Prise, lanzuya.
Priser, preciatcea.
Prix, precioa.
Procès, haucia.
Procession, letherina.
Prochain, hurbila.
Prochain (son, bere laguna.
Profit, pr gotchua, irabacia.
Profitable, irabazosa.
Profiter, baliatcea, progotchatcea
Profond, barrena, barna.
Profondeur, barnatasuna.
Prolonger, luzatcea.
Promenade, ibilcanza.
Promener (se, ibilcatcea.
Promesse, aguinza.
Promettre, aguincea.
Prompt, lasterra, ernea.
Promptement, laster, biciqui.
Promptitude, lastertasuna.
Propos, solasa.
Propos (il est à, guisa da.
Proposer, aipatcea.
Proposition, aipamena.
Propre, pulita, berreguina.
Propreté, pulitasuna.
Propriétaire, yabea.
Propriété, yabetasuna.
Prospérer, frangatcea.
Protection, lagunza.
Protecteur, lagunzailea.
Protéger, laguncea.
Prouver, porogatcea.

Proverbe, errancomuna.
Prune, arana.
Prunelle de l'œil, begui ninia.
Prunier, aranhondoa.
Publier, banatcea.
Puce, cucusua.
Pucelle, doncella, andreorena.
Pudeur, ahalgucu. lotsa.
Pudeur (par, ahalguez.
Puîné, gaztena, ondocoa.
Puissance, botherea.
Puissant, botheretsua.
Punir, gazticatcea.
Punition, gaztigua.
Pur, garbia.
Pureté, garbitasuna.
Purifier, garbitcea. — 400.

QU

Quadruple (un, hamaseyeco bat.
Quand, noiz.
Quantième, cembatgurrena.
Quarante, berrogoi.
Quarantième, berrogoigarrena.
Quart, laurdena.
Quatorze, hamalaur.
Quatre, laur.
Quatre à quatre, laurnaca.
Quatrefois, lauretan. [hamar
Quatre-vingt-dix, laur hogoi eta
Quatre-vingts, laur hogoi.
Quatrième, laurgarrena.
Quatrièmem.', laurgarrenecoric.
Que, quoi, cer, cerc, etc.
Quelque chose, cerbait.
Quelquefois, batzuetan.
Quelqu'un, cembait, norbait.
Quenouille, khiloa, quiloa.
Question, eguitecoa, estira.
Queue, buztana.
Qui, cein, ceinec; nor, norc, etc.
Quille, birla.

FRANÇAIS-BASQUE 207

Quinze, *hamaborz.*
Quoique, *nahiz.* — 25.

R

Rabaisser, *apalcea.*
Rabot, *errebota.*
Raccourcir, *laburcea.*
Race, *egoquia, leinua.*
Racheter, *berriz erroztea.*
Racine, *erroa.*
Râcler, *aratcea.*
Radieux, *arrayotsua.*
Radoucir, *eztitcea.*
Radoucissement, *eztimendua*
Raffoler, *erhotcea.*
Railler, *trufatcea.*
Raillerie, *trufaqueria, trufa.*
Railleur, *trufaria, barralaria.*
Raisin, *mahatsa.*
Raison, *zucena, mengua.*
Raison (vous avez, *zucen duzu.*
Raisonnement, *arrazoinamen-*
Rallonger, *luzatcea.* [*dua.*
Rallumer, *piztea.*
Ramasser, *mulzatcea, bilcea.*
Rame, *arraba.*
Rang, *lerroa.*
Ranger, *lerrocatcea.*
Ranimer, *esporsatcea.*
Râpe, *harrosia.*
Rapiécer, *pedetchatcea.*
Rapiécetage, *pedetchadura.*
Rapiéceter, *pedetchatcea.*
Rapiner, *harrapatcea.*
Rappeler (se, *orroitcea.*
Rapport, *nahasta.*
Rapporter, *kharriatcea.*
Rapporteur, *nahastaria, elhe-*
Rare, *bakhana.* [*quetaria.*
Rarement, *bakhanqui.*
Ras, rase. *adarria.*
Rasade, *colpu bethea.*

Rasade (à, *betheca.*
Raser, *adarratcea, arrontatcea.*
Raser la barbe, *bizarguitea.*
Rasoir, *bizarnabala.*
Rassasier, *asetcea.*
Rassembler, *biribilcatcea.*
Rassurer, *seguratcea.*
Rat, *arratoina.*
Râteau, *arrestelua.*
Rature, *arrayadura.*
Raturer, *arrayatcea.*
Ravir, *beretcea.*
Ravissement, *berecunza.*
Ravisseur, *beretzailea.*
Rayon, *arrayoa.*
Rayonnant, *arrayotsua.*
Rebellion, *nahasmendua.*
Rebours (à, *burucontra.*
Recéler, *estalcea, gordetcea.*
Recéleur, *estalzailea, ohoinez-*
Récent, *berriquicoa.* [*talguia.*
Receveur, *errecibitzailea.*
Recevoir, *errecibitcea.*
Recherche, *bilacunza.*
Rechercher, *berriz bilatcea.*
Rechute, *eroricoa.*
Récidiver, *berriz crorcea.*
Réciproque, *ordaina.*
Réciproquement, *ordainez, or-*
Recoin, *chokhoa.* [*dainca.*
Recommander, *gomendatcea.*
Récompense, *golordia, saria.*
Récompenser, *golordatcea.*
Réconciliation, *bakhez, batasuna.*
Réconcilier, *bakhetcea.*
Reconnaissance, *etzagutza.*
Reconnoitre, *etzagutcea.*
Récréation, *dosteta, doslagailua.*
Récréer (se, *dostatcea.*
Rectifier, *chuchencea.*
Reculement, *guibelamendua.*
Reculer, *guibelatcea.*
Refaire, *erreberritcea.*

Réforme, *moldura*.
Réformer, *moldatcea*.
Refus, *eza*.
Refusé (il m'a, *eza eman darot*.
Refuser, *eza emaitea*.
Regard, *behacunza*.
Regarder, *behatcea, soguitea*.
Règle, *erreguela*.
Règlement, *chuchencunza*.
Régler, *chuchencez, amainatcea*.
Règne, *erresuma*.
Regret, *gogoan beharra*.
Régulier, *erreguelacoa*.
Reine, *erreguina*.
Reins, *saquatsac, errainac*.
Rejeton, *musquila, pampanoa*.
Réjouir (se, *boztea, bozcariotat-*
Réjouissance, *bozcarioa*. [*cea*.
Relâcher, *naguitcea, harrotcea*.
Religion, *erreligionea*.
Reluire, *arguitcea*. [*bidea*.
Remarques *g ardiacunza, zagut-*
Remarquer, *goardia harcea*.
Rembourser, *turnatcea*.
Remède, *reparua*.
Remercier, *esquer emaitea*.
Remerciment, *esquerra*.
Remettre, *etzarcea, emaitea*.
Remontrance, *crakhuscunza*.
Remontrer, *crakhustea*.
Remords, *ausiquiac*.
Remplir, *bethetcea*.
Renard, *hacheria*.
Rencontrer, *buruz, buru, eguitea*.
Rendre, *bihurcea*.
Renier, *ukhatcea, arneyatcea*.
Renommé, *famatua*.
Renoncer, *adio erraitea*.
Renouveler, *erreberritcea*.
Renouvellement, *erreberricunza*.
Rente, *alocarioa*.
Renverser, *biratcea, itzulcea*.
Répandre, *itchurcea, banatcea*.
Repas, *yantordua, othunanza*.
Repentir, *urriquimindua*.
Repentir (se, *urriquitcea*.
Replet, *guicena*.
Répondre, *ihardestea*.
Réponse, *arrapostua*.
Repos, *aisia, facegua*. [*cea*.
Reposer, *hats harcea; triquat-*
Reprocher, *estacuru emaitea*.
Réputation, *omena*.
Réserver, *guelditcea*.
Respect, *errespectua*.
Ressemblance, *iduria, itchura*.
Ressembler, *iduritcea*.
Ressentiment, *hisia, punsugoa*.
Ressentiment (par, *hisica, pun-*
Ressort, *crisquela*. [*suz*.
Reste (le, *gaineracoa, hondarra*.
Rester, *guelditcea, egoitea*.
Restituer, *bihurcea*.
Retardement, *guibelamendua*
Retarder, *goibelatcea, berancea*.
Retenir, *atchiquitcea*.
Retomber, *berriz erorcea*.
Retraite, *biklurra*.
Réussi (il a, *heldu da*.
Réussir, *helcea*.
Revanche, *ordaina*.
Revanche (en, *ordainez*.
Revendre, *berriz salcea*.
Rêverie, *heldaruoa*.
Révolte, *nahasmendua*.
Rhume, *marfondia*.
Riche, *aberatsua*.
Richesse, *aberastasuna*.
Rideaux de lit, *ohe burtinac*.
Ridicule, *irrigarria, barragar-*
Rien. *ez-ere, deus*. [*ria*
Rieur, *irritsua, barratsua*.
Rigoureux, *superra*.
Rire, *irriguitea, barraguitea*
Ris, *irria, barra*.
Rivière, *ibaya*.

Robe, *arropa*.
Robuste, *hazcarra*.
Rocher, *harroca*.
Roi, *erreguea*.
Roitelet, *erreguechupita*.
Rompre, *chehatcea*, *haustea*.
Ronce, *laparra*, *larra*.
Rond, *burubila*.
Rondeur, *itzulicaria*.
Rose, *arrosa*.
Roseau, *canabera*, *sesca*.
Rosée, *ihinza*.
Rosier, *arrosahondoa*.
Roturiers, *yende cheheac*.
Roue, *arrodoa*.
Rouet, *tornua*.
Rouge, *gorria*.
Rougir, *gorritcea*.
Rouler, *herrestatcea*, *pirritatcea*.
Ruban, *chingola*.
Ruche, *cofoina*.
Rude, *gogorra*, *gaitza*.
Rudesse, *gogortasuna*.
Rue, *carrica*.
Ruiner, *bilaquatcea*.
Ruisseau, *errequa*, *chiripa*.
Rusé, *amarrutsua*. — 195.

S

Sable, *area*.
Sablonneux, *areatsua*.
Sabot, *escalapoina*.
Sac, *zacua*, *zurruna*.
Sage, *zuhurra*, *prestua*.
Sage-femme, *emaguina*.
Sagement, *zuhurqui*, *prestuqui*.
Sagesse, *zuhurcia*.
Saignée, *sangra*.
Saigner, *odol atheratcea*.
Sain, *hazcarra*, *pizcorra*.
Saint, *saindua*.
Sainteté, *saindutasuna*.

Saisir, *harrapatcea*.
Saison, *ustaila*, *bilzatpena*.
Salaire, *yornala*.
Sale, *liquitsa*.
Saler, *gatcitcea*.
Saleté, *liquistasuna*.
Salière, *gatzuncia*.
Saline, *gazteguia*.
Salir, *liquistea*.
Salive, *ahogozoa*.
Salle, *taulada*, *selarua*.
Salle basse, *ezcaratza*.
Saluer, *agurcea*.
Salut! *agur!*
Samedi, *larumbata*, *egubacoitza*.
Sang, *odola*.
Sanglier, *basa urdea*.
Sang sue, *chichaina*.
Sanguin, *odolsua*.
Sans, *gabe*.
Sans faire, *eguin gabe*.
Santé, *osasuna*, *osagarria*.
Sarcler, *yorratcea*.
Sas (tamis), *cethabea*.
Sasser, *cethabatcea*.
Satisfaire, *asquiestea*.
Satisfait, *asquietsia*.
Sauce, *salza*, *achoa*.
Saucisse, *lukhainca*.
Sauf (excepté), *lekhat*, *salbo*.
Saule, *saliga*.
Saut, *yausia*.
Sauter, *yauztea*.
Sauvage, *basa*.
Sauvage (chat, *basagatua*.
Savant, *yaquinzuna*.
Saveur, *gostucunza*.
Savoir, *yaquitea*.
Savoir (faire, *yaquin araztea*.
Savon, *churigarria*, *salboina*.
Savonner, *salboinatcea*.
Scandale, *gaizbidea*.
Scandaleux, *gaizbidecorra*.

Scandaliser, *gaizbidecatcea.*
Scie. *cerra.*
Science, *yaquintasuna.*
Scier, *cerracatcea.*
Sec, *idorra, chukhoa.*
Sécher, *idorcea, chukhatcea.*
Sécheresse, *idortea, agortea.*
Second, *bigarrena.*
Secondement, *bigarrenecoric.*
Secourir, *laguncea.*
Seigle, *cekhalea.*
Sein, *galzarra.*
Seize, *hamasei.*
Séjour, *egoitza.*
Sel, *gatza.*
Selon, *arabera, eredura.*
Selon ce qu'il m'a dit, *erran daro-*
Semaine, *astea.* [*tanaren arabera*
Semblable, *guisaberecoa.*
Semelle, *zola.*
Semence, *hacia.*
Semer, *eraitea.*
Sens, *sendicunza.*
Sensible, *sendicorra, gaitcicorra*
Sensualité, *golostasuna.*
Sensuel, *gototsa.*
Senteur, *usaina, urrina.*
Sentier, *bidechca.*
Sentiment, *sendimendua.*
Sentir, *senditcea.*
Séparation, *berezcunza.*
Séparer, *bereztea, aldaratcea.*
Sept, *zazpi.*
Sept (dix-, *hamazazpi.*
Septante, *hirur hogoi eta hamar.*
Septembre, *buruila.*
Septentrion, *nortea.*
Septième, *zazpigarrena.*
Sépulcre, *hilherria.*
Serein, *garbia; arrasoa.*
Sérénité, *garbitasuna.*
Sérieusement, *gardiacorqui.*
Sérieux, *gardiacorra.*

Serment, *cina.*
Serpent, *suguea.*
Serrer, *herstea.*
Serrure, *hersdura, sarla.*
Serrurier, *sarlaguina.*
Servante, *nescatoa.*
Servir, *cerbitzatcea.*
Serviteur, *cerbitzaria.*
Seul, *choila, bakharra.*
Seulement, *choilqui.*
Si, *baldin, heya, ba.*
Siècle, *mendea.*
Siège, *alkhia, alquia.*
Siège d'une ville, *sethioa.*
Siffler, *hichtuguitea.*
Sifflet, *hichtua.*
Silence, *ichiltasuna, elharte.*
Sillon, *hildoa.*
Sillonner, *hildocatcea.*
Simple, *lainoa, arrontera.*
Simplicité, *lainotasuna.*
Sincère, *eguiazcoa.*
Singe, *chiminoa.*
Singulier, *bakharra.*
Sinon, *ezperen, bercenaz.*
Situation, *izanza.*
Six, *sei.*
Sixième, *seigarrena.*
Sobre, *arrontera.*
Sobrement, *arronqui, herdiqui.*
Sobriété, *arrontasuna.*
Sœur, *arreba.*
Sœur (à sœur), *ahizpa.*
Soi, soi-même, *bera, berac.*
Soie, *seda, ciricua.*
Soif, *egarria, sekheria.*
Soif (avoir, *egarritcea.*
Soigneux, *arthatsua.*
Soin, *artha, goardia.*
Soir, *arratsa.*
Soirée, *arratsaldea.*
Soit, *nahiz, biz, den.*
Soixante, *hirur hogoi.*

FRANÇAIS-BASQUE 211

Soixante et dix, *hirur hogoi eta*
Soleil, *iguzquia*. [*hamar*.
Solennité, *bestaburua*.
Solide, *escona, orgondoa*.
Solidité, *escontasuna*.
Solitude, *bakhartasuna*.
Somme d'argent, *diru ostea*.
Sommeil, *loa, lokhumba*.
Son (bruit), *harrabotsa*.
Son, sa, ses, *berea, ac*.
Songe, *ametsa*.
Songer, *ametsguitea*.
Sonner la cloche, *izquila yoitea*.
Sonnette, *yuarea*.
Sorcier, *sorguina*.
Sort, *sorthea*.
Sorte, *guisa*.
Sortie, *atheradura*.
Sortilège, *charmadura*.
Sortir, *atheratcea, yalquitcea*.
Sot, *loloa, zoroa, tontoa*.
Sottise, *erhoqueria*.
Sous, dessous, *azpian*.
Soufflet, *beharondocoa, macela-*
Soufflet (à feu), *hauscoa*. [*coa*.
Souffrance, *pairacunza*.
Souffrir, *pairatcea*.
Souhaiter, *desiratcea*.
Soulagement, *esporsamendua*.
Soulager, *esporsatcea*.
Soulier, *zapata*.
Soumettre, *azpicotzatcea*.
Soumission, *agurra*.
Soupçon, *ayerua, suspitcha*.
Soupçonneux, *ayerutsua, sus-*
Souper, *afalcea*. [*pitsua*.
Souper (le, *afaria*.
Soupir, *auhena*.
Soupirer, *auhendatcea*.
Source, *ithurburua*.
Sourcils, *bupuruac, bethazalac*.
Sourd, *gorra, elkhorra*.
Souris, *sagua*.

Soutenir, *thematcea*.
Souvenir (le, *orroitzatpena*.
Souvenir (se, *orroitcea*.
Souvent, *maiz, ardura*.
Souverain, *orotacoa*.
Souveraineté, *gaindura*.
Spécifier, *chehatcea*.
Spectacle, *ikhuscunza*.
Stable, *sendoa, bortiza*.
Stérile, *agorra*.
Stérilité, *agortasuna*.
Stipuler, *eguincatcea*.
Studieux, *ikhascorra, ikhastsua*.
Style, *eguindura*. [*qui*.
Subitement, *terrepenqui, tipus-*
Subsistance, *yanharia, hazgar-*
Substituer, *ordaincatcea*. [*ria*.
Succès, *guertacunza*.
Succinctement, *laburzqui*.
Sucer, *zurgastea*.
Sucre, *azucrea*.
Suer, *icerditcea*.
Sueur, *icerdia*.
Suffire, *asqui izaitea*.
Suffisance, *asquicunza*.
Suffisant, *asquitsua*.
Suffit (il, *asqui da*.
Suffrage, *boza*.
Suie, *khedarria*.
Suif, *cihoa*.
Suite, *seguida*.
Suite (de, *lerro lerro*.
Suivant, *arabera, credura*.
Suivre, *seguitcea, yarriquitcea*.
Sujet, *azpicoa*. [*coac*.
Sujets du roi, *erreguearen azpi-*
Superbe, *pompatsua*.
Superflu, *gaindia*.
Supérieur, *gainecoa*.
Supporter, *ekharcea, onestea*.
Supposé, *balizcacoa*.
Supposer, *balizcatcea*.
Sur, dessus, *gainean*.

Sûr, sûre, *guertu, fida, segur.*
Sureau, *sabicoa.*
Surcroit, *emendagailua.*
Sûrement, *guertuqui, segurqui.*
Sûreté, *fidancia, segurtasuna.*
Sur moi, *ene gainean.*
Surmonter, *chitcea.*
Surnom, *icengoitia.*
Surplus, *guehiagoa.*
Surprenant (il est, *miresteco da.*
Surprendre, *mirestea.*
Surpris (il sera, *miretsico du.*
Surseoir, *triquatcea, baratcea.*
Survenir, *guertatcea.*
Survivre, *zaharragotcea.*
Suspicion, *itchurapena.*
Syllabe, *letraya.* — 245.

T

Tabac, *surrautsa.*
Table, *mahaina, arradoina.*
Tacher, *charcea, satsustea.*
Taillis (bois, *chara.*
Tamis, *cethabea.*
Tamiser, *cethabatcea.*
Tante, *izaba.* [*chtian.*
Tantôt (je l'ai vu, *ikhusi dut oro-*
Tantôt (je le verrai, *ikhusico dut*
Tard, *berandu.* [*sarri.*
Tarder, *berancea.*
Tarir, *agorcea.*
Tas, *mulzua, mola.*
Tâter, *haztamatcea.*
Tâtons (à, *haztamuca, asimuca.*
Taupe, *sathorra.*
Taureau, *cecena.*
Teindre, *tindatcea.*
Teinturier, *tindatzailea.*
Tel, telle, *halacoa, urlia.*
Tel (un, *halacobat, urlia.*
Témoignage, *lekhucotasuna.*
Témoin, *lekhucoa.* [*cea.*

Tempérer, *errechtea, nahicarat.*
Tempête, *eraunsia.*
Temps, *dembora.*
Tendre, *bera, guria, uzterra.*
Tendresse, *beratasuna, amulsu-*
Ténèbres, *ilhumbeac.* [*tasuna*
Tenir, *atchiquitcea.*
Tentation, *limburtasuna.*
Tenter, *limburcea.*
Terme (expression)*erranbidea*
Terme (pour payer), *epea.*
Terminer, *trenquatcea.*
Terrasse, *lurplauna, lurhustelz.*
Terre, *lurra.*
Testament, *ordenua.*
Tête, *burua.*
Tête à tête, *buruz buru.*
Théologie, *yaincoquindea.*
Théologien, *yaincoquindarra*
Tiède, *epela.*
Tiédeur, *epeltasuna.*
Tiédir, *epeltcea.*
Tiers, *herena.*
Timide, *beldurtia.*
Tisane, *uregosia.*
Tison, *itchindia.*
Tisserand, *choitea.*
Tissu, *ehoa.*
Toile, *tela.*
Toit, *teilatua.*
Tomber, *erorcea.*
Ton, ta, tes, *hirea, ac,*
Ton de voix, *oihu boza.*
Tondre, *murriztea.*
Tonner, *ehurciri eguitea.*
Tonnerre, *ehurciria.*
Tordre du fil, *bihurcea.*
Torrent, *ibaya.*
Tort, *makhurra.*
Tort (à, *makhurca.*
Torture, *estira.*
Tôt, bientôt, *laster, berehala.*
Toucher, *hunquitcea.*

Toujours, *bethi.*
Tour (une, *dorrea.*
Tour à tour, *aldizca.*
Tourmenter, *toliatcea.*
Tousser, *heztulcea,*
Tout, *gucia, oro, dena.*
Tout de bon, *cinez.*
Toutefois, *guciarequin ere.*
Toux, *heztula.*
Trace, *guisa, era.*
Tracer, *guisatcea, eratcea.*
Traduire, *itzulcea.*
Trahison, *enganioa.*
Traîner, *herrestatcea.*
Traiter, *eraunstea.*
Traître, *enganatzailea.*
Traits du visage, *hazbeguiac.*
Trancher, *okhelastea.*
Tranquille, *descansua.*
Transgresser, *haustea.*
Traquet de moulin, *khalaqua.*
Travail, *lana, nekhea.*
Travailler, *lancatcea.*
Travers (au, *zayarca.*
Traverser, *zayarcatcea.*
Treize, *hamahirur.*
Tremblement, *ikhara, daldara.*
Trembler, *ikharatcea, daldarat-*
Tremper, *beratcea.* [*cea.*
Trente, *hogoi eta hamar.*
Trésor, *muyana.*
Trinité, *hirurtasuna, trinitatea.*
Triste, *larria.*
Troc, *biscambia.*
Trois, *hirur.*
Trois à trois, *hirurnaca.*
Trois fois, *hiruretan.*
Troisième, *hirurgarrena.*
Troisièmement, *hirurgarreneco-*
Tromper, *baratatcea.* [*ric.*
Trompette, *tuhunta.*
Trompeur, *barataria, enganaria*
Tronc, *motzorra.*

Trop, *sobra, guehiegui.*
Troquer, *biscambiatcea.*
Trou, *cilhoa, ciloa.*
Troubler, *nahastea.*
Troupe, *mulzua.*
Trouvaille, *edireinza.*
Trouver, *edireitea, aurquitcea.*
Truite, *amurraina.*
Tuer, *hilcea.*
Tuile, *teila.*
Tumulte, *biahorea.* — 120.

U

Un, une, *bat, batec.*
Un (l', *bata, batac.*
Un à un, *banaca.*
Une fois, *behin, aldibatez.*
Union, *yuntada.*
Unique, *bakharra, choila.*
Unir (aplanir), *celaitea.*
Unir (joindre), *yuntatcea.*
Unité, *battasuna.*
Univers, *munduherria.*
Universel, *gucietacoa.*
Un tel, *halaco bat, urlia.*
Usage, *ohitza, haztura.*
User, *higatcea.*
Ustensiles, *lanabesac.*
Usufruit, *sasoinac.*
Usure, *lukhuranza.*
Usurier, *lukhuraria.*
Utile, *oncarria.*
Utilité, *progotchua.* — 20.

V

Vacances, *lanharteac.*
Vache, *behia.*
Vacher, *hehizaina.*
Vagabond, *ibildauna.*
Vain, *alferra, banoa.*

Vain (en, alferric.
Vaincre, garraitcea.
Vaincu, garraitua.
Vainqueur, garraitzailea.
Vaisseau, uncia.
Vaisselle, bachera.
Valet, mutila.
Vapeur, bufada.
Vendre, salcea.
Vendredi, orciralea.
Venir, ethorcea, yeitea.
Vent, haicea.
Vent du nord, iparra.
Vente, salpena, salzapena.
Venu, ue, yena.
Ver, harra.
Vers (auprès), gana, ganat.
Vers (environ), ingurunan.
Verser, itchurcea.
Vêtement, aldarria.
Vêtir, beztitcea.
Veuf, veuve, alarguna.
Viande, okhelia, haraguia.
Vice, bicioa.
Vicieux, biciotsua.
Victoire, garraitia, seindagala.
Vide, hutsa.
Vider, hustea.
Vie, bicia.
Vieillesse, zahartasuna.
Vieillir, zaharcea.
Vierge, birgina, dana.
Vierge Marie, andredana Maria.
Vieux, zaharra, agurea.
Vif, vive, bicia, ernea, sua.
Vigilance, ernetasuna.
Vigilant, ernea, iratzarria.
Vigne, mahastia.
Vigneron, mahastizaina.
Vigoureux, hazcarra, indarsua.
Vigueur, hazcartasuna.
Village, hirisca, herria.
Ville, hiria.

Vin, arnoa, arnua.
Vinaigre, ozpina, minagrea.
Vindicatif, mendecaria.
Vingt, hogoi.
Vingtième, hogoigarrena.
Violemment, borchaca.
Violence, borcha, ukhua.
Violent, borcharia. [guia.
Visage, musua, muturra, ahurpe-
Vis-à-vis, aitcinezaitcin.
Viser, miran harcea.
Visible, ikhusgarria.
Vision, itchurapena.
Visiter, ikhuscatcea.
Vite, laster, fite.
Vite (venez, ethor zaite laster.
Vitre, berina.
Vivre, bicitcea.
Vocabulaire, hizteguia.
Vœu, beita, botua.
Voici, voilà, huna, horra.
Voie, bidea.
Voir, ikhustea.
Voisin, ine, auzoa, barradea.
Voix, boza, oihuanza.
Vol (larcin), ebasgoa, ohorgoa.
Vol (volée), hegalda.
Voler, hegaldatcea, airatcea.
Voler (dérober), ebastez, arrobas-
Voleur, ebastea, ohoina. [tea.
Volontairement, borondesqui.
Volonté, gogoa, borondatea.
Volontiers, gogotic.
Voluptueux, gostucoa.
Vomir, goitiegoztea, goiticatcea.
Vomissement, goiticomita.
Votre, zurea, zuena.
Vouloir, nahi izailea, nahitcea.
Vous, zu, zuc ; zuec, zuic.
Voûte, bobeda, cerua.
Voyage, piaya.
Voyager, piayatcea.
Voyageur, bideranta.

Vrai, *eguia*.
Vue, *ikhuscunza, bista*.
Vulgaire, *arduracoa*.
Vulgairement, *arduraqui*. — 95.

Y

Yeux, *beguiac*.

X

Cette lettre ne commence que des mots grecs, tels que : xérophage, xérophagie, etc.

Z

Zèle, *kharra*.

FIN DU VOCABULAIRE FRANÇAIS-BASQUE.

SUPPLÉMENT

MA Grammaire basque étoit achevée, mais n'étoit pas encore publiée, lorsque déjà j'avois reçu la première récompense de mes travaux. Les Basques ont répondu à l'appel d'un Littérateur, qui vouloit élever à leur langue un monument digne de sa haute antiquité. En tête des souscripteurs paroit un Savant vertueux, que sa modestie m'empêche de nommer.

D'un autre côté, plusieurs d'entr'eux, animés d'une noble émulation, m'ont adressé quelques pièces fugitives, tant en vers qu'en prose ; et j'espère que le public verra avec plaisir le choix que j'ai cru devoir en faire.

Je vais donc publier dans ce Supplément : 1° la Parabole de l'Enfant prodigue, dont la traduction basque date de 255 années (*voir* ma Grammaire, § III) ; 2° la traduction en vers basques de la fable de La Fontaine intitulée, l'Homme entre deux âges et ses deux maîtresses ; 3° une Epigramme en vers basques, dont on trouvera (pag. 178) une Imitation en vers français ; 4° un Conte allégorique, qui paroitra d'autant plus piquant, que cette production est récente et originale.

1) SEME PRODIGOA

Guizon batec cituen bi seme; eta hetaric gaztenac erran ciezon aitari : « Aita, indac onhasunetic niri helzen zaitadan partea; » eta parti cietcen onac. Eta egun gutiren buruan, guciac bilduric seme gaztenor, yoan cedin herri urrun batetara; eta han irion cezan bere onhasuna, prodigoqui bici izanez. Gucia despendatu ukhan zuenean, eguin izan cen gosete gogor bat herri hartan, eta hura has cedin behar izaiten. Eta yoanic, lekhu hartaco burges batequin yar cedin, eta harc igor cezan bere posesionetara, urden bazcatcera. Eta desir zuen urdec yaten zuten maguinchetaric bere sabelaren bethatcera; eta nehorc etceraucan emaiten. Eta bere buruari ohart cequionean, erran cezan : « Cembat alocacer diraden ene aitaren etchean oguia frango dutenic, eta ni gosez hilcen bainaiz ! Yaiquiric, yoanen naiz neure aitagana, eta erranen draucat : — Aita, huts eguin diat ceruaren contra, eta hire aitzinean ; eta guchiagoric ez nauc gai hire seme deitceco ; eguin nezac eure alocaceretaric bat bezala. » Yaiquiric bada, ethor cedin bere aitagana. Eta hura oraino urrun cela, ikhus cezan bere aitac, eta compasione har cezan ; eta laster eguinic, egotz cezan bere burua haren lepora, eta pot eguin ciezon. Eta erran ciezon semeac : « Aita, huts eguin diat ceruaren contra, eta hire aitcinean ; eta guehiagoric ez nauc gai hire seme deitceco. » Orduan erran ciecen aitac bere cerbitzariei : « Ekharzue arropa principalena, eta yaunz ezozue ; eta emozue erhaztun bat bere escura, eta zapatac oinetara ; eta ekharriric aretce guicena, hil ezazue ; eta yaten dugula, atseguin har dezagun : ceren ene seme hau hil baitcen, eta piztu baita ; galdu baitcen, eta ediren baita. » Eta has citecen atseguin harcen. Eta cen haren seme zaharrena landan ; eta ethorcen cela etcheari hurbildu zayonean, enzun citzan melodia eta danzac. Eta deithuric cerbitzarietaric bat, interroga cezan, hura cer cen ? Eta harc erran ciezon : « Hire anaya ethorri izan duc; eta hil ukhan dic hire aitac aretce guicena, ceren osoric hura recebitu duen. » Eta haserre cedin, eta etcen sarthu nahi izan. Bere aita bada ilkhiric, othoitz eguin ciezon. Baina harc ihardesten zuela, erran ciezon bere aitari : « Huna, hambat urthe dic cerbitzatcen haudala, eta egundaino hire manuric ez diat iragan ; eta egundaino pittica bat ez drautac eman, neure adisquidequin atseguin harceco. Baina hire seme hau, ceinec iretsi ukhan baitu hire onhasun gucia nescatzarrequin, ethorri izan denean, hil ukhan draucac huni aretce guicena. » Eta harc erran ciczon : « Seme, hi bethi enequin haiz, eta ene gucia, hirea da ; eta atseguin hartu behar zuan, eta algueratu : ceren hire anaya hau hil baitcen, eta piztu baita ; galdu baitcen, eta ediren baita. »

St Luc, chap. xv. (*Rochellan*, 1571.)

2) BI ADINEN ARTECO GUIÇONA
ETA BERE BI EMAZTEGAYAC.

Ez çahar ez gazte,
 Biluaren erdia
 Churitcen hassia,
 Eta duda gabe
Anhitz phenxamendu igaran onduan,
Guiçon cirkhoïtz batec eman cien buruan,
 Ciela noïz baït noïz ezcont ordu.
Gure donaduac bacien diru,
 Baï chehe, baï larri,
 Eta eguiazqui
 Onxa gostaric
 Phulorat bildua.
 Ere guerostic,
Bacien nor emazte hauta.
Oro ciren amoros hartaz,
Edo hobequi haren molxaz.
Gure guiçona hargatic
 Eztcen pressatcen.
Sobera laster lan onic
 Ez da eguiten.
Bi alhargunxez iduri çuen
Utci ciela bihotça hartcera,
Ez erteco arras yabetcera.
Bata oraïno adin onian cen ;
 Eta bestia
 Histen hassia,

Baïnan deinhuz çauzquena estaliac,
Demborac ebaxi çaïzcon urthiac.
Dunzela horiec çoraturic
Çauqueten gure guiçon okhilua.
Içan çadin amorecatic
Bakhotcharen imurrera, bilua,
Yostaca beçala errotic
(Gaztenac churi guciac
Eta çaharrac beltzac)
Arras idoqui çacoten;
Haïn onxa non cassoïlduric
Guerostic baratu baïtcen.
Amodiac eztcien arras ixutu.
Yicutria horri cenian ohartu,
Erran çayen gure donaduac :
Esquer mila, andere ederrac.
Eguia erteco nucie bipphildu,
Baïnan hortaz ez dut deusic galdu :
On da, iracur çale maïtia,
Cer diren emaztiac yaquitia.
Ezconduric ere
Eztçaut duda gabe
Cascuan sorthuco biloric
Er' ez gagneraticoric......

SALABERRY, FILS *(Ibarlarra).*

3) DON P. P. DE ASTARLOA

Astarloaren buru azkarrac
Hitztegui handi batez cargaturic
Euscaraco hamar milla-erroac
Utzi omen du onsa berheciric.
Ilhumbe herrilat herio garratzac
Hura botatu zuen bere erroetaric
Halaco buru bat noiz da aguertuco
Lan miragarri hura acabatzeco ?
Munduaren azquen egun icigarrin
Dembora helduco da trompetarequin
Yaquinsun Astarloa iratzartzerat
Hau botzqui-itzulico erro churitzerat.

Arrastoitarra.

4) HUNTZ ERHOA,

Condu aleguiazcoa.

Pyreneaco bortu ederren hondoan, eta Bidassoaren hur hondoetaric ez urhun, haritz çahar baten ciluan, bere arroltze cuscutic elkhi zen bizcorric huntz molde on bat. Bertan handituric, bicitassun eta izpiritu goiztiarrac aguertzen zuten ume hunec. Erraiten du ere omenac ikhassi zuela irakurtzen eta izcribatzen. Eguia behar bagudu aythortu, cembait acheri çaharr badire ceiñec ezbaidute sinhesten azquen miracullu hau. Baiñan gauça dudagabecoa da bere bassabazterrean debeyatzen zela huntz estonagarri hori. Egun odeitsu batez buruan hartu zuen bere ayçoan egoiten zen arrano baten ikhustera joaitea ; eta othoitzen du buruçaguia bere laguntza sobranoa eman diozala Pariserano bideguiteco. Hegaztiña ororen erreguia behatu cion, eta hizteman ungui estalpetuco zuela ; huntza botzcarioz betheric arranoaren bi hegalen artean landatu zen, eta hunen ahalaz alchatua ayrearen campo gorenetarat eramana izan zen. Ekhiac etzuen ikhussi egundaiño haiñ hurbildic halaco huntzbat, ez eta hunec bere lumen artean halaco su borthitz bat behinere sentitu. Haren argui biciaz beguiac colpaturic, gure huntz erhoac bere hide herria eguiten zuen itsu-mandocan hari izan baliz beçala. Heldu zencan arranoa hiri handi haren gaiñera, placerequin ikhusten du huntzac cathedral famatu baten ceiñutegui gora, eta yautsiric behera haren barnean bere ohancea eguin zuen. Han haztaparcatzen hari zencan, herrautsez estaliric zen zoco batetan ediretc n du liburu çaharr baten folla bakhotch bat, eta hitz hoyec hartan irakurtzen :

» Minerba çuhurtassunaren erreguiñac ekharten
» Ohi zuen huntz bat bere bulharraren gaiñen.

Gure bortiarrac berri hunequin ayraturic eta hantpuruturic uste içan du bere burua haiñ çuhur zuela non yaquinsu. Berhala suetagarrez beroturic eta animaturic, liburu luce eta ledi bat izcribatu omen zuen inspiracionez beçala. Parisceo yaun tontoec ecin endelgatzen baitzuten horren

erran-nahi ilhunac, hanitz samurturic yausten da bere
ceiñuteguitic, eta osoqui uzten hiri buruçagui hori, agur
errangabe hanco arratoñ guicenei. Moskoan harturic bere
obra phecia bortietarat itzultzerá abiatu zen gure huntzá.
Berbera zen eta gau ilhumbea haren lagun bakharrá.
Hegaldacaz traballu eta khechagun hanitz soffritu ondoan
ecin khaussitzen zuen bide chuchena. Azquenecotz khurlo
edo lexuna tropila handi bat fortunaz aurkhitzen du, eta
horietaz guidaturic *Arroltze-Mendirat*, bere sorleku mayta-
turat itzuli omen zen. Baiñan ambicioneac akhulatzen zuen
huntz gaicua. Hantic bertan igaran zen Españaco herrilat,
bere liburu maytagarria Castillaco arropa ederrenean bestitu
ondoan. Españolac ere Paristarrac beçala tonto eta itsu
içan ciren, etzuten ikhussi, ez pherechatu huntzaren obran
zen edertassuna. Hargatic hambeste nahigabez khechaturic
gure gau ibice herratua berriz itzuli zen bere etcherat.
Omenac eguia erraiten badu, bortiac alde huntarat igarayten
zutenean, huntz bidayant hunec, arrano baten harpian sar-
turic, arroltze bat arrapatu cion ceiñen gaiñen agun oroz
ohatzen baita, arroltze bakhan hau onsa corocatzecotzat.
Amexeguin zuen erregue cuscu huntaric aguertuco zela
arrano bat, eta mundu guciac icendatuco zuela gure huntz
ona arranoaren ayta miragarria. Bainan amex engaños hori
ez du lucez gozatu. Entzun dut sagucan hari zen arratsalde
batez, buzoc gaichto batec yan ciola esparanchaz betheric
zen arroltze hori. Erraiten dute ere (eta nic badaquit hau
eguia dela) arrano handi bat ipharraren aldetic ethorri cela
Euscaraco herriac ikhusterat ; izan cela mendi baten hondoan gure huntz famatua ezagutzecotzat eta arroltze bakharr
hura hartu ciola, ceiñetaric aguer arazi omen du bertan ume
pullit bat. Gueroztic etximenduaz hartua gure huntz erhoa
bethi hari da bere huntzosto maytatuen hausten, eta hañitz
tristequi hou..... houca dago mendi baten hondoan.

   Eguiteco bat churitu baino lehen
   Ikhass eçac hire ahalac neurtzen.
   Nahi badugu zori ona gozatu
   Naturalezatic ezda bebar baztertu.

            Arrastoitarra

CONCLUSION

Me voici parvenu au terme de mon entreprise ; et, si j'ai à craindre quelque reproche, ce ne sera certainement pas celui d'avoir fatigué par ma lenteur l'attente du public.

Il sera facile de voir, par les citations exactes et précises que l'on remarquera dans ma Grammaire, que j'ai lu Oihénart, Larramendi, Harriet, Astarloa, et même l'abbé d'Iharce ; mais on se convaincra, par un simple coup d'œil, que mon plan de Grammaire est tout autre que celui des écrivains que je viens de citer. J'ai tâché de suivre le précepte d'Horace :

Non fumum ex fulgore, sed ex fumo dare lucem.

Je puis m'être trompé dans quelques détails ; mais je crois avoir assez bien saisi le vrai génie de la langue basque, dont les deux caractères principaux me paroissent être : 1° sa construction *postpositive*, qu'elle possède cependant en commun avec la langue hongroise, la turque, etc. ; 2° son système de conjugaison, aussi régulier que prodigieusement varié, et que je ne retrouve dans aucune autre langue.

J'ai lu et relu avec la plus grande attention toutes les épreuves, et n'ai encore pu rencontrer dans la Grammaire que les deux fautes suivantes, assez légères, si sur-tout on veut bien faire attention à cet adage :

Nam vitiis nullus sine fit liber ; optimus ille est,
Qui minimis urgetur.

Page 34, *eguia,*   lisez *ekhia.*
Page 39, chirchilqueria,   — chirchilqueria.

A ces deux fautes je dois en ajouter une troisième, qui, s'il s'agissoit de comptabilité financière, pourroit paroître impardonnable ; quoique l'erreur ne porte pas sur les unités principales, mais seulement sur la fraction. Mais comme cette erreur n'a eu lieu que dans un calcul qui appartient à l'empire des chimères, je crois que mon pardon sera plus facile à obtenir. Il s'agit des 4 milliards et tant de millions de mots dont la langue basque peut faire usage, selon Astarloa. Au surplus, pour réparer l'inexactitude qui se trouve au bas de la page 25, dans l'énoncé des millions qui ne sont qu'une fraction, on pourra recourir à la page 178, dont je garantis l'exactitude, et au haut de laquelle j'ai rapporté le texte même d'Astarloa.

Dans l'appendice et le Supplément, je ne dois pas répondre des fautes que pourroient renfermer les morceaux signés de leurs auteurs; je crois cependant devoir rectifier quelques erreurs que l'on m'a fait apercevoir.

Page 117, *lisez deux fois* DOHATSUTASUNAC.
Page 119, (2ᵉ morceau, 1ʳᵉ ligne), *lisez* zaudena.
Page 120 (2ᵉ morceau), *lisez* malhuros, primadera, aldian, cezaquen; *et remplacez* grotac *par* harpiac.

Comme j'ai recueilli ce dernier morceau sous la dictée rapide d'une jeune dame de la vallée de Baigorry, il n'est pas étonnant que j'aie mal saisi quelques sons dont la nature, si fugitive par elle-même, l'est encore bien plus lorsqu'il s'agit d'une langue étrangère.

Quant aux deux Vocabulaires, je réclame la bienveillante indulgence des Basques. S'ils rencontrent quelques mots mal orthographiés, quelques lettres omises ou superflues, quelques termes inconnus dans leur dialecte particulier, je les prie de suppléer, par la connoissance qu'ils ont de leur idiome maternel, aux fautes qui ont pu échapper à un Parisien jaloux de répandre la connoissance de leur belle langue, qui lui étoit, il y a un an, tout-à-fait étrangère.

Je puis dire avec vérité que, n'ayant pas l'avantage de résider au centre de la Cantabrie française, j'ai dû éprouver de grandes difficultés, soit dans la composition de la Grammaire, soit dans la transcription fastidieuse des mots, et la lecture pénible des épreuves, vu sur-tout que : — *Lagundu nauenic ez da neñor, ene alaba lehen bere ailari lagunza puzca bat bere ahal guciaz eman diocana baicic.*

FIN DU MANUEL DE LA LANGUE BASQUE

TABLE DES MATIÈRES

DU MANUEL DE LA LANGUE BASQUE

PREMIÈRE PARTIE — GRAMMAIRE

	Pages.
Dédicace à M. l'Abbé J.-P. Darrigol (*Lehonzaco*).	
Avant-propos.—Origine de la langue basque.	1.
§ Ier Alphabet basque............	13.
§ II. Littérature basque	15.
§ III. Nouveau testament basque ....:..	19.
§ IV. Arithmétique basque...........	25.
§ V. Calendrier basque............	29.
§ VI. Dialectes basques	31.
§ VII. Étymologies basques..........	32.
§ VIII. Désinences basques	35.
§ IX. Déclinaison basque	(41-49.)
A.) Noms substantifs et adjectifs ...	41.
B.) Pronoms substantifs et adjectifs .	47.
§ X. Conjugaison basque	(49-83.)
A.) Considérations générales......	49.
B.) Auxiliaires Naiz et Dut.......	57.
C.) Maithatcea, Minzatcea, Emaitea .	68.
D.) Coup d'œil rapide, etc	79.
§ XI. Particules basques	83.

224 TABLE DES MATIÈRES

	Pages.
§ XII. Syntaxe basque	(85-114.)
A.) Déclinaison	85.
B.) Conjugaison	92.
C.) Particules	109.
Appendice	114.

DEUXIÈME PARTIE : VOCABULAIRES

Dédicace à M. A. M. d'Abbadie *(Arrastoitarra)*.	
Avertissement	127.
Vocabulaire basque-français	129-173.
Liste des communes basques	174.
Avertissement	177.
Vocabulaire français-basque	179-215.
Supplément	215.
Conclusion	221.
Table des matières	223.

[illegible] ... [illegible] 1873, in-18. — 0 fr. [illegible]

... de la langue basque ... [illegible]

... basques et gascons recueil... [illegible]

... [illegible], in-8° ... [illegible]

... ienne, par M. Boudard. Paris, [illegible] ... très rare. — 30 fr.

... is basque, par [illegible]

... [illegible] ... les sur la langue basque, [illegible] ... Chaho, in-8°. — 7 fr. 50.

... ésies de Bernard Dechepare, in-8° [illegible] exemplaires numérotés :

Papier de Hollande [illegible]

[illegible] ... [illegible]

[illegible] blanc ... 8 »

... à l'étude historique de [illegible] ... et publiés, avec de [illegible] ... fascicule), par M. [illegible] ... tiré à 200 exemplaires [illegible] ... prix que les poésies [illegible]

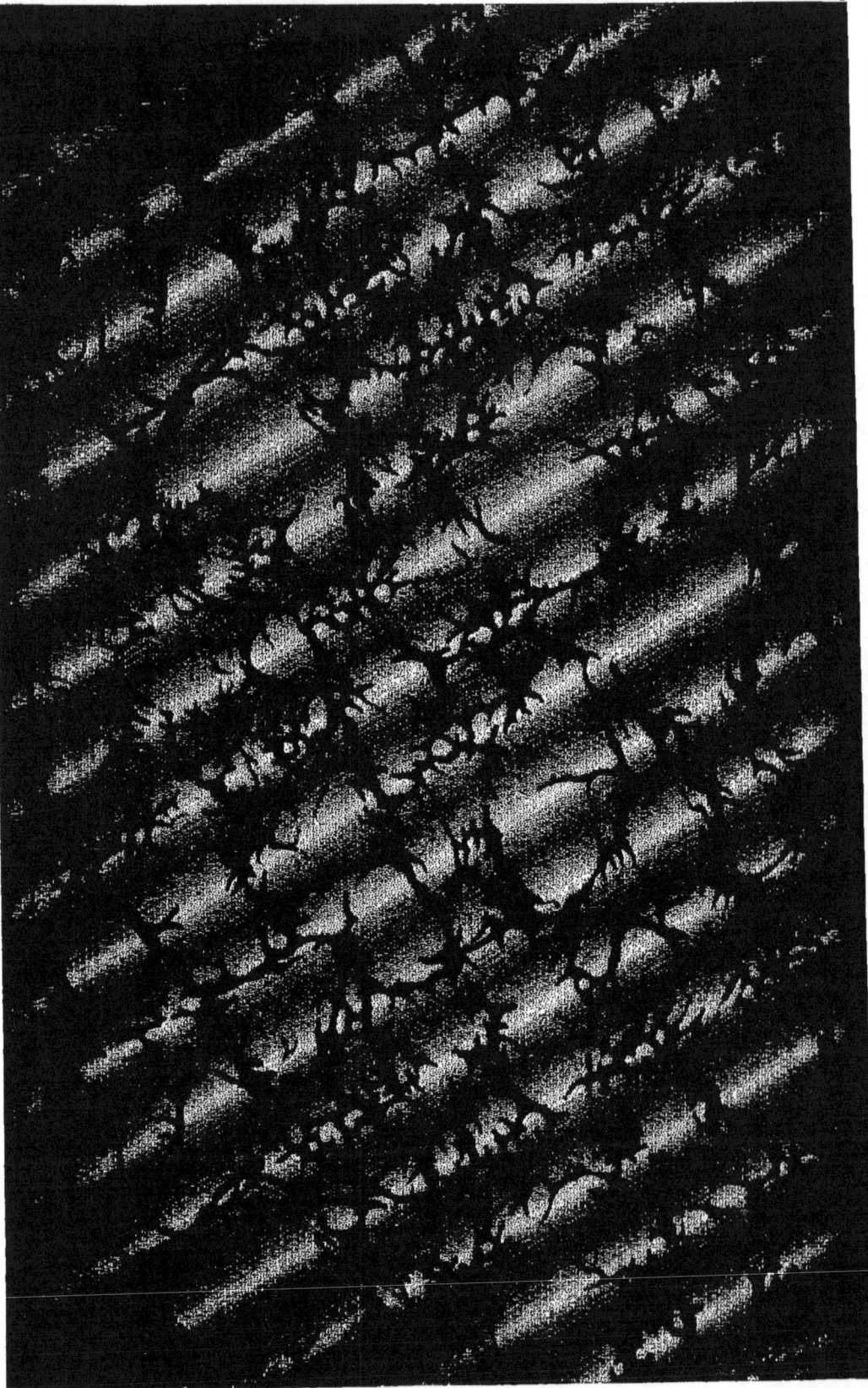

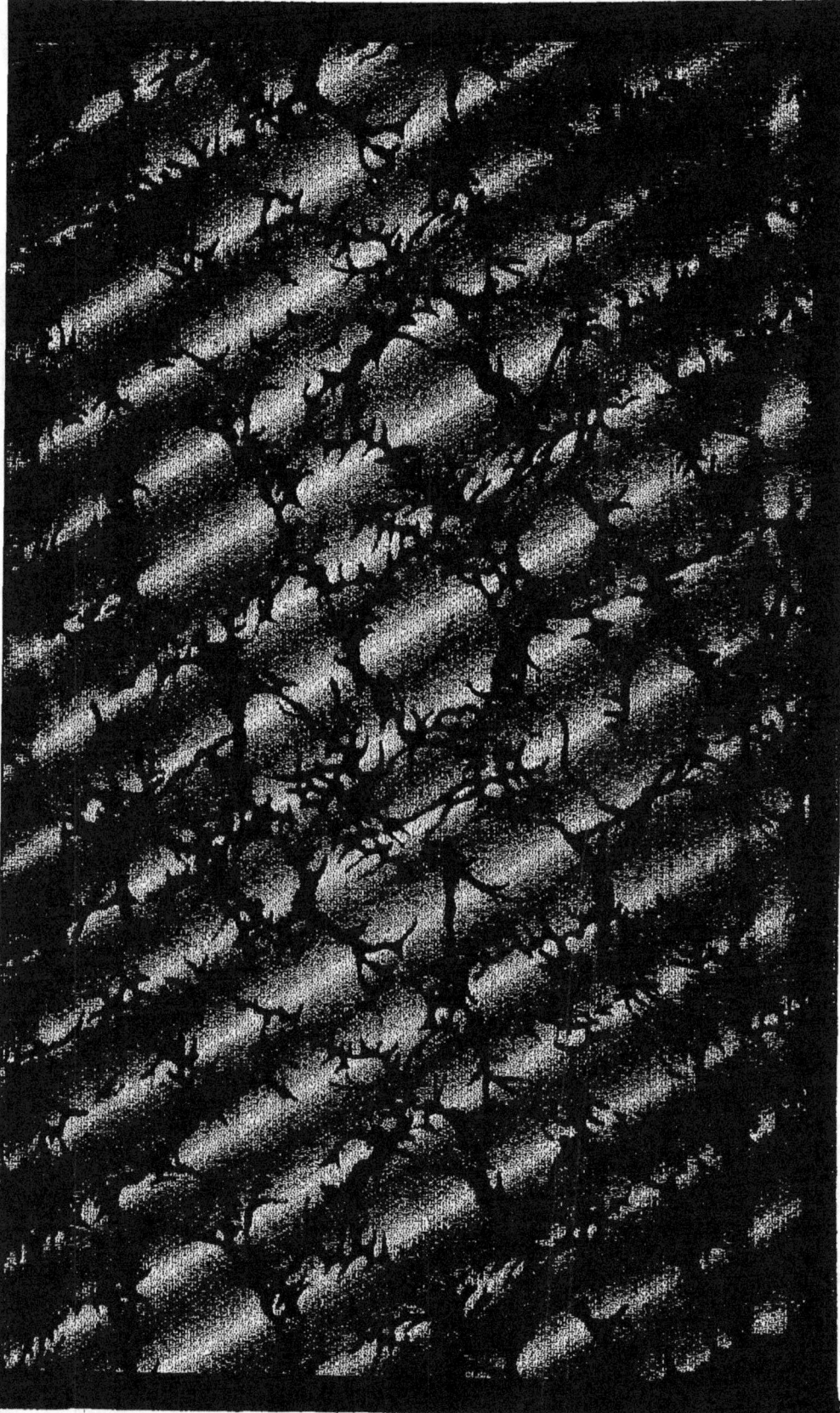

www.ingramcontent.com/pod-product-compliance
Lightning Source LLC
Chambersburg PA
CBHW071906160426
43198CB00011B/1197